이것이 구속사 설교이다

성경 각 권을 한 번에 설교하기

III

이것이 구속사 설교이다
─성경 각 권을 한 번에 설교하기 III

Copyright ⓒ 머릿돌 2017

1쇄 발행   2017년 11월 25일

지은이   유도순
펴낸이   유효성
펴낸곳   머릿돌

등록번호   제17-240호
등록일자   1997년 5월 20일
주소   경기도 성남시 분당구 구미로 100
        TEL. (031) 607-7678 / Mobile. 010-9472-8327
        http://cafe. daum.net/gusoksa
E-mail   yoodosun@hanmail.net / yoohs516@hanmail.net

총판   기독교출판유통
        경기도 고양시 일산동구 장대길 74-6
        (031) 906-9191

디자인   참디자인

ISBN 978-89-87600-80-2 03230

이것이 구속사 설교이다

성경 각 권을
한 번에 설교하기

유도순 지음

III

말씀의 사역자들은 "내 증인"이 되리라 하신 대로 그리스도의 증인들이다.
그들의 임무는 "증거"로 주신 구약 성경을 들어서 예수가 그리스도 이심을
선포하고 증명하라고 세움 받은 "증인"들인 것이다.
"우리도 예수 그리스도의 증인 노릇 바로 하자"
이것이 본서가 지향하고 있는 바이다.

목차

성경 66권 각 권을 "한 번에 설교하기"

요 5:39-44절

그리스도와 복음을 증언하기 위해서

설교 본문

39 너희가 성경에서 영생을 얻는 줄 생각하고 성경을 연구하거니와 이 성경이 곧 내게 대하여 증언하는 것이니라

40 그러나 너희가 영생을 얻기 위하여 내게 오기를 원하지 아니하는도다

41 나는 사람에게서 영광을 취하지 아니하노라

42 다만 하나님을 사랑하는 것이 너희 속에 없음을 알았노라

43 나는 내 아버지의 이름으로 왔으매 너희가 영접하지 아니하나 만일 다른 사람이 자기 이름으로 오면 영접하리라

44 너희가 서로 영광을 취하고 유일하신 하나님께로부터 오는 영광은 구하지 아니하니 어찌 나를 믿을 수 있느냐

강론

성경 66권의 각권을 "한 번에 설교하자"는 전무후무하다 할 엉뚱한 제의를 하는 이유가 무엇인지부터 말씀을 드려야 하겠습니다. 여러분에게 묻고 싶습니다. 성경 안에는 "복음"이 몇 개나 들어 있다고 생각하십니까? 구약성경을 통해서 "언약(言約), 예언, 예표, 모형, 그림자"로 계시하신 것이 신약성경에서 실체(實體)로 성취(成就)되었다는 오직 한 편의 복음이 있을 뿐입니다.

좀 더 말씀을 드린다면 "한 사람으로 말미암아 죄가 세상에 들어오고 죄로 말미암아 사망이 들어오자"(롬 5:12), 하나님은 "내가, 여자의 후손은 네 머리를 상하게 할 것이니라"(창 3:15)고 구속사역을 시작하셨습니다. 그 구원계획이 성경 마지막 책에서 "이루었도다 나는 알파와 오메가요 처음과 마지막이라"(계 21:6)고 완성(完成)하신다는 한 편의 드라마와 같은 것이 성경인 것입니다.

이와 같은 성경을 마치 점(點)들의 모임인 양 단편적(斷片的)으로 취급하다 보니 성경을 통하여 증언하시려는 기록목적을 이탈하여 "인문학, 철학, 심리학, 자기계발, 축복"같은 초등학문으로 둔갑을 하여 성경을 통해서 계시하시려는 예수 그리스도와 복음이 사라지고 있기 때문에 이를 복원하자는 뜻에서 성경 각권을 한 번에 설교하기를 제의

하는 것입니다.

예를 들어 여러분의 핸드폰에는 놀라운 기능들이 있습니다. 그런데 이를 해체(解體)하여 그 중 한 부분을 끊어놓으면 어떻게 되겠는가를 생각해보시기를 바랍니다. 발전기(發電機)를 가동하면 전기, 즉 놀라운 동력(Power)이 발생을 합니다. 그런데 발전기를 분해(分解)를 했다고 생각해보시기를 바랍니다. "동력"(動力)은 사라지고 쇳덩어리에 불과할 것입니다.

이처럼 성경을 해체시킴으로 "이 복음은 모든 믿는 자에게 구원을 주시는 하나님의 능력이 됨이라"(롬 1:16)한 복음의 "능력"(能力)을 상실하고 성경이 고등비평의 대상이 되어 만신창(滿身瘡)같이 되고 만 것이 현대교회의 실정인 것입니다. 그래서 이를 복원하자는 뜻에서 "한 번에 설교하기"에 도전해보자는 것입니다.

복음이 사라지게 되면 어떻게 되는지 아십니까? 아무리 유익한 설교라 해도 허물과 죄로 죽었던 자들을 거듭나게 하지 못한다는 점입니다. 아무리 많이 모인다 해도 주님의 제자가 아니라 클럽 회원같이 되고 맙니다. 이점을 주님은 "이 백성이 입술로는 나를 공경하되 마음은 내게서 멀도다 〈사람의 계명으로 교훈을 삼아 가르치니〉 나를 헛되이 경배하는도다"(마 15:8-9)고 말씀하십니다.

그러면 "복음, 복음"하는데 복음이 무엇인가? 복음서는 두 가지 주제로 되어 있습니다. 앞부분은 "너희는 나를 누구라 하느냐"(마 16:15, 막 8:29, 눅 9:20)고 물으신 "예수가 누구신가"를 증언하는데 초점이 맞춰져 있고, 뒷부분은 "이 때로부터 예수 그리스도께서 자기가 예루살렘에 올라가 장로들과 대제사장들과 서기관들에게 많은 고난을 받고 죽임을 당하고 제 삼일에 살아나야 할 것을 제자들에게 비로소 나타내시니" (마 16:21)한, 왜 오셨는가를 증언하는데 초점이 맞춰져 있습니다.

"예수가 누구신가? 왜 오셨는가?", 이 두 주제를 분리하게 되면 복음이 사라지고 맙니다. 구원이 없습니다. 산상수훈, 오병이어, 죽은 나사로를 살려주신 "예수"만에는 구원이 없습니다. 왜냐하면 죄의 삯은 사망이요, 그러므로 "한 알의 밀이 땅에 떨어져 죽지 아니하면 한 알 그대로 있기"(요 12:24)때문입니다. "십자가"에도 구원이 없습니다. 왜냐하면 이는 흉악한 죄인을 처형하는 사형형틀이기 때문입니다. 그러므로 복음은 "예수는 우리가 범죄한 것 때문에 내줌이 되고 또한 우리를 의롭다 하시기 위하여 살아나셨다"(롬 4:25)는 것입니다.

그가 복음 전도자라면 바울을 본받기를 원할 것입니다. 바울 자신도 "내가 그리스도를 본받는 자가 된 것 같이 너희는 나를 본받는 자가 되라"(고전 11:1)고 말합니다. 그러면 바울이 받은 복음은 무엇이며 바울이 전한 복음은 무엇이라고 말하고 있는가? "내가 받은 것을 먼저 너희에게 전하였노니 이는 성경대로 그리스도께서 우리 죄를 위하여 죽으시고 장사 지낸바 되셨다가 성경대로 사흘 만에 다시 살아나셨다"(고전 15:3-4)는 이것이 바울이 받은 복음이요, 전하는데 목숨을 걸었던 복음인 것입니다.

그러므로 바울은 오늘의 설교자들처럼 "예수"만을 전하지 않았습니다. "유대인은 표적을 구하고 헬라인은 지혜를 찾으나, 우리는 〈십자가에 못 박힌 그리스도〉를 전하니 유대인에게는 거리끼는 것이요 이방인에게는 미련한 것으로되(고전 1:22-23)합니다.

"형제들아 내가 너희에게 나아가 하나님의 증거를 전할 때에 말과 지혜의 아름다운 것으로 아니하였나니 내가 너희 중에서 〈예수 그리스도와 그가 십자가에 못 박히신 것〉 외에는 아무 것도 알지 아니하기로 작정하였음이라"(고전 2:1-2)합니다. 이처럼 "예수 그리스도와, 복음"을 회복하기 위해서 성경 각권을 한 번에 설교하자는 것입니다.

이렇게 말하면 "그러면 매 주일 그리스도와, 십자가만 전해야 한단 말이냐"고 묻고 싶을 것입니다. 아닙니다. 복음서에는 "십자가"만 있는 것이 아니라 주님의 행적(行蹟)과, 교훈(敎訓)과, 기사이적(奇事異蹟)등이 있습니다. 이것들은 중요한 것이요, 증언해야 마땅합니다. 그런데 이를 거두절미(去頭截尾)한 끊어진 말씀으로 다룬다면 복음서의 기록목적과 중심주제를 이탈하게 된다는 점입니다. "교훈, 병 고침, 축복"을 설교할 때도 "예수가 누구신가? 그런 분이 우리를 위해서 무엇을 행해주셨는가?"하는 복음서의 전체 맥락(脈絡)에 입각해서 증언해야만 구속 주되시는 그리스도를 증언하는 것입니다.

그러므로 성경 66권 각 권을 한 번에 설교할 때는 중요한 원칙(原則)이 있습니다. 예를 들어 창세기는 50장이나 되는 방대한 내용입니다. 이를 한 번에 빠짐없이 전부를 전하자는 것이 아닙니다. 창세기도 기록목적과 중심주제가 있기 마련입니다. 그것이 무엇입니까? 주님은, "너희가 성경에서 영생을 얻는 줄 생각하고 성경을 연구하거니와 이 성경이 곧 내게 대하여 증언하는 것이니라"(요 5:39)하신 그리스도를 계시하기 위해서 기록이 된 것입니다.

그러므로 성경 각권을 설교할 때에 반드시 "그리스도"가 어떻게 계시되어 있는가를 탐색하여 설교의 중심에 오게 함으로 성도들로 하여금 예수 그리스도를 만나게 해주어야 한다는 점입니다. 왜냐하면 오직 그리스도에게 구원이 있고 영생이 있기 때문입니다.

그런데 오늘의 설교는 어떠한가? 성경을 구속사라는 "선"(線)으로 보지 않고 점(點)들의 모임인 양 취급하다보니 그리스도를 만나게 하는 것이 아니라 아브라함을 만나고 요나를 만나게 하는 실정입니다. 그래서 "나도 아브라함처럼 순종해서 복을 받아야지, 요나처럼 불순종하다가 풍랑을 만나지 말아야지"하면서 돌아갑니다.

이런 설교는 부지중에 하나님의 구원계획을 해체(解體)시키는 결과를 가져옵니다. 심하게 말하면 천국문을 닫는 행위입니다. 이런 설교는 거듭나게 하지 못합니다. 구원을 얻게 못합니다. 그리하여 "너희가 만일 내가 전한 그 말을 굳게 지키고 헛되이 믿지 아니하였으면 그로 말미암아 구원을 받으리라"(고전 15:2)고 경계한 "헛되이 믿게 하는 것"이 될 수 있다는 점을 설교자는 명심해야만 합니다.

철학적, 심리학적, 자기계발적인 설교가 유익하고, 성도들에게 도움을 준다는 점을 인정합니다. 성도들이 감동을 하여 울고 웃고 합니다. 여기에 설교자의 착각(錯覺)과 사탄의 기만(欺瞞)이 있습니다. 그러나 바울은 "그리스도를 따름이 아니니라"고 단언합니다. 그것은 "그리스도의 십자가를 헛되이 하는 것이라"(골 2:8, 고전 1:17)고 말합니다.

자신은 복음을 전하는 줄로 알지만 복음서의 기록목적인 중심주제를 망각한다면 그는 "복음"을 증언하는 그리스도의 증인이 아니라 교훈을 말하는 "선생"이 되는 것입니다. 바울 당시에 벌써 "그리스도 안에서 일만 스승이 있으되 아버지는 많지 아니하니 그리스도 예수 안에서 내가 복음으로써 너희를 낳았음이라"(고전 4:15)고 말씀합니다. 또한 "우리는 수많은 사람들처럼 하나님의 말씀을 혼잡하게 하지 아니하고 곧 순전함으로 하나님께 받은 것 같이 하나님 앞에서와 그리스도 안에서 말하노라"(고후 2:17)합니다.

사도행전 18장에 등장하는 아볼로를 주목해보시기 바랍니다. 그는 학문의 도시 "알렉산드리아" 출신입니다. "언변이 좋고 성경에 능통한 자라"합니다. "일찍이 주의 도를 배웠다"합니다. 그리고 "열심으로 예수에 관한 것을 자세히 말하며 가르쳤다"합니다. 그러면 설교자로써 자격을 갖춘 것이 아닌가? 그래서 그는 된 줄로 알았을 것입니다.

그런데 아볼로가 에베소에 이르러 "회당에서 담대히 말하기 시작" 했습니다. 이를 브리스길라와 아굴라가 들었습니다. 그리고 결함을 발견하게 됩니다. 무엇이 문제인가? 치명적인 문제는 "요한의 세례만 알 따름이라", 즉 복음을 몰랐다는데 있었던 것입니다. 그러면 아볼로를 가르친 선생은 복음을 알았는가 하고 묻지 않을 수 없습니다.

반면 아볼로를 데려다가 "하나님의 도를 더 정확하게 풀어 이르더라"한 브리스길라와 아굴라는 누군가? 고린도에서 바울과 함께 천막을 만드는 일을 하면서 바울에게서 배운 사람들입니다. 그래서 바울은 목회서신에서 "그러나 너는 배우고 확신한 일에 거하라 너는 네가 누구에게서 배운 것을 알며"(딤후 3:14)라고 말씀합니다.

존 스토트의 "그리스도의 십자가"에 보면 이런 대목이 있습니다. 로이드 존스의 설교를 들은 어느 성도가 "목사님 설교에는 복음이 없습니다"하는 충격적인 말을 했다고 합니다. 이것이 로이드 존스로 하여금 복음전도자가 되게 한 동기였다는 것입니다. "내가 너희 중에서 예수 그리스도와 그가 십자가에 못 박히신 것 외에는 아무 것도 알지 아니하기로 작정하였음이라"(고전 2:2), 이것이 로이드 존스의 묘비명입니다.

주님은 "그들의 열매로 그들을 알지니"(마 7:16)하십니다. 오늘의 한국교회 자화상은 해방 이후 세움을 받은 설교자들인 "그들의 열매"라 할 수가 있습니다. 6,25로 인하여 헐벗고 굶주린 자들에게 "축복"을 말했습니다. 돈이 없어서 치료를 받지 못하는 자들에게 "기사이적"을 전했습니다. 천막을 치고 십자가만 세워놓으면 사람들이 모여들었습니다.

그 결과(뿌린 씨의 열매)는 당장에 나타나는 것이 아니라 30년, 50년 후에 나타납니다. 그동안 한국교회는 성장(成長)에 몰두하여 많은 시행착오를 겪었습니다. 이대로 간다면 50년 후에 한국교회의 모습이 어떠하리라고 여겨지십니까?

호세아 선지자는 "내 백성이 지식이 없으므로 망하는도다"합니다. 그 원인이 어디에 있는가? "네가 지식을 버렸으니 나도 너를 버려 내 제사장이 되지 못하게 할 것이요"(호 4:6)한 설교자의 책임입니다. 그래서 두 가지를 호소합니다. 첫째는 "네 하나님 여호와께로 돌아오라"합니다. 둘째는 "너는 말씀을 가지고 여호와께로 돌아오라"(호 14:1-2)합니다. 말씀을 가지고 여호와께로 돌아가자는 뜻에서 "한 번에 설교하기"를 권하는 것입니다.

예레미야 15:19절에서 하나님은 말씀하십니다. "네가 만일 돌아오면 내가 너를 다시 이끌어 내 앞에 세울 것이며 네가 만일 헛된 것을 버리고 귀한 것을 말한다면 너는 나의 입이 될 것이라 그들은 네게로 돌아오려니와 너는 그들에게로 돌아가지 말지니라". 묻습니다. 한국교회 중에서 누가 제일 먼저 하나님께로 돌아가야만 하겠습니까? 하나님의 입 역할을 하는 설교자들인 것입니다.

이제는 강단이 변해야 할 때입니다. 이제라도 기본으로 돌아가서 성경을 기록한 목적대로 통일성, 일관성, 점진성을 복원(復元)하여 복음을 회복하자는 뜻에서 "한 번에 설교하기"를 제의하는 것입니다.

성도들이 성경을 평생토록 끼고 다니면서도 성경이 어떻게 시작을 해서 어떻게 완성이 되는 것인지 전체적인 맥을 잡지 못하고 있는 실정입니다. 설교자 자신도 평생을 설교를 해도 자기 취향에 맞는 본문만을 선택하여 설교할 뿐 한 번도 다뤄본 적이 없는 미답(未踏)의 책들이 있기 마련입니다. 그런데 성경 66권을 한 주일(주일 낮, 밤, 삼일, 금요 기도회 중)에 한 권씩 설교한다면 목회자와 성도가 다 함께 1년에 성경 1독을 하는 셈입니다.

이처럼 창세기로부터 계시록까지 각 권을 "한 번에 설교"를 한다는 것은 힘들고 어려운 도전임에 분명합니다. 무엇보다 설교를 듣는 성도들의 영적수준이 "단단한 음식은 못 먹고 젖이나 먹어야 할 자"(히 5:12)들이 되었다는 점입니다. 그러나 1년 동안 해산의 수고를 하고 나면 성도들의 신앙이 성숙해지고, 설교자 자신이 진보(進步)를 보이게 될 것입니다. 성도들은 설교자가 자라는 만큼 자라게 됩니다.

요즘은 예배 시에 성도들이 성경책을 지참하지 않는 경향이 있습니다. 그래서 "성경 각권 한 번에 설교하기" 제 3권에서는 설교를 듣는 성도들로 하여금 자신의 성경책에 언더라인을 그으면서 성경에서 눈이 떨어지지 않도록 의도했습니다. 귀로 들으면서 눈으로 확인을 한다면 전에 경험하지 못한 감동이 있을 것입니다.

우리의 시대는 사도 바울이 "때가 이르리니 사람이 바른 교훈을 받지 아니하며 귀가 가려워서 자기의 사욕을 따를 스승을 많이 두고 또 그 귀를 진리에서 돌이켜 허탄한 이야기를 따르리라"(딤후 4:3-4)한 시대입니다. 그래서 설교자들이 사람을 기쁘게 하려고 영합하려는 유혹을 받게 됩니다.

그러나 우리는 이 시대에도 "이와 같이 지금도 은혜로 택하심을 따라 남은 자가 있느니라"(롬 11:5)한 "남은 자"가 있다는 점을 믿습니다. 그들은 복음에 목이 말라 있습니다. 이단에 미혹을 당하는 원인이 어디에 있는가? 교회가 그들의 심령을 시원하게 해주지를 못했기 때문입니다. 하나님은 "보라 날이 이를지라 내가 기근을 땅에 보내리니 양식이 없어 주림이 아니며 물이 없어 갈함이 아니요 여호와의 말씀을 듣지 못한 기갈이라"(암 8:11)하십니다. 이런 영적인 기갈의 시대에 "복음 탕"을 잘한다는 소문이 퍼지게 되면 복음(福音)에 목마른 성도들이 모여들기 마련입니다.

저는 정년퇴임한 예비역입니다. 현역을 돕기 위해서 성경 66권을 구속사라는 관점으로 강해를 해서 완간을 해놓았습니다. 또한 설교에 도움을 드리기 위해서 각 권 별로 요약해 놓은 "구속사 파노라마와, 하나님의 구원계획" 등 여러 책들을 저술하여 지원하고 있습니다. 이를 참고하시면 도움이 될 것입니다.

결단하기에 앞서서 두 가지를 하나님 앞에 물으시기 바랍니다. 이렇게 하는 것이 "하나님의 뜻을 행하는 것입니까?(요 7:17), 이렇게 하는 것이 하나님이 기뻐하시는 일입니까?" 주님은 "나를 보내신 이가 나와 함께 하시도다 나는 항상 그가 기뻐하시는 일을 행하므로 나를 혼자 두지 아니하셨느니라"(요 8:29)하십니다.

"하나님의 뜻을 행하고 기뻐하시는 일"을 행하고자 하는 형제도 혼자 두지 아니하실 것입니다. 그리고 "이는 우리 복음이 너희에게 말로만 이른 것이 아니라 또한 능력과 성령과 큰 확신으로 된 것임이라"(살전 1:5)한대로 성령께서 동역해주실 것입니다. 이것이 "성경 각권을 한 번에 설교하기"를 권장하는 이유입니다. 아멘.

> 성령이 스승 되셔서 진리를 가르치시고
> 거룩한 뜻을 깨달아 예수를 알게 하소서
> 내 평생의 소원 내 평생의 소원
> 대속해주신 사랑을 간절히 알기 원하네. (453장)

요 20:30-31절

너희로 믿고
생명을 얻게 하려 함이니라

설교 본문

30 예수께서 제자들 앞에서 이 책에 기록되지 아니한 다른 표적도 많이 행하셨
   으나

31 오직 이것을 기록함은 너희로 예수께서 하나님의 아들 그리스도이심을 믿게
   하려 함이요 또 너희로 믿고 그 이름을 힘입어 생명을 얻게 하려 함이니라

강론

　모든 책은 기록목적, 즉 말씀하려는 중심주제가 있습니다. 성령의
감동으로 기록된 성경은 더욱 그러합니다. 주님은 성경의 중심주제를
"너희가 성경에서 영생을 얻는 줄 생각하고 성경을 연구하거니와 이

성경이 곧 내게 대하여 증언하는 것이니라"(요 5:39)고 말씀하십니다. 그런 중에 요한복음은 기록목적을 분명히 밝혀주고 있는 복음서입니다. 20:31절을 보겠습니다. "오직 이것을 기록함은 너희로 예수께서 하나님의 아들 그리스도이심을 믿게 하려 함이요 또 너희로 믿고 그 이름을 힘입어 생명을 얻게 하려 함이니라"(20:31)고 말씀합니다.

두 마디로 되어 있는데 ㉠ 첫째 기록모적은 "너희로 예수께서 하나님의 아들 그리스도이심을 믿게 하려 함이요", 즉 예수님이 누구신가를 증언하기 위한 목적으로 기록했다고 말씀합니다. ㉡ 둘째는 "또 너희로 믿고 그 이름을 힘입어 생명을 얻게 하려 함이니라", 즉 영생을 얻게 하기 위해서 기록했노라고 말씀합니다. 예수님이 "누구신가? 우리를 위해서 무엇을 행해주셨는가?" 이 두 주제는 요한복음에 국한된 것이 아닙니다. 이 두 주제(主題)가 복음서의 공통적인 기록목적인 것입니다. 그러므로 복음서를 설교할 때에 이 두 주제에 입각해서 증언해야만 복음서를 기록한 목적대로 바르게 사용하는 것이 됩니다.

① 먼저 "예수님이 누구신가?"하는 점부터 살펴보겠습니다. 이점을 요한은 1:1절, 14절, 18절, 세절을 통해서 분명하게 증언하고 있습니다.

㉠ 1:1절, "태초에 말씀이 계시니라 이 말씀이 하나님과 함께 계셨으니 이 말씀은 곧 하나님이시니라"합니다.

㉡ 1:14절, 이 "말씀이 육신이 되어 우리 가운데 거하시매"합니다.

ⓒ 1:18절, "본래 하나님을 본 사람이 없으되 아버지 품속에 있는 독생하신 하나님이 나타 내셨느니라"(1:18)합니다.

하나님과 함께 계시던 말씀이, 육신을 입고 우리 가운데 오심으로, 볼 수 없는 하나님을 볼 수 있게 나타내셨다는 것입니다. 그리하여 "우리가 그의 영광을 보니 아버지의 독생자의 영광이요 은혜와 진리가 충만하더라"(1:14)합니다. 한마디로 요약을 하면 "하나님이 나타나셨다"는 말씀입니다. 그래서 "임마누엘"이라 하는 것입니다.

이는 임기응변으로 된 것이 아닙니다. 선지서를 통해서 증거를 얻은 것입니다. 이사야 9:6절을 보겠습니다. "이는 한 아기가 우리에게 났고 한 아들을 우리에게 주신 바 되었는데 그의 어깨에는 정사를 메었고 그의 이름은 기묘자라, 모사라, 전능하신 하나님이라, 영존하시는 아버지라, 평강의 왕이라 할 것임이라"합니다. 우리가 믿는 예수님은 이러한 분이십니다.

그러므로 빌립이 "주여 아버지를 우리에게 보여 주옵소서"라고 말하자 주님은 "내가 이렇게 오래 너희와 함께 있으되 네가 나를 알지 못하느냐 나를 본 자는 아버지를 보았거늘 어찌하여 아버지를 보이라 하느냐"(14:8-9)하시고, "나와 아버지는 하나이니라(10:30), 아브라함이 나기 전부터 내가 있느니라"(8:58)고 말씀하셨습니다. 모르는 것은 빌립만이 아닙니다. 신학박사라 하는 사람들도 예수님이 누구신지 모르는 사람들이 있는 것입니다.

② 이런 맥락에서 요한복음에 계시된 예수님은 아브라함과 다윗의 자손으로 오신 것도 아니요, 인류의 시조 아담으로부터 나신 것도 아닙니다. 그러므로 족보가 있는 것도 아니요, 태어나신 출생지가 있는 것도 아닙니다. 예수님이 누구신가를 요한복음이 얼마나 깨닫기를 원하고 있는가를 보십시오.

㉠ 유대인들은 세례 요한에게 "네가 누구냐"(1:19)고 묻습니다. 그들은 혹시 세례 요한이 그리스도신가 해서 물었다는 것입니다. 요한은 나는 그리스도가 아니다 나는 그 분의 길을 예비하기 위해서 온 "광야에서 외치는 자의 소리"라고 말합니다. 그리고는 "보라 세상 죄를 지고 가는 하나님의 어린 양이로다"(1:29)라고 증언합니다.

㉡ 주님은 사마리아 여인에게, "네게 물 좀 달라 하는 이가 누구인 줄 알았더라면 네가 그에게 구하였을 것이요 그가 생수를 네게 주었으리라"(4:10)고 말씀하십니다.

㉢ 베데스다 연못가에 누어있던 38년 된 병자가 고침을 받고 걸어갈 때에, "너에게 자리를 들고 걸어가라 한 사람이 누구냐"(5:12)고 묻습니다.

㉣ 나면서 소경 되었던 자에게, "그 사람이 네 눈을 뜨게 하였으니 너는 그를 어떠한 사람이라 하느냐"(9:17)고 묻습니다.

㉤ 주님께서 "내가 땅에서 들리면 모든 사람을 내게로 이끌겠노라" 하시자 "너는 어찌하여 인자가 들려야 하리라 하느냐 이 인자는 누구

냐"(12:34)고 묻습니다.

이처럼 요한복음의 첫 번째 기록목적은 반복적으로 제기되는, "예수가 누구신가"를 증언하기 위해서 기록된 것입니다. 그러므로 요한복음을 읽는 자와 듣는 자는 "너는 나를 누구라 하느냐?"고 물으시는 주님의 질문에 우선적으로 확고한 대답을 해야만 하는 것입니다.

③ 다음은 요한복음을 기록한 두 번째 목적인 "또 너희로 믿고 그 이름을 힘입어 생명을 얻게 하려 함이니라"(20:31)는 말씀을 상고해 보겠습니다. 핵심은 "생명을 얻게 하려 함"에 있습니다. 그러면 생명을 어떻게 얻을 수가 있는가 하는 점입니다. 31절 안에는 "믿게 하려 함이요 또 너희로 믿고"하고 "믿음"이 2번이나 강조되어 있습니다.

㉠ 첫째는 "믿음"으로 생명을 얻게 된다고 말씀합니다. 그러므로 요한복음에는 "믿음"이 강조되어 있습니다.

㉮ "믿는 자에게는 영생이 있고"(3:36),

㉯ "믿는 자는 영생을 얻었고"(5:24),

㉰ "믿는 자는 영생을 가졌나니"(6:47)하십니다.

㉡ 그러면 둘째로 예수 그리스도의 무엇을 믿음으로 생명을 얻게 되는가 하는 점입니다. 이점을 세례 요한은 "보라 세상 죄를 지고 가는 하나님의 어린 양"(1:29)이라고 증언합니다. 그러면 세례 요한은 성경 어디에 근거해서 예수님을 "세상 죄를 지고 가는 하나님의 어린 양"이

라고 증언했을까요?

레위기 16:21절입니다. "아론은 그의 두 손으로 살아 있는 염소의 머리에 안수하여 이스라엘 자손의 모든 불의와 그 범한 모든 죄를 아뢰고 그 죄를 염소의 머리에 두어 미리 정한 사람에게 맡겨 광야로 보낼지니"합니다.

그리하여 염소는 백성의 "모든 죄와 불의"를 지고 멀리멀리 가다가 다 죽게 될 것입니다. 세례 요한은 이에 근거해서 "보라 세상 죄를 지고 가는 하나님의 어린 양이로다"라고 증언했던 것입니다. 이점을 시편 103:12절에서는 "동이 서에서 먼 것 같이 우리의 죄과를 우리에게서 멀리 옮기셨다"고 진술합니다. 이를 믿음으로 생명을 얻게 된다는 말씀입니다. 이처럼 믿을만한 근거와 증거가 확실한 것이 복음인 것입니다.

우리 주님은 "세상 죄를 지고 가는 하나님의 어린 양"으로 십자가에 달리신 것입니다. 그리고 십자가상에서 "다 이루었다"(19:30)고 선언하심으로 모세 때부터 1500년 동안이나 죄로 말미암아 막혀 있던 휘장을 열어주신 것입니다. 10:9절입니다. "열어주셨기" 때문에 "내가 문이다"하시면서 "누구든지 나로 말미암아 들어가면 구원을 받고 또는 들어가며 나오며 꼴을 얻으리라"고 말씀하신 것입니다.

열어주신 것만이 아닙니다. 14:6절입니다. "내가 곧 길이요 진리요 생명이니 나로 말미암지 않고는 아버지께로 올 자가 없느니라"하십니다. 이점을 히브리서 10:20절에서는 "휘장 가운데로 열어 놓으신 새로운 살 길이라"(히 10:20)합니다. 주님께서 이루어놓으신 십자가복음을 믿음으로 생명을 얻게 되는 것입니다.

로마서 5:7절에서는 "의인을 위하여 죽는 자가 쉽지 않고 선인을 위하여 용감히 죽는 자가 혹 있거니와"합니다. 그러면 묻습니다. 여러분을 위해서 대신 죽어줄 친구가 있습니까? 죽음은 고사하고 간경화로 죽게 되었을 때에 간을 떼어줄 자가 있습니까? 바울은 "우리가 생각하건대"(고후 5:14)하고 우리의 생각에 호소합니다. 하나님의 아들이 나의 죄를 위하여 나대신 죽어주셨다는 복음을 듣는 여러분의 마음은 어떠합니까?

④ 12:27절을 보겠습니다. 주님은 십자가를 앞에 놓고, "내가 이를 위하여 이때에 왔나이다"고 육신을 입고 이 땅에 오신 목적을 분명히 밝히셨습니다. 이런 맥락에서 요한복음은 모든 초점(焦點)을 주님께서 십자가를 지실 "때"에 맞추고 있음을 대하게 됩니다. 왜냐하면 이 "때"에 죄로 말미암아 막혔던 휘장이 열려졌기 때문입니다. 우리의 구원이 이루어졌기 때문입니다.

㉠ 가나 혼인 잔치 집에 포도주가 떨어졌다는 마리아의 말에, "나와

무슨 상관이 있나이까 내 때가 아직 이르지 아니하였나이다"(2:4)하십니다.

ⓛ 명절에 예루살렘으로 올라가 자신을 나타내라는 말에, "내 때는 아직 이르지 아니하였다"(7:6)하십니다.

ⓒ 연보 궤 앞에서 말씀하셨으나 잡는 자가 없음은 "이는 그의 때가 아직 이르지 아니하였음이러라"(8:20)합니다.

ⓔ 주님은 십자가를 앞에 놓고 "이 때를 면하게 하여 주옵소서 그러나 내가 이를 위하여 이때에 왔나이다"(12:27)하십니다.

ⓜ 13:1절입니다. "유월절 전에 예수께서 자기가 세상을 떠나 아버지께로 돌아가실 때가 이른 줄 아시고"합니다.

ⓗ 드디어 17:1절에서는 "아버지여 때가 이르렀사오니"하시고,

ⓢ 19:30절에서는 십자가상에서 "다 이루었다"고 선언하심으로 오신 목적인 구속사역을 완수하셨던 것입니다. 하나님의 아들 그리스도께서 이루어놓으신 구속(救贖)을 믿는 자는 "영생이 있고, 영생을 얻었고, 영생을 가졌다"고 말씀합니다. 주님께서는 이를 위해서 이때에 오셨던 것입니다.

⑤ 요한복음에는 7가지 표적(表迹)과, 7번의 자기 선언(宣言)이 있습니다. 요한은 주님께서 행하신 많은 기사이적 중에서 7가지만을 선별적으로 기록하면서 이를 7번의 자기 선언과 조화를 시키고 있습니

다. 그래서 기사이적이라 하지 않고 "표적"(表迹)이라고 표현했던 것입니다.

ⓐ 주님은 "내가 생명의 떡이다"(6:35)라고 선언하십니다. 이 선언은 5병 2어로 5천명을 먹이신 후에 하신 선언입니다. 그리고 "썩을 양식을 위하여 일하지 말고 영생하도록 있는 양식을 위하여 하라 이 양식은 인자가 너희에게 주리니"(6:27)하십니다.

ⓑ "내가 세상의 빛이라"(9:5,8:12)고 선언하십니다. 이 선언은 나면서부터 소경 된 자를 보게 하신 표적 후에 주어짐으로 조화를 이루고 있습니다.

ⓒ "나는 부활이요, 생명이라"(11:25)고 선언하십니다. 이 선언은 죽은 나사로를 살리시는 표적과 함께 주어졌습니다. 주님은 죽으신 것이 끝이 아닙니다. 부활하심으로 "복음으로써 생명과 썩지 아니할"(딤후 1:10) "부활"을 드러내셨던 것입니다.

ⓓ "나는 선한 목자라"(10:11)고 선언하십니다. 이 선언은 에스겔 선지자를 통해, "내가 한 목자를 그들 위에 세워 먹이게 하리니 그는 내 종 다윗이라 그가 그들을 먹이고 그들의 목자가 될지라"(겔 34:23)하신 예언의 성취자로 오셨음을 의미합니다.

ⓔ "나는 양의 문이라"(10:7)고 선언하십니다. 이 선언은 1500년 동안 막혔던 휘장을 열어주심으로 성취가 되었습니다.

ⓕ 내가 곧 길이요 진리요 생명이라"(14:6)고 선언하십니다. 주님은

"휘장 가운데로 열어 놓으신 〈새로운 살 길〉"(히 10:20)을 개통시켜주셨습니다. 이 "길"은 "진리"로 이루어주신 것이요, "생명"으로 인도해주는 길입니다.

ⓐ "내가 참 포도나무요 너희는 가지라"(15:5)고 선언하십니다. 이는 그리스도와의 연합을 가리키는 것으로, 그를 믿는 자는 주님과 떼어놓을 수도 없고, 떨어질 수도 없음을 나타냅니다.

⑥ 또한 요한복음에서 주목하게 되는 것은 주님께서 "진실로 진실로 너희에게 이르노니"하신 말씀이 무려 25번이나 등장한다는 점입니다. 왜 이렇게 강조하셨을까요? 중요하기 때문입니다. 그리고 인간이 더디 믿기 때문입니다. 몇 곳만 살펴보도록 하겠습니다.

㉠ 3:3절, "진실로 진실로 네게 이르노니 사람이 거듭나지 아니하면 하나님의 나라를 볼 수 없느니라"하십니다.

㉡ 5:24절, "진실로 진실로 너희에게 이르노니 내 말을 듣고 또 나 보내신 이를 믿는 자는 영생을 얻었고 심판에 이르지 아니하나니"하십니다. 어찌하여 심판에 이르지 않게 되는가? 주님께서 우리 대신 심판을 받아주셨기 때문입니다.

㉢ 6:53절, "진실로 진실로 너희에게 이르노니 인자의 살을 먹지 아니하고 인자의 피를 마시지 아니하면 너희 속에 생명이 없느니라"하십니다. 이 말씀을 구속사라는 맥락으로 보게 되면 참으로 감사와 감

격을 금할 수 없는 말씀인 것입니다. 왜냐하면 구약성경에서는 양이나 소의 "피를 먹지 말라"고 금하셨기 때문입니다. 그런데 주님은 "내 피를 마시라 그래야 생명이 있느니라"하시는 것이 아닌가!!

그러므로 하나님은 "피를 먹지 말라"고 금하시기만 한 것이 아닙니다. 레위기 17:11절을 보십시오. "내가 이 피를 너희에게 주어, 속죄하게 하였나니"하십니다. 구약시대는 짐승의 피로 주어졌으나 이는 그림자에 불과했습니다. 궁극적으로는 자기 아들의 피를 우리에게 주셔서 죄를 속하게 하시려고 "피를 먹지 말라"고 금하셨다는 말씀인 것입니다. 이 말씀을 듣는 여러분의 마음은 어떠하십니까? 그러면 주님의 살을 먹고 피를 마시는 방도가 무엇인지 아십니까? 십자가복음을 받아먹는 것을 가리킵니다.

㉣ 16:20절, "진실로 진실로 너희에게 이르노니 너희는 곡하고 애통하겠으나 세상은 기뻐하리라 너희는 근심하겠으나 너희 근심이 도리어 기쁨이 되리라"하십니다. "애통"하다가 어찌하여 "도리어 기쁨이 되리라"하시는가? "죽으실 뿐 아니라 다시 살아나셨기" 때문입니다. 주님의 죽으시고 다시 사심을 통해서 우리의 구원이 성취되었기에 기뻐하는 것입니다.

⑦ 요한복음에는 공관복음에는 없는 중요한 대목이 있는데 14장-16장입니다. 이는 주님께서 잡히시던 날 밤에 다락방에서 제자들에게

하신 유언과 같은 말씀이기 때문에 "다락방 강화"라 합니다. 다락방 강화에 기둥과 같은 두 주제가 있는데 승천하시는 주님은 제자들에게 무엇을 주고 가셨는가 하는 점입니다.

㉠ 첫째는 14:16절입니다. "또 다른 보혜사를 너희에게 주사 영원토록 너희와 함께 있게 하리니"하십니다. 성령을 주시겠다는 말씀이 14:16절, 15:26절, 16:7절, 세 장에 강조되어 있습니다. 그리고 14:17절에서는 "또 너희 속에 계시겠음이라"하십니다. 주님은 승천하시면서 성령을 주고 가셨습니다. 그러면 묻습니다. 여러분의 몸은 "하나님께로부터 받은바 너희 가운데 계신 성령의 전"이라는 중요한 사실을 하루에 몇 번이나 묵상하십니까?

㉡ 또 주님은 승천하시면서 무엇을 주고 가셨는가? 14:13절입니다. "너희가 내 이름으로 무엇을 구하든지 내가 행하리니"하고 "이름"을 주고 가셨습니다. 이점이 14:13절, 15:16절, 16:24절, 세 장에 다 같이 강조되어 있습니다. 그러면 묻습니다. 하루에 주님의 이름으로 몇 번이나 기도하십니까? 그리고 주고 가신 "주님의 이름"에 영광을 돌리고 있습니까? 아니면 욕을 돌리고 있습니까?

이제 마지막 말씀을 드려야 하겠습니다. 요한복음은 앞부분에서 "믿음"을 강조하고 있습니다. 왜냐하면 하나님께서 자기 아들을 통해서 이루어주신 구원은 오직 "믿음"으로 받기 때문입니다. 그런데 마지막 말씀이 무엇인지 아십니까? 마지막 장인 21:15절을 보겠습니다. 부활하신 주님은 "네가 나를 믿느냐"하시는 것이 아니라 "네가 나를 사랑하느냐"고 물으십니다. 이를 3번이나 물으셨습니다. 왜냐하면 천하보다 귀한 구원을 오직 믿음으로 받은 자라면 주님을 사랑한다는 것은 선택사항이 아니라 필수(必須)이기 때문입니다.

그리고 기록된 말씀이 선포될 때는 지금 여기 있는 우리 각자에게 물으시는 말씀이 되는 것입니다. "네가 나를 사랑하느냐"하신 주님의 물으심에 여러분의 응답은 무엇입니까? 이점을 8장에 등장하는 간음 현장에서 끌려온 여인과 결부시켜 생각해보는 것이 실감이 날 것입니다. 그 여인은 예수님을 만나지 못했다면 틀림없이 돌에 맞아죽었을 것입니다. 우리도 주님을 만나지 못했다면 틀림없이 멸망을 당할 자들입니다.

주님은 "나도 너를 정죄하지 아니하노니"(8:11)하셨습니다. 모세의 율법에 죽이라 한 현행범을 어떻게 정죄하지 않으신단 말입니까? 주님이 대신 정죄를 받으러 오셨기 때문입니다. 그 후에 이 여인에게 "네가 나를 사랑하느냐"고 물으신다면 무엇이라 대답할 것 같습니까? 누가복음 7장에는 죄를 지은 한 여자가 향유 담은 옥합을 가지고 와서 "예수의 뒤로 그 발 곁에 서서 울며 눈물로 그 발을 적시고 자기 머리털로 닦고 그 발에 입 맞추고 향유를 붓는"(눅 7:38) 장면이 있습니다. 이

여인이 바로 그 여인일 것이라고 생각합니다. 그래서 바리새인은 "이 여자가 누구며 어떠한 자 곧 죄인인 줄을 알았으리라"고 비난을 했습니다. 그러자 주님은 "그의 사랑함이 많음이라 사함을 받은 일이 적은 자는 적게 사랑하느니라"(눅 7:47)고 말씀하십니다.

이것이 우리의 처지인 것입니다. 우리가 주님을 먼저 사랑한 것이 아닙니다. 주님은 "사람이 친구를 위하여 자기 목숨을 버리면 이보다 더 큰 사랑이 없나니"(15:13)하시고 우리를 위해서 대신 죽어주셨습니다. 그런 후에 "너는 나를 사랑하느냐"고 물으시는 것입니다. 여러분의 대답은 무엇입니까? 하나님의 사랑에 대한 합당한 응답은 오직 "사랑"뿐입니다. 주님은 물으십니다. "네가 나를 사랑하느냐"(21:15), 이것이 "너희로 믿고 생명을 얻게 하려 함이니라"한 요한복음입니다.

> 우리의 귀한 것 모두 주님께 바치어도
> 그 귀한 생명을 주신 주 은혜 못 갚겠네
> 하늘의 영광을 버려 우리를 구했으니
> 너희는 마음을 다해 주님을 섬기어라
> 주님께 귀한 것 드려 젊을 때 힘 다하라
> 구원의 갑주를 입고 끝까지 싸워라 (575장)

말 4:1-2절

하나님의 참되심과 인간의 거짓됨

설교 본문

1 만군의 여호와가 이르노라 보라 용광로 불 같은 날이 이르리니 교만한 자와 악

  을 행하는 자는 다 지푸라기 같을 것이라 그 이르는 날에 그들을 살라 그 뿌리

  와 가지를 남기지 아니할 것이로되

2 내 이름을 경외하는 너희에게는 공의로운 해가 떠올라서 치료하는 광선을 비

  추리니 너희가 나가서 외양간에서 나온 송아지 같이 뛰리라

강론

　말라기 선지자가 세움을 받은 시대적(時代的) 배경은 느헤미야 시

대입니다. 그러니까 느헤미야서는 구약의 마지막 역사(歷史)요, 말라

기 선지서는 구약의 마지막 선지서인 것입니다. 말라기서를 구속사라는 맥락으로 보면 구약의 총결론(結論)이자, 구약을 신약으로 연결시켜주는 교량(橋梁) 역할을 하고 있다 하겠습니다. 이점을 사도 바울은 "율법(구약성경)이 우리를 그리스도께로 인도하는 초등교사"(갈 3:24)라고 말씀했던 것입니다.

① 먼저 "구약의 결론"이 무엇인가부터 생각해보겠습니다. 말라기 선지자가 세움을 받은 시점(時點)은 아브라함으로부터는 약 1600년, 출애굽으로부터는 약 1000년, 포로에서 귀환한 후로는 약 100년이 지난 시점(時點)입니다. 그 동안 이스라엘은 출애굽과 출 바벨론 등 많은 시련과 연단을 받았습니다. 그러면 말라기 시대쯤에 이르러서는 구약 교회의 영성이 얼마큼 거룩하여지고 성숙하여졌는가 하는 점입니다.

㉠ 그러나 말라기서에 나타난 실상은 어쩌면 사람이 이토록 거짓될 수가 있을까 하고 자괴감을 느끼게 합니다. 1:10절을 보십시오. "너희가 내 제단 위에 헛되이 불사르지 못하게 하기 위하여 너희 중에 성전 문을 닫을 자가 있었으면 좋겠도다"(1:10)하십니다. 예배가 얼마나 타락했으면 예배를 드리지 못하도록 "성전 문에 못질을 할 자가 있었으면 좋겠도다"하시겠습니까?

㉡ 그러면 말라기 시대의 타락상을 단적으로 말해주는 것이 무엇인가 하는 점입니다. 1:8절을 보겠습니다. "너희가 눈 먼 희생제물을 바

치는 것이 어찌 악하지 아니하며 저는 것, 병든 것을 드리는 것이 어찌 악하지 아니하냐"고 말씀합니다. 이는 정성이 부족하다는 교훈적인 단순한 의미가 아닙니다. 창조주 하나님께서 제사제도를 명하신 의도가 무엇입니까? 번제, 속죄제로 드려지는 "제물"이 누구에 대한 그림자인가를 생각해보시기 바랍니다.

그런데 저들이 "눈멀고, 다리가 부러지고, 병든 것", 즉 폐기처분할 것으로 마지못해서 드렸다는 것은 변명의 여지가 없는 메시아언약, 즉 복음을 망각했다는 증거입니다. 그리고 어느 시대나 하나님과의 관계가 잘못되면 이웃과의 관계에도 불의하게 되는 것입니다.

바벨론에 의하여 예루살렘이 멸망을 당하고, 성전이 불타고 백성들이 사로잡혀 가게 된 원인이 어디에 있었습니까? 메시아언약을 망각하고 우상을 숭배했기 때문입니다. 그런데 바벨론 포로에서 남은 자들만이 귀환한지 불과 100년 후에 또다시 메시아언약을 망각했던 것입니다. 이것이 말라기 시대의 타락상입니다.

② 그러면 다음으로 말라기서가 "구약을 신약으로 연결시켜주는 교량"(橋梁)역할을 한다는 점을 생각해보겠습니다. 성경은 문제에 대한 해답입니다. 말라기시대의 "문제"는 무엇이며 이 문제에 대한 해답으로 하나님은 어떻게 행해주셨는가 하는 점입니다.

㉠ 1:14절입니다. "짐승 떼 가운데 수컷이 있거늘 그 서원하는 일

에 흠 있는 것으로 속여 내게 드리는 자는 저주를 받으리라"(1:14)고 말씀하는데 이것이 문제입니다. "떼 가운데"라 하심은 그들은 목축업을 하는 자들로 양이나 소가 수백, 수천마리가 있었다는 점을 나타냅니다. 그 중에서 고르고 골라서 가장 흠 없는 것으로 드려야 마땅했습니다.

ⓛ 그런데 그들은 고르고 고르되 어차피 폐기처분할 것을 골랐다는 것입니다. 이는 "저주"를 받아 마땅한 것입니다. 신명기 27:26절에서는 "이 율법의 말씀을 실행하지 아니하는 자는 저주를 받을 것이라 할 것이요 모든 백성은 아멘 할지니라"합니다. 율법을 온전히 준행하지 못하는 우리는 저주를 받을 수밖에 없는 자들입니다.

그런데 하나님께서는 저주를 받아 마땅한 자들에게 어떻게 행해주셨습니까? 저주의 진노를 쏟으셨습니까? 아닙니다.

ⓒ 3:1절을 보겠습니다. "만군의 여호와가 이르노라 보라 내가 내 사자를 보내리니 그가 내 앞에서 길을 준비할 것이요"하십니다. 이 길 예비자가 세례 요한으로 보냄을 받은 것입니다. 그런 후에 "또 너희가 구하는 바 주가 갑자기 그의 성전에 임하시리니 곧 너희가 사모하는 바 언약의 사자가 임하실 것이라"하십니다. "언약의 사자"로 예수 그리스도를 보내주신 것입니다.

그리하여 구약의 마지막 책인 말라기서 다음에 이어지는 복음서는 "하나님이 세상을 이처럼 사랑하사 독생자를 주셨으니"합니다. 그리고 주신 것만이 아닙니다. "보라 세상 죄를 지고 가는 하나님의 어린 양"(요 3:16, 1:29)으로 삼으셨던 것입니다. 하나님은 이렇게 말씀하신 셈입니다. "떼 가운데 양 한 마리가 아까우면 그만 두어라"하시고 자기 아들을 대신 화목제물로 내어주셨다는 것이 말라기서가 복음서로 인도해주는 초등교사와 같은 역할인 것입니다.

그뿐만이 아닙니다. 갈라디아서 3:13절을 보겠습니다. "그리스도께서 우리를 위하여 저주를 받은바 되사 율법의 저주에서 우리를 속량하셨다"고 말씀합니다. 우리가 받아야 할 "저주"를 자기 아들에게 대신 쏟으셨다는 것이 구약성경의 문제에 대한 신약성경의 해답인 것입니다.

㉣ 그리하여 말라기 4:2절에서는 "내 이름을 경외하는 너희에게는 공의로운 해가 떠올라서 치료하는 광선을 비추리니 너희가 나가서 외양간에서 나온 송아지 같이 뛰리라"고 말씀합니다.

첫째는 "해가 떠오른다"고 말씀합니다. 그렇습니다. 구약시대는 어두운 "밤"의 시간입니다. 그 어두운 밤에 메시아언약이 "예언, 예표, 모형, 그림자" 등으로 주어짐으로 마치 성막의 "등불"과 같이 비취고 있던 희미한 시대였던 것입니다. 그런데 신약시대는 "공의로운 해"가 떠오른 "시온의 영광이 빛나는 아침"의 시대인 것입니다.

둘째는 "치료하는 광선을 비추리니"합니다. 이점을 요한복음 1:9절에서는 "참 빛 곧 세상에 와서 각 사람에게 비추는 빛이 있었나니"라고 말씀합니다. 그리고 세례 요한의 아버지 사가랴는 "이는 우리 하나님의 긍휼로 인함이라 이로써 돋는 해가 위로부터 우리에게 임하여 어둠과 죽음의 그늘에 앉은 자에게 비치고 우리 발을 평강의 길로 인도하시리로다"(눅 1:78-79)로 찬양했던 것입니다.

이렇게 행해주실 것을 아브라함에게는 "네 씨로 말미암아 천하 만민이 복을 받으리라"(창 22:18)고 언약하시고, 이를 잊지 않게 하시려고 구약교회에 제사제도라는 그림자로 주셨던 것입니다. 그런데 우매한 백성들은 1:13절을 보십시오. "이 일이 얼마나 번거로운고 하며 코웃음치고 훔친 물건과 저는 것, 병든 것"으로 번제를 드렸다는 것입니다.

③ 말라기서는 하나님이 말씀하실 때마다 인간이 대꾸하는 구조로 되어 있습니다. 이처럼 항변하는 것이 6번이나 반복되고 있습니다. 왜 항변을 하는가? 자신의 잘못을 모르고 있기 때문입니다. 그리고 지적해주어도 받아드리지 않을 만큼 강팍해졌기 때문입니다. 이것이 모든 시대 지도자들의 치명적인 병폐입니다.

㉠ 1:2절입니다. "내가 너희를 사랑하였노라"(1:2)하십니다. 이것이 말라기서에서 하나님의 첫 말씀입니다. 그러자 저들은 "주께서 어떻게 우리를 사랑하셨나이까"(1:2)하고 대꾸를 합니다. 하나님이 사랑하신 우리가 이 모양 이 꼴입니까? 하고 자신들의 처지와 형편에 대한 불평 불만을 나타냈던 것입니다. 하나님의 사랑을 물질로 나타내 보여주기를 원했던 것입니다.

하나님은 "에서는 야곱의 형이 아니냐", 그런데 에서를 택하신 것이 아니라 동생인 야곱을 택하셨다고 말씀하십니다. 하나님께서 택해주셨다는 것은 최대의 사랑이요, 택함을 받았다는 것은 최대의 축복이라는 점을 믿으시기 바랍니다.

그리고 하나님은 우리를 말로만 "사랑"하신 것이 아닙니다. "하나님의 사랑이 우리에게 이렇게 나타난바 되었으니"합니다. 어떻게 나타내셨습니까? "사랑은 여기 있으니 우리가 하나님을 사랑한 것이 아니요 하나님이 우리를 사랑하사 우리 죄를 속하기 위하여 화목 제물로 그 아들을 보내셨음이라"(요일 4:9, 10)고 대답합니다.

ⓛ 두 번째 하신 말씀이 1:6절입니다. "내 이름을 멸시하는 제사장들아"하십니다. 그러자 제사장들은 "우리가 어떻게 주의 이름을 멸시하였나이까"하고 항변을 합니다. 그러자 하나님은 "너희가 더러운 떡을 나의 제단에 드리고도 말하기를 우리가 어떻게 주를 더럽게 하였나이까"(1:7)하느냐고 물으십니다.

그리고 1:8절에서는 "너희가 눈 먼 희생제물을 바치는 것이 어찌 악하지 아니하며 저는 것, 병든 것을 드리는 것이 어찌 악하지 아니 하냐", 그리고도 우리가 어떻게 주의 이름을 멸시하였나이까"고 변명을 한단 말이냐고 책망하십니다.

여기 중요한 요점이 있는데 1:7절에는 "떡"이 있고 1:8절에는 "제물"이 있습니다. 그런데 저들이 "더러운 떡과, 병든 제물"을 드렸다는 점을 교훈이 아닌 구속사라는 맥락으로 보면 어떤 의미가 되는지 아십니까?

요한복음 6:51절을 보겠습니다. 주님은 "나는 하늘에서 내려온 살아 있는 떡이니 사람이 이 떡을 먹으면 영생하리라"하십니다. 6:54절에서는 "내 살을 먹고 내 피를 마시는 자는 영생을 가졌다"고 말씀하십니다. "떡도 먹고, 살도 먹으라" 그래야 생명이 있다고 말씀하십니다. 그런데 말라기시대에 "더러운 떡, 병든 제물"을 드렸다는 것은 백성들에게 "더러운 떡, 병든 고기"을 먹였다는 것이 되는 것입니다. 그래서 죽게 만들었다는 것입니다. 그러므로 구약교회의 문제가 무엇이며, 누구의 책임인가를 통해서 현대교회의 문제와 책임이 분명하게 드러나는 것입니다.

ⓒ 세 번째 말씀과 대구가 2:17절에 나타납니다. 하나님께서 "너희가 말로 여호와를 괴롭게 하도다"고 말씀하십니다. 그러자 저들은 "우리가 어떻게 여호와를 괴롭혀 드렸나이까"고 항변을 합니다. 여러분은 하나님을 괴로우시게 하는 말이 무엇인지 아십니까? "이는 너희가 말하기를 모든 악을 행하는 자는 여호와의 눈에 좋게 보이며 그에게 기쁨이 된다", 즉 믿지 않는 사람들이 더욱 복을 받고 잘산다는 그런 말입니다. 그러면서 "정의의 하나님이 어디 계시냐?", 정말 하나님은 계시는가 하고 의심하는 것이 하나님을 괴로우시게 하는 말인 것입니다. 하나님의 사랑을 의심하면서 "하나님은 나를 사랑하시지 않는다"고 말하는 것보다 하나님을 괴로우시기 해드리는 일은 없다는 점을 명심하십시다.

㉣ 네 번째 말씀과 대꾸가 3:7절에 있습니다. 하나님은 "내게로 돌아오라 그리하면 나도 너희에게로 돌아가리라"하십니다. 그러자 저들은 "우리가 어떻게 하여야 돌아가리이까"하고 대꾸했던 것입니다. 즉 이만하면 우리가 잘하고 있지 아니합니까? 그런데 뭘 돌아오라 하십니까? 라는 뜻입니다.

㉤ 다섯 번째 말씀과 항변이 3:8절에 등장합니다. 하나님께서 "사람이 어찌 하나님의 것을 도둑질하겠느냐"하십니다. 그러자 그들은 "우리가 어떻게 주의 것을 도둑질하였나이까"고 대꾸했던 것입니다. 하나님은 "십일조와 봉헌물"을 드리지 않은 것이 "도둑질"이라 하시면서 "너희의 온전한 십일조를 창고에 들여 나의 집에 양식이 있게 하고 그것으로 나를 시험하여 내가 하늘 문을 열고 너희에게 복을 쌓을 곳이 없도록 붓지 아니하나 보라"(3:10)하십니다.

㉥ 여섯 번째 말씀과 항변이 3:13절에 있습니다. 하나님께서 "너희가 완악한 말로 나를 대적하고 있다"하십니다. 그러자 저들은 "우리가 무슨 말로 주를 대적하였나이까"하고 대들었던 것입니다. 1:6절에서는 "하나님의 이름을 멸시한다"하셨고 2:17절에서는 "여호와를 괴롭게 한다"하셨는데 3:13절에서는 "하나님을 대적(對敵)한다"고 저들이 패역의 강도가 점점 높아가고 있는 것을 주목하시기 바랍니다.

그러면 어떻게 하는 것이 하나님을 대적하는 것인가? 3:14-15절을 보겠습니다. "하나님을 섬기는 것이 헛되니 만군의 여호와 앞에서 그 명령을 지키며 슬프게 행하는 것이 무엇이 유익하리요, 지금 우리는 교만한 자가 복되다 하며 악을 행하는 자가 번성하며 하나님을 시험하는 자가 화를 면한다"하는 불신앙인 것입니다. 이것이 말라기시대만이 아니라 오늘 우리들의 항변이요 불신앙이기도 합니다.

④ 이 모든 문제의 원인과 책임이 누구에게 있는가를 말씀드려야 하겠습니다. 이점을 하나님은 2:1절에서 분명하게 지적을 하십니다. "너희 제사장들아 이제 너희에게 이같이 명령하노라"고 "제사장"들의 책임이라 하십니다. 왜냐하면 목회자가 바로 서면 교회가 바로 서게 되고 성도들이 살 수가 있기 때문입니다. 그러면 목회자에게 명하시는 내용이 무엇인가?

㉠ 2:6절입니다. "그의 입에는 진리의 법이 있었고 그의 입술에는 불의함이 없었으며 그가 화평함과 정직함으로 나와 동행하며 많은 사람을 돌이켜 죄악에서 떠나게"했었다는 것입니다. 전에는 그러했다는 것입니다. 그리고 이것이 제사장의 본분이라는 말씀입니다. 이처럼 "제사장의 입술은 지식을 지켜야 하겠고 사람들은 그의 입에서 율법을 구하게 되어야 할 것이니 제사장은 만군의 여호와의 사자가 됨이거늘"(2:7)하십니다.

ⓛ그런데 2:8절입니다. "너희는 옳은 길에서 떠나 많은 사람을 율법에 거스르게 하는도다 나 만군의 여호와가 이르노니 너희가 레위의 언약(言約)을 깨뜨렸다"하십니다. 그러면 "레위의 언약"이 무엇인지 2:5절을 보겠습니다. "레위와 세운 나의 언약은 생명과 평강의 언약이라"하십니다.

느헤미야 13:29절에서도 "내 하나님이여 그들이 제사장의 직분을 더럽히고 제사장의 직분과 레위 사람에 대한 언약(言約)을 어겼사오니 그들을 기억하옵소서"합니다. 이점에서 말라기 시대뿐만이 아니라 구약교회가 어찌하여 그처럼 타락하게 되어 멸망하게 되었으며, 현대교회의 문제와 원인(原因)과 책임(責任)이 누구에게 있는가 하는 점이 분명히 드러납니다.

ⓒ 다시 2:6-7절을 보겠습니다. 6절에서는 제사장의 "입에는 진리(眞理)의 법이 있었다"고 말씀하고 7절에서는 "제사장의 입술은 지식(智識)을 지켜야 하겠고"하십니다. 그런데 "진리의 법을 지키지 못했다", 즉 성경을 곡해했다는 것입니다. 다시 말하면 아브라함에게 세워주신 메시아언약을 보수(保守)하지 못하고 망각했다는 것입니다. 그래서 말라기시대가 그처럼 타락하게 되었던 것입니다.

그리하여 1:9절에서는 "내가 너희 중 하나인들 받겠느냐"하시고, 1:10절에서는 "너희가 손으로 드리는 것을 받지도 아니하리라"하십니다. 그러니까 예배도 받지 아니하시고 너희도 받지 아니하리라 하십니다. 그러면 2:2-3절을 보겠습니다. "너희가 만일 듣지 아니하며 마음에 두지 아니하면, 저주하리라"하십니다. 얼마나 괘씸하면 "희생의 똥을 너희 얼굴에 바를 것이라"하시겠습니까? "너희가 그것과 함께 제하여 버림을 당하리라"하십니다.

그러면 구약교회가 "더러운 떡과 병든 제물"을 드렸다는 것이 신약 교회에는 어떻게 적용이 되는가 하는 점입니다. 강단에서 선포되는 "말씀"이 잘못되었다는 뜻으로 적용이 되는 것입니다. 그러므로 강단 에서 복음진리가 바르게 선포되지 않는다면, "너희는 이것이 여호와의 성전이라, 여호와의 성전이라, 여호와의 성전이라 하는 거짓말을 믿지 말라"(렘 7:4)하신 솔로몬의 성전과 같은 예배당도 "여호와의 전"은 아 니라는 점을 명심해야만 합니다.

거짓선지자가 있습니다. 거짓 목자에 거짓 성도도 있습니다. 그런 가 하면 거짓교회도 있다는 점을 명심해야만 하겠습니다. 건물이 아닙 니다. 교인 수에 있는 것도 아닙니다. 강단에서 복음진리가 바르게 선 포되고 있느냐 여부로 분별이 되는 것입니다. 그리고 여기에 성도들의 사활(死活)이 걸려 있는 것입니다.

말라기 시대의 예배는 "눈먼 것, 저는 것, 병든"(1:8) 제물을 드렸다 면 한국교회의 예배는, "나는 부자라 부요하여 부족한 것이 없다"고 자 만하면서 "곤고한 것과 가련한 것과 가난한 것과 눈 먼 것과 벌거벗은" (계 3:17) 상태로 예배를 드리고 있지 아니한가 심각하게 고민해야 할 것입니다.

⑤ 말라기서에는 주님의 초림과 재림이 겹쳐진 그림으로 나타나 있습니다. 4:1절의 "만군의 여호와가 이르노라 보라 용광로 불같은 날이 이르리니 교만한 자와 악을 행하는 자는 다 지푸라기 같을 것이라 그 이르는 날에 그들을 살라 그 뿌리와 가지를 남기지 아니할 것이로되" 하시는 말씀은 최후심판의 날인 것입니다.

그런데 4:2절에서 "내 이름을 경외하는 너희에게는 공의로운 해가 떠올라서 치료하는 광선을 비추리니 너희가 나가서 외양간에서 나온 송아지 같이 뛰리라"하심은 복음시대와 영광의 날이 겹쳐진 표현인 것입니다.

㉠ 그러면 오늘 우리의 시대는 복음의 빛이 빛나고 있는가? 치료하는 광선을 비추고 있는가라고 묻게 됩니다. 말라기서 곧 구약성경은, "돌이키지 아니하면 두렵건대 내가 와서 저주로 그 땅을 칠까 하노라" (4:6)는 경고로 마치고 있습니다. 바벨론 포로에서 귀환한지 100년 후인 말라기시대의 교회 상을 살펴보면서 복음이 전해진지 100여년이 지난 한국교회의 실상은 어떠한가를 생각하지 않을 수 없습니다. 우리는 "더러운 떡과 눈먼 희생"으로 드리고 있지 않다고 말할 수가 있는가? 강단에서 말씀이 바르게 선포되고, 복음을 보수하고 있다고 자신 있게 대답할 수가 있단 말입니까?

구약성경이 메시아언약을 망각했다는 결론적인 경고로 끝을 맺고 있는 것은 옛날이야기가 아니라 복음을 망각해가고 있는 현대교회에 경각심을 갖게 하는 우리들의 이야기인 것입니다.

말라기서를 통해서 우리에게 기대하시며 촉구하시는 바가 무엇이 겠습니까? 주님께서 이루어주신 구속에 근거하여 "신령과 진리"로 드리는 예배의 회복입니다. 그리고 "내게는 우리 주 예수 그리스도의 십자가 외에 결코 자랑할 것이 없다"(갈 6:14)하는 복음의 회복인 것입니다. 이것이 "하나님의 참되심과 인간의 거짓됨"인 말라기서입니다.

> 주 오늘에 다시 오신다면 부끄러움 없을까
> 잘 하였다 주님 칭찬하며 우리 맞아주실까
> 주 안에서 우리 몸과 맘이 깨끗하게 되어서
> 주 예수님 다시 오실 때에 모두 기쁨으로 맞으라 (176장)

느 2:17-20절

성벽건축과 개혁운동

설교 본문

17 후에 그들에게 이르기를 우리가 당한 곤경은 너희도 보고 있는 바라 예루살렘이 황폐하고 성문이 불탔으니 자, 예루살렘 성을 건축하여 다시 수치를 당하지 말자 하고

18 또 그들에게 하나님의 선한 손이 나를 도우신 일과 왕이 내게 이른 말씀을 전하였더니 그들의 말이 일어나 건축하자 하고 모두 힘을 내어 이 선한 일을 하려 하매

19 호론 사람 산발랏과 종이었던 암몬 사람 도비야와 아라비아 사람 게셈이 이 말을 듣고 우리를 업신여기고 우리를 비웃어 이르되 너희가 하는 일이 무엇이냐 너희가 왕을 배반하고자 하느냐 하기로

20 내가 그들에게 대답하여 이르되 하늘의 하나님이 우리를 형통하게 하시리니

그의 종들인 우리가 일어나 건축하려니와 오직 너희에게는 예루살렘에서 아무 기업도 없고 권리도 없고 기억되는 바도 없다 하였느니라

강론

바벨론 포로에서의 귀환은 3차에 걸쳐서 이루어졌습니다. 제1차는 스룹바벨의 주도(主導) 하에 이루어졌으며 이들에 의해서 제2의 성전이 재건되었습니다.

제2차는 약 80년 후에 에스라의 인도 하에 귀환하였고 제3차는 그로부터 13년 후에 느헤미야의 인도 하에 귀환하여 무너진 성벽을 재건합니다. 학사 "에스라"는 에스라서와 느헤미야서에 동시에 등장하는데, 연대를 감안할 때 느헤미야가 성벽(城壁)을 재건한 후 에스라가 개혁운동(改革運動)을 전개한 것을 알 수가 있습니다.

느헤미야서는 크게 두 부분과 두 주제(主題)로 되어 있습니다. 1장-7장까지는 느헤미야가 주도한 성벽을 복원하는 내용이고, 8장-13장까지는 에스라가 주도한 개혁운동입니다. 고대 사회에서 성벽은 대외적(對外的)으로는 외침을 막고 대내적(對內的)으로는 하나의 공동체로써의 결속을 촉진시키는 역할을 했던 것입니다. 그러니까 먼저 느헤미야에 의해 외적(外的)으로 성벽을 재건하여 견고하게 하고, 다

음에 에스라에 의해 내적(內的)인 개혁을 단행하는 것이 느헤미야서의 중심주제입니다.

① 먼저 성벽을 복원하는 내용을 살펴보겠습니다. 1:3절입니다. 수산 궁에 관원으로 있던 느헤미야는 "예루살렘 성은 허물어지고 성문들은 불탔다"는 말을 전해 듣고, "앉아서 울고 수일 동안 슬퍼하며 하늘의 하나님 앞에 금식하며 기도하는 것"(4)을 대하게 됩니다. 느헤미야는 참으로 하나님을 경외하는 믿음의 사람이요, 자신의 영달보다는 그 나라와 의를 구하는 경건한 사람이었습니다.

또한 느헤미야는 탁월한 지도력과 강력한 추진력을 겸비한 백전불굴의 사람이었습니다. 그 위에 명철한 분별력을 소유한 지도자였는데 이는 기도를 생활화한 결과로 여겨집니다. 그런 느헤미야는 울기만 하고 있었던 것이 아닙니다. 금식하며 기도만 하지 않았습니다.

㉠ 1:11절입니다. "주여 구하오니 귀를 기울이사 종의 기도와 주의 이름을 경외하기를 기뻐하는 종들의 기도를 들으시고 오늘 종이 형통하여 이 사람들 앞에서 은혜를 입게 하옵소서"하고 간구합니다. 그리고 1장은 "그 때에 내가 왕의 술 관원이 되었느니라"(11)고 마치고 있습니다. 이는 무엇을 말해주느냐 하면 지금 자신이 처한 상황에서 나라와 백성을 위해서 헌신할 일이 무엇인가를 하나님 앞에 간구하고 있다는 점을 말해줍니다.

ⓛ 이점이 2:12절에 나타납니다. "내 하나님께서 예루살렘을 위해 무엇을 할 것인지 내 마음에 주신 것을 내가 아무에게도 말하지 아니하고"합니다. 하나님은 느헤미야의 마음에, 그리고 우리들 마음에 소원(빌 2:13)을 주시고 행하게 하십니다. 기도란 이처럼 헌신하는데 까지 나아가야만 하는 것입니다. 결단과 실천이 뒤따르지 않는 기도는 기도의 유산(流産)이라 할 수가 있습니다.

② 2장의 중심점은 2번(8, 18) 등장하는 "하나님의 선한 손"에 있습니다. 2:4절을 보면 왕은 "네가 무엇을 원하느냐"고 묻습니다. 느헤미야는 "곧 하늘의 하나님께 묵도하고" 소원을 말합니다. 이것이 쉬지 말고 기도하라는 뜻이요, 기도의 생활화입니다.

ⓖ 2:8절입니다. "하나님의 선한 손이 나를 도우시므로" 왕이 느헤미야의 소청을 허락했다고 말합니다. 왕은 성을 건축하라는 허락만 한 것이 아니라 삼림 감독에게 필요한 재목을 주라는 것과 성을 건축하는 것을 방해하지 말라는 조서까지 내립니다.

ⓛ 그러면 2:10절을 보겠습니다. 대적자들이 "이스라엘 자손을 흥왕하게 하려는 사람이 왔다 함을 듣고 심히 근심하더라"합니다. "이스라엘 자손을 흥왕(興旺)하게 하려는 사람이 왔다"!! 얼마나 부럽고 매력적인 말입니까? 참으로 오늘 이 시대는 이런 사람이 일어나야 할 시대인 것입니다. 여러분 모두가 "하나님의 나라를 흥왕하게 하려는 자"

가 되시기를 축원합니다.

ⓒ 2:17절입니다. 성벽이 황폐한 실상을 정찰한 느헤미야는 방백들에게 "우리가 당한 곤경은 너희도 보고 있는 바라 예루살렘이 황폐하고 성문이 불탔으니 자, 예루살렘 성을 건축하여 다시 수치를 당하지 말자"고 독려합니다. 그리고 "하나님의 선한 손"이 자신을 도우사 왕이 조서를 내린 일들을 말해줍니다. 그러자 "일어나 건축하자"하고 모두 힘을 내어 분발했다고 말씀합니다. 오늘의 우리들이라면 "안 됩니다. 못합니다. 지금 상황에서는 불가능합니다."라고 말하지 않았을까요?

2:19절을 보겠습니다. 대적 자들은 "우리를 업신여기고 우리를 비웃었다"고 말합니다. 당시의 형편과 처지에서 성벽을 건축하는 거대한 역사를 시작한다는 것은 무모하고 불가능한 일로 여겨졌을 것입니다.

ⓒ 2:20절입니다. 느헤미야는, "하늘의 하나님이 우리를 형통하게 하시리니 그의 종들인 우리가 일어나 건축하려니와 오직 너희에게는 예루살렘에서 아무 기업도 없고 권리도 없고 기억되는 바도 없다"고 말해줍니다. 그러나 우리들은 하나님의 자녀요, 후사요, 유업을 이을 자요, 주의 종들임을 믿으시기 바랍니다. 그렇다면 먼저 "하나님의 나라를 흥왕케 하려는 자"가 되어야 마땅하지 않겠습니까?

③ 드디어 3장에서 성을 건축하기 시작합니다. 3:1절은 "그 때에 대제사장 엘리아십이 그의 형제 제사장들과 함께 일어나 양문을 건축하

는"(3:1)것으로 시작합니다. 그리고 마지막 3:32절은 "성 모퉁이 성루에서 양문까지는 금장색과 상인들이 중수하였느니라"(3:32)고 "양문"으로 시작하여 "양문"으로 마치고 있습니다.

㉠ 성벽을 복원하는 과정에서 주목할 점이 있는데 "그 다음은(2), 그 다음은(4), 그 다음은"(5)하고 인간 띠처럼 연결되어 지어져가고 있다는 점입니다. 3장 안에는 "그 다음은"이라는 말이 무려 32번이나 등장합니다. 이는 손에 손을 마주 잡듯이 한 마음 한 뜻으로 역사를 감당하고 있음을 나타냅니다. 여러분은 구경하고 있을 것입니까? "그 다음"의 연결은 형제 몫이라는 점을 잊지 마시기 바랍니다.

㉡ 그런데 3:5절을 보십시오. "그 귀족(貴族)들은 그들의 주인들의 공사를 분담하지 아니하였다"고 고발합니다. 3:12절에서는 "그 다음은 예루살렘 지방 절반을 다스리는 할로헤스의 아들 살룸과 그의 딸들이 중수하였고"라고 "딸들"도 중수하고 있는데 말입니다.

④ 4장은 대적자들이 극렬하게 반대하는 내용인데 4:3입니다. "그들이 건축하는 돌 성벽은 여우가 올라가도 곧 무너지리라"(4:3)고 비웃습니다. 대적자들이 비웃는 것은 고사하고 10절에 보면 유다 사람들까지도 "흙 무더기가 아직도 많거늘 짐을 나르는 자의 힘이 다 빠졌으니 우리가 성을 건축하지 못하리라"고 건축하는 자들을 약화시키는 것을 대하게 된다는 것은 참으로 안타까운 일입니다.

㉠ 4:11절입니다. 대적 자들은 "그들이 알지 못하고 보지 못하는 사이에 우리가 그들 가운데 달려 들어가서 살륙하여 역사를 그치게 하리라"고 말합니다. 그리하여 4:16-17절에서는 "그 때로부터 내 수하 사람들의 절반은 일하고 절반은 갑옷을 입고 창과 방패와 활을 가졌고, 성을 건축하는 자와 짐을 나르는 자는 다 각각 한 손으로 일을 하며 한 손에는 병기를 잡았는데"라고 말씀합니다.

㉡ 그리고 4:23절을 보십시오. "나나 내 형제들이나 종자들이나 나를 따라 파수하는 사람들이나 우리가 다 우리의 옷을 벗지 아니하였으며 물을 길으러 갈 때에도 각각 병기를 잡았다"고 진술합니다. 얼마나 긴장감과 박진감이 있습니까? 이것이 영적 전투인 것입니다. 느헤미야는 말하기를 "이 공사는 크고 넓으므로 우리가 성에서 떨어져 (상호) 거리가 먼즉 너희는 어디서든지 나팔 소리를 듣거든 그리로 모여서 우리에게로 나아오라 우리 하나님이 우리를 위하여 싸우시리라"(4:19-20)고 독려합니다.

⑤ 6:15절입니다. 드디어 "성벽 역사가 52일 만인 엘룰월 25일에 끝나매"합니다. 그러자 비웃고 조롱하던 "우리의 모든 대적과 주위에 있는 이방 족속들이 이를 듣고 다 두려워하여 크게 낙담하였으니 그들이 우리 하나님께서 이 역사를 이루신 것을 앎이니라"(6:16)고 대적자들이 "낙담"했다고 진술합니다.

성경 66권 중에서 느헤미야서만큼 역동적이고 박진감이 넘치는 그런 책은 달리는 없습니다.

느헤미야는 상상을 초월하는 대내외적인 방해와 반대를 무릅쓰고 악전고투 끝에 52일이라는 최단 시일 내에 불가능하게 여겨졌던 성벽 복원이라는 큰 역사를 완성합니다. 이는 "여호와의 선한 손"이 역사하심으로 가능했다는 점을 잊어서는 아니 됩니다.

㉠ 이점에서 그렇다면 성벽을 중건한 일이 오늘 우리에게는 어떤 의미가 있는 것일까를 생각하게 합니다. 이 대목을 상고하노라면 신약 성경 에베소서를 연상하게 만듭니다. 에베소서의 주제를 "교회론"이라고 말합니다. 1장은 교회를 건축하기 위한 준비라 할 수가 있는데 ㉠ 하나님은 "우리를 택하시고"(엡 1:4), ㉡ 그리스도께서는 "그의 피로 말미암아 속량"(1:7), 즉 값을 주고 사셨다고 말씀합니다. ㉢ 그리고 성령께서는 "인치셨다"(1:13)고 말씀합니다.

이렇게 준비한 자들로 2장에서는 교회를 세우시는데 "건물마다 서로 연결하여 주 안에서 성전이 되어 가고 너희도 성령 안에서 하나님이 거하실 처소가 되기 위하여 그리스도 예수 안에서 함께 지어져 가느니라"(2:21-22)고 말씀합니다.

그리고 3장에서는 "무릎을 꿇고 비노니"(15)하고 봉헌기도를 드리듯 하는데 "하나님의 모든 충만하신 것으로 너희에게 충만하게 하시기를 구하노라"(3:19)합니다. 이렇게 하나님이 거하실 성전건축(교회)

을 마치고 마지막 장인 6장에서는 "끝으로, 마귀의 간계를 능히 대적하기 위하여 하나님의 전신 갑주를 입으라"(6:10-11)고 명하는 구조입니다.

이는 마치 마지막으로 성벽을 쌓는 일에 해당된다 하겠습니다. 그리고 믿음의 방패와 성령의 검을 가지고 지키라고 명합니다. 만일 성벽 역할을 하는 이런 영적 경계가 없다면 교회는 어떻게 되겠습니까? 그렇다면 한국교회의 성벽과 모든 성도들 가정의 성벽은 튼튼합니까? 하고 묻게 됩니다.

⑥ 다음으로 느헤미야서 둘째 부분인 8:1절을 보겠습니다. "이스라엘 자손이 자기들의 성읍에 거주하였더니 일곱째 달에 이르러 모든 백성이 일제히 수문 앞 광장에 모여 학사 에스라에게 여호와께서 이스라엘에게 명령하신 모세의 율법책을 가져오기를 청하였다"합니다.

㉠ 성벽을 완공하고, "율법책 가져오기를 청했다"는 점이 참으로 중요합니다. 성벽은 "율법책"이 있기에 존재의미가 있고 하나님의 말씀을 보수하기 위해서 필요한 것입니다. 이는 돌로 성벽을 건축하는 주제에서 "하나님의 말씀"으로 교회를 개혁하는 것으로 전환하는 점을 나타냅니다.

㉡ 이사야 26:1절을 보겠습니다. "그 날에 유다 땅에서 이 노래를 부르리라 우리에게 견고한 성읍이 있음이여 여호와께서 구원을 성벽(城

壁)과 외벽으로 삼으시리로다"합니다. 그리고 26:2절에서는 "너희는 문들을 열고 신의(信義)를 지키는 의로운 나라가 들어오게 할지어다" 합니다. "의로운 나라"라는 점이 중요합니다. "성벽"은 대내적(對內的)으로 거룩함과 의로움이 유지 되는 한에서만 유효하기 때문입니다.

ⓒ 만일 이사야 1:21절 같이 "신실하던 성읍(城邑)이 어찌하여 창기가 되었는고 정의가 거기에 충만하였고 공의가 그 가운데에 거하였더니 이제는 살인자들뿐이로다"(사 1:21)로 타락하게 되면 성벽이 도리어 개혁을 막는 역할을 하여 기득권에 안주하게 만든다는 점입니다. 그래서 하나님은 "내가 그 울타리를 걷어 먹힘을 당하게 하며 그 담을 헐어 짓밟히게 할 것이라"(사 5:5)하시는 것입니다. 이처럼 "성벽"이 대외적으론 외침을 막고 대내적으로는 "개혁"을 단행했다는 두 주제는 모든 시대, 모든 교회에 적실성이 있는 것입니다. 오늘의 한국교회에 더욱 더 절실하다 하겠습니다.

ⓔ 8:3절입니다. "새벽부터 정오까지, 율법책에 귀를 기울였다"합니다. 8-9절에서는 "하나님의 율법책을 낭독하고 그 뜻을 해석하여 백성에게 그 낭독하는 것을 다 깨닫게 하니, 백성이 율법의 말씀을 듣고 다 우는지라"합니다. 왜 울었을까요? 자신들의 잘못을 깨달았기 때문입니다. 명심할 점은 깨달은 데서 멈춘 것이 아니라는 점입니다.

9:1-2절을 보겠습니다. "이스라엘 자손이 다 모여 금식하며 굵은 베옷을 입고 티끌을 무릅쓰며 모든 이방 사람들과 절교하고 서서 자기의

죄와 조상들의 허물을 자복하고" 결단하는 데까지 나아가는 것을 대하게 됩니다.

⑦ 9장에는 에스라가 대표로 드렸을 기도가 있습니다. 조상 아브라함으로부터 시작하여 "우리가 오늘날 종이 되었는데……"(9:36)하고 바벨론 포로가 되기까지의 구속의 역사를 진술합니다. 이는 하나님의 신실하심에 대해 인간은 얼마나 거짓되고 언약에 성실하지 못했는가를 참회하고 있는 내용입니다.

㉠ 그리고 9:38절을 보면 "우리가 이 모든 일로 말미암아 이제 견고한 언약을 세워 기록하고 우리의 방백들과 레위 사람들과 제사장들이 다 인봉하나이다", 즉 도장을 찍어 서약한다는 결단과 헌신으로 끝나고 있습니다.

"견고한 언약을 세웠다"고 말씀합니다. 영적 성벽을 견고히 쌓은 것입니다 그리고 10장에는 인을 친 사람들의 명단까지 공개하고 있습니다. 우리가 드리는 헌신예배의 의미가 무엇입니까? "헌신예배"는 이처럼 "견고한 언약을 세우고 인을 치는"데까지 나아가야 마땅하리라는 생각을 하게 됩니다.

㉡ 그러나 느헤미야서의 마지막 장은 그들이 쌓은 성벽이 다시 허물어지고 있음을 보여주고 있습니다. 느헤미야가 바사로 돌아갔다가 10여년 만에 재차 귀환해 보니 그들은 굳게 세운 언약을 지키고 있지

않았습니다. 이때 하나님께서는 말라기 선지자를 세우셔서 경고하셨는데 그래서 느헤미야서와 말라기서를 보면 그들이 파기한 종목들이 일치합니다.

㉮ 제사장들이 타락하고(13:29, 말 1:6), ㉯ 안식일을 지키지 아니하였고(13:15-22), ㉰ 십일조를 드리지 않아 레위인들이 먹을 것이 없어 도망하고(13:10, 말 3:8), ㉱ 또다시 이방 여인과 통혼하고(13:23, 말 2:11), ㉲ 그 결과는 하나님께 드리는 예배가 타락하는 것으로 나타났던 것입니다. 그들을 거룩하게 구별하여 주던 견고한 성벽은 또다시 무너지고 말았던 것입니다.

㉢ 느헤미야서는 "……내 하나님이여 나를 기억하사 복을 주옵소서"(13:31)하는 말씀으로 끝나고 있습니다. 무슨 뜻인가 하면 자신이 수행한 성벽건설과 개혁운동의 수고가 헛된 대로 돌아가지 않게 해달라는 탄원입니다.

이를 통해서 무엇을 깨닫게 되는가? 첫째는 "율법의 행위로 그의 앞에 의롭다 하심을 얻을 육체가 없다"(롬 3:20)는 자력구원의 불가능성입니다. 둘째는 "사람은 다 거짓되되 오직 하나님은 참되시다 할지어다"(롬 3:4)한 하나님의 신실하심입니다. 왜냐하면 그럼에도 불구하고 하나님께서는 구원계획을 중단하거나 폐하심이 없이 거짓되고 부패하고 구제불능한 자들을 위해서 자기 아들을 대속제물로 내어주셨기 때문입니다.

이를 알았기에 개혁자들은 "오직 은혜, 오직 믿음, 오직 하나님께 영광"이라고 외쳤던 것입니다. 그렇습니다. 오직 예수 그리스도만이 소망인 것입니다.

성도 여러분! 구약시대는 역사의 초점이 선민 이스라엘, 즉 구약교회에 맞춰져 있습니다. 신약시대는 주님의 피로 사신 교회가 최후의 보루라는 각성이 필요합니다. 그러므로 교회는 사탄의 집중 공격목표입니다. 교회건물이나 교회성장은 내적으로 의로움과 성결이 유지되는 한에서만 의미가 있는 것입니다. 외부에서 침입하는 적보다는 내적으로 부패시키는 누룩이 더욱 해를 끼치기 때문입니다.

한국교회의 성벽이 붕괴되고 있지는 아니합니까? 내부적으로 누룩이 번지고 있지는 아니합니까? 이런 의미에서 성벽이 완성된 후에 제사장 에스라를 중심으로 전개한 개혁운동은 한국교회에 절실히 요청된다 하겠습니다. 묻습니다. 한국교회는 안전합니까? 여러분의 가정은 안전합니까? "모든 지킬 만한 것 중에 더욱 네 마음을 지키라"(잠 4:23)한 우리들의 마음의 성벽은 무너지고 있지 아니 합니까? 이것이 "성벽건축과 개혁운동"인 느헤미야서입니다.

시온성과 같은 교회 그의 영광 한 없다

허락하신 말씀대로 주가 친히 세웠다

반석 위에 세운 교회 흔들 자가 누구랴

모든 원수 에워싸도 아무 근심 없도다 (210장)

막 8:27-31절

복음의 시작이라, 복음을 전파하라

설교 본문

27 예수와 제자들이 빌립보 가이사랴 여러 마을로 나가실새 길에서 제자들에게

물어 이르시되 사람들이 나를 누구라고 하느냐

28 제자들이 여짜와 이르되 세례 요한이라 하고 더러는 엘리야, 더러는 선지자

중의 하나라 하나이다

29 또 물으시되 너희는 나를 누구라 하느냐 베드로가 대답하여 이르되 주는 그

리스도시니이다 하매

30 이에 자기의 일을 아무에게도 말하지 말라 경고하시고

31 인자가 많은 고난을 받고 장로들과 대제사장들과 서기관들에게 버린 바 되어

죽임을 당하고 사흘 만에 살아나야 할 것을 비로소 그들에게 가르치시되

강론

마태, 마가, 누가복음을 "공관복음서"라 말합니다. "공관"(共觀)이란 같은 관점에서 보았다는 뜻입니다. 그래서 겹쳐지는 내용이 많이 있습니다.

그러나 각기 특징이 있는데 마태는 예수님을 "왕"으로, 누가는 "인자"로 묘사하고 있는데, 마가는 "종"으로 부각시키고 있습니다. "종"으로 묘사하는 마가복음에는 예수님의 족보도 없고, 태어나신 생일도 없고, 축하해주러 오는 동방박사도 목자들도 없습니다. 이처럼 섬김을 받으러 오신 것이 아니라 종으로써 섬기는 삶을 사시다가 종래는 자기 목숨을 대속제물로 내어주신 것이 마가복음이 증언하는 그리스도의 일대입니다.

① 마가복음은 "하나님의 아들 예수 그리스도의 복음의 시작이라" (1:1)고 시작합니다. 풀어서 말하면 "예수"는 "하나님의 아들"이시다, 하나님의 아들이 "복음"을 주셨는데 어떻게 이루어주셨는지 이제부터 "시작"하겠다는 그런 뜻입니다. 이렇게 시작한 마가복음은 "또 이르시되 너희는 온 천하에 다니며 만민에게 복음을 전파하라"(16:15)고 마치고 있습니다.

그러니까 "복음의 시작이라"고 시작하여 십자가를 통해서 복음을 이루어 주시고, "복음을 전파하라"는 지상명령으로 마치고 있는 것이 마가복음서의 구조(構造)입니다. 얼마나 명쾌합니까?

㉠ 이처럼 마가복음은 다른 복음서가 자세히 해설해주고 있는 것을 설명 없이 직설적으로 간결하고 박진감이 있게 진술하고 있습니다. 이런 마가복음은 건물에 비하면 골조(骨組)와 같고, 나무에 비하면 나목(裸木)과 같은 복음서입니다. 그러니까 화려한 수식이나 지엽적(枝葉的)인 해설보다는 복음의 뼈대를 세워주는데 역점을 두고 있다는 말씀입니다. 그래서 마치 영상을 보는 것처럼 장면전환이 빠르고 표현이 간결합니다. 이런 맥락에서 마가복음이 가정교회 지도자(指導者)용으로 기록되었다고 말하는 것은 일리가 있다 하겠습니다.

㉡ 이런 마가복음은 1장부터 곧바로 "귀신을 내어좇고, 나병환자"를 고치시는 섬기는 사역으로 직행을 하고 있습니다. 그러므로 선생으로써 회중들을 가르치시는 "말씀사역"은 최소화하고, "종"으로 섬기시는 사역을 부각시키고 있습니다. 그리하여 마가복음에서는 다른 복음서에서는 볼 수 없는 하나님의 아들 그리스도께서 죄인들과 접촉(接觸)하시는 장면이 자주 등장합니다.

1:41절에서는 나병환자에게 "손을 내밀어 그에게 대시고", 8:23절에서는 "맹인의 손을 붙잡으시고 마을 밖으로 데리고 나가사 눈에 침을 뱉으시며 그에게 안수하여"고쳐주시고, 7:33절에서는 귀먹은 사람에게 "손가락을 그의 양 귀에 넣고 침을 뱉어 그의 혀에 손을 대시며" 고

처주십니다. 벙어리 되고 귀신들린 자를 고쳐주시되 마태나 누가복음에서는 말씀만으로 "꾸짖으시니" 나갔다(마 17:18, 눅 9:42)고 진술하는 것을, 마가는 "예수께서 그 손을 잡아 일으키셨다"(9:27)고 진술합니다.

어린아이를 축복하시는 장면도 마태나 누가복음에서는 그냥 안수하는 것으로 되어 있는데, 마가는 "그 어린 아이들을 안고 그들 위에 안수하시고 축복하시니라"(10:16, 9:36)고 증언합니다. 마치 궂은일을 도맡아 하는 머슴과 같이 묘사되어 있습니다. 이런 광경을 보고 "사람들이 심히 놀라 이르되 그가 모든 것을 잘하였도다 못 듣는 사람도 듣게 하고 말 못하는 사람도 말하게 한다"(7:37)고, 이처럼 종으로 섬기시는 예수님을 좋아하고 따랐던 것입니다.

② 공관복음서에는 공통적으로 분기점(分岐點)이 되는 중요한 질문이 등장합니다. 그것은 주님께서 제자들을 향해서, "너희는 나를 누구라 하느냐"(마 16:15, 막 8:29, 눅 9:18)하신 질문입니다. "주는 그리스도시니이다"(8:29)한 베드로의 고백은 공생애 3년의 결산이라 할 수가 있습니다. 왜냐하면 "사람들이 아는 대로는"(눅 3:23) 나사렛 목수의 아들인 자신이 "그리스도"시라는 점을 깨닫게 하기 위해서 제자들과 3년 동안 침식을 같이 하시면서 여러 가지 기사와 이적을 보여주시

면서 훈련을 시키셨기 때문입니다.

㉠ 그러므로 분기점을 중심으로 전반부는 "예수가 누구신가"를 증언하는데 초점을 맞추고 있습니다. 그래서 예수님이 "그리스도"이심을 드러내는 표적으로 행하신 기사이적이 집중적으로 등장합니다. 그리고 후반부는 "하나님의 아들 그리스도가 어찌하여 육신을 입고 오셨는가?", 달리 말하면 "우리를 위해서 무엇을 행해주셨는가"를 증언하는데 초점을 맞추고 있습니다.

㉡ 주님께서 제자들을 데리고 헐몬산이 있는 북쪽 가이사랴 빌립보 지방으로 가신 시점은 공생애가 끝나갈 무렵이었습니다. 이는 중대한 발표를 하시기 위해서였던 것입니다. 주님은 중대발표를 하시기 전에 "너희는 나를 누구라 하느냐"고 물으셨던 것입니다.

베드로의 고백을 들으신 후에야 8:31절입니다. "인자가 많은 고난을 받고 장로들과 대제사장들과 서기관들에게 버린바 되어 죽임을 당하고 사흘 만에 살아나야 할 것을 비로소" 발표하셨던 것입니다. "예수가 누구신가"를 알았기에 오신 목적을 "비로소" 밝히신 것입니다. 그런데 이 발표는 제자들에게는 하늘이 무너지는 것과 같은 충격을 주었던 것입니다.

㉢ 8:32절입니다. "드러내 놓고 이 말씀을 하시니 베드로가 예수를 붙들고 항변"했다고 말합니다. 그러자 주님은 "사탄아 내 뒤로 물러가라"(8:33)고 책망을 하셨습니다. 이 책망 역시 중대발표와 맞먹는 엄청

난 "책망"이었던 것입니다. 어찌하여 제자 베드로에게 "사탄아 내 뒤로 물러가라"고 "사탄"이라고 책망을 하셨을까요? "네가 하나님의 일을 생각하지 아니하고 도리어 사람의 일을 생각하는도다"하십니다.

③ 이 대목에서 그리스도인들, 특히 설교자가 깨닫고 명심해야 할 중요한 몇 가지 요점이 있습니다. 이점을 명심하자는 의미에서 여기에 강조점을 두고 말씀드리고자 합니다.

㉠ 첫째로 명심해야 할 요점은 8:30절입니다. "이에 자기의 일을 아무에게도 말하지 말라", 즉 "자기가 그리스도인 것을 아무에게도 이르지 말라"(마 16:20)고 경고하셨다는 점입니다. 주님은 병을 고쳐주시고는 그때마다 "말하지 말라"고 경계하셨습니다. 이점은 그런대로 이해할 수가 있습니다.

그런데 "예수=그리스도시다", 이는 제자들이 담대하게 증언해야 마땅하지 않습니까? 그런데 어찌하여 말하지 말라고 경고까지 하신 의도가 무엇인가 하는 점입니다. 주님의 의도를 알기 위해서는 뒤이어 등장하는 9:2절을 보아야만 합니다. 주님은 "엿새 후에" 베드로와 야고보와 요한을 데리시고 높은 산에 올라가서서 "그들 앞에서 변형"(9:2)하는 모습을 보여주셨습니다.

㉡ 그리고 "산에서 내려올 때에 예수께서 경고하시되 인자가 죽은 자 가운데서 살아날 때까지는 본 것을 아무에게도 이르지 말라"(9:9)

고 또다시 경고하셨기 때문입니다. 첫째는 "죽은 자 가운데서 살아나실 것"을 또 말씀하시고, 둘째는 "죽은 자 가운데서 살아날" 때까지는 말하지 말라고 조건부적인 경고를 하셨다는 점을 주목하게 됩니다.

ⓒ 이점이 어째서 중요한지 아십니까? 질문이 있습니다. 마가복음은 1:1절에서 "하나님의 아들 예수 그리스도의 복음의 시작이라"하고 "복음"이 시작되는 것으로 출발을 했습니다. 그러면 시작한 "복음"이 언제 완성이 되었습니까? 기사이적으로 완성이 되었습니까? "주는 그리스도시니이다"라는 고백에서 완성이 되었습니까? 아니면 "그들 앞에서 변형되사"(9:2)한 변화산에서 완성이 된 것입니까? 아닙니다.

이런 것으로는 우리의 구원이 이루어지지 않습니다. 심지어 "그리스도"만으로도 구원이 완성되는 것은 아닙니다. 주님께서 친히 하신 말씀을 들어보십시오. "한 알의 밀이 땅에 떨어져 죽지 아니하면 한 알 그대로 있다"(요 12:24)고 말씀하십니다. 즉 대속제물로 죽으시지 않으면 우리의 구원이 불가능하다는 말씀입니다.

ⓓ 그러므로 1장에서 시작한 "복음"은 주님께서 "다 이루었다"고 선언하신 "십자가"에서 비로소 완성이 되었다는 점에 설교자들이 확고해야만 합니다. 이를 사실적으로 보여주신 증거가 무엇인지 15:38절을 보겠습니다. "이에 성소 휘장이 위로부터 아래까지 찢어져 둘이 되니라", 죄로 말미암아 1500년 동안이나 막혀 있던 휘장이 비로소 열려진 것입니다.

이 휘장은 5병2어의 기적으로 열려진 것이 아닙니다. 죽은 나사로를 살리신 것으로 열려진 것도 아닙니다. 심지어 산상수훈, 선한 사마리아인의 비유라는 교훈으로 열려진 것도 아니었습니다. 이점을 히브리서 10:20절에서는 "그 길은 우리를 위하여 휘장 가운데로 열어 놓으신 새로운 살 길이요 휘장은 곧 그의 육체니라"고 증언합니다.

㉠ "휘장 가운데로 열어 놓으신", 그래서 주님은 "나는 문이다"하십니다.

㉡ "새로운 살 길이요", 그래서 주님은 "내가 곧 길이요 진리요 생명이니 나로 말미암지 않고는 아버지께로 올 자가 없느니라"(요 14:6)고 말씀하시는 것입니다. 그리고 "휘장은 곧 그의 육체니라"한 주님의 죽으심으로 가능해진 것이었습니다.

이제 "자기가 그리스도인 것을 아무에게도 이르지 말라"고 경고하신 주님의 의도는 분명해진 것입니다. "예수가 누구신가? 우리를 위해서 무엇을 행해주셨는가?", 이 두 주제를 함께 전해주라는 말씀입니다. 그래서 "죽은 자 가운데서 살아날" 때까지는 말하지 말라고 경고하셨던 것입니다.

그리스도만에는 구원이 없습니다. 십자가에도 구원이 없습니다. 왜냐하면 이는 흉악범을 처형하는 형틀이기 때문입니다. 복음에 미친 사람과 같았던 바울은 자신이 받은 복음, 자신이 전한 복음을 무엇이라고 말하나 보십시오. "내가 받은 것을 먼저 너희에게 전하였노니 이는 성경대로 그리스도께서 우리 죄를 위하여 죽으시고 장사 지낸 바 되셨다가 성경대로 사흘 만에 다시 살아나신"(고전 15:3-4)복음이라고 말합니다.

그러므로 바울은 그리스도만을 전하지 않았습니다. "우리는 십자가에 못 박힌 그리스도를 전했다"(고전 1:1:13)고 말합니다. 고린도전서 2:2절을 보십시오. "내가 너희 중에서 예수 그리스도와 그가 십자가에 못 박히신 것 외에는 아무 것도 알지 아니하기로 작정하였음이라"고 단언합니다. 두 주제를 분리하면 복음이 사라지고 맙니다. 이것이 설교자들이 심각하게 각성해야 할 첫째 요점입니다.

④ 둘째로 그리스도인들이 명심해야 할 요점은 8:31절을 다시 한 번 보겠습니다. "죽임을 당하고 사흘 만에 살아나야 할 것을" 말씀하셨다는 점입니다. 주님은 "죽으심"만 예고하신 것이 아닙니다.

㉠ "사흘 만에 살아나야 할 것"도 말씀하셨습니다. 이점을 3번이나 말씀하셨습니다. 그런데 제자들은 "죽으심"이라는 고난만 생각하고 "살아나리라"하신 영광은 생각하지 않았다는 점입니다. 오늘의 성도들도 현재의 고난만 바라보고 장래의 영광은 생각하지 않는다는 점입니다.

바울이 순교할 수 있었던 원동력이 어디서 온 줄 아십니까? 디모데후서 2:11-13절입니다. "미쁘다 이 말이여 우리가 주와 함께 죽었으면 또한 함께 살 것이요 참으면 또한 함께 왕 노릇 할 것이요 우리가 주를 부인하면 주도 우리를 부인하실 것이라 우리는 미쁨이 없을지라도 주는 항상 미쁘시니 자기를 부인하실 수 없으시리라"는 말씀입니다.

ⓛ "자기를 부인하실 수 없으시리라"는 뜻이 무엇인가? 성경은 하나님의 약속의 말씀입니다. 그런데 이 약속을 지키시지 않는다면 하나님은 의로우시고 진실하시다는 자신을 부인하는 것이 된다는 뜻입니다. 그러실 수는 절대로 없는 것입니다. 그래서 바울은 "주와 함께 죽으면 또한 함께 살 것"을 믿었기에 순교할 수가 있었던 것입니다.

⑤ 셋째로 명심해야 할 요점은, "베드로가 예수를 붙들고 항변했다"는 "항변"입니다. 이점이 왜 중요하냐 하면 우리도 "어찌하여 내가 이런 고난을 당해야 합니까"고 "항변"하기 때문입니다. 베드로가 무어라고 "항변"을 했을까요? 이점을 마태복음에서는 "베드로가 예수를 붙들고 항변하여 이르되 주여 그리 마옵소서 이 일이 결코 주께 미치지 아니하리이다"(마 16:22)고 설명해주고 있습니다. 즉 죽으시면 안 됩니다 "이 일이 결코 주께 미치지 아니하리이다", 즉 자기가 지켜드리겠다고 말했다는 것입니다.

㉠ 그렇다면 이는 "너 밖에는 없구나"할 칭찬을 들을만한 말이 아닙

니까? 그런데 주님은 "사탄아 내 뒤로 물러가라"고 혹독하게 책망하셨습니다. 베드로는 예수님이 누구신가는 알았습니다. 그래서 "네가 복이 있도다"고 칭찬을 받았습니다. 그런데 왜 오셨는가는 몰랐던 것입니다. 이를 모르게 되면 어떻게 되는지 아십니까? 주님을 따르면 한 자리 할 것이라는 "영광"만 알고 십자가에 거꾸로 못 박혀야 할 "고난"은 모르게 되는 것입니다. 그래서 항변을 했고 책망을 받았던 것입니다. 이것이 자기중심적인 오늘 우리의 신앙수준이기도 합니다.

　ⓛ 주님께서 베드로, 요한, 야고보에게 변화하시는 모습을 보여주시고 "이는 내 사랑하는 아들이니 너희는 그의 말을 들으라"(9:7)하시는 음성을 듣게 하신 것은 제자들의 신앙을 교정해주고 베드로의 상한 마음을 치유하시기 위한 것으로 여겨집니다. 이점이 베드로가 주님께 "우리가 여기 있는 것이 좋사오니"(9:5)라고 말한 데서 나타납니다.

　⑥ 그러므로 넷째로 명심해야 할 요점은 "하나님의 일과, 사람의 일"을 분별하는 일입니다. 주님은 베드로의 어떤 점을 책망하셨습니까? 베드로에게는 남다른 "열심"이 있었습니다. 그래서 "모두 주를 버릴지라도 나는 결코 버리지 않겠나이다"(마 26:33)고 말했던 것입니다. 이는 진심에서 한 말이었습니다. 그런데 주님은 "네가 하나님의 일을 생각하지 아니하고 도리어 사람의 일을 생각하는도다"(8:33)고 책망하신 것입니다. 문제는 "하나님의 일과 사람의 일"을 분별하지 못한

"열심"이라는 점입니다.

㉠ 자신이 하는 일이 "하나님의 일인가? 사람의 일인가?"를 분별한다는 것은 생각같이 쉬운 일이 아닙니다. 예를 들어 예배당을 건축하면 무조건 하나님의 일입니까? 아닙니다. 자신의 성취욕을 만족시키기 위해서 한다면 이는 사람의 일인 것입니다. 베드로는 "이 일이 결코 주께 미치지 아니하리이다"하는 것이 주님을 위하는 "하나님의 일"로 여겼을 것입니다. 바울도 교회를 핍박하는 것이 하나님의 일을 열심히 하는 것으로 여겼던 것입니다.

㉡ 그런데 더욱 어려운 것은 "하나님의 일"을 분별을 한다 해도 사람의 뜻을 좇지 않고 하나님의 뜻을 따르기로 결단을 한다는 점이 더욱 어려운 것입니다. 왜냐하면 8:34절을 보겠습니다. "누구든지 나를 따라오려거든 자기를 부인하고 자기 십자가를 지고 나를 따를 것이니라"하신 "십자가"를 지고 따르는 것이 "하나님의 일"이기 때문입니다.

"누구든지 자기 목숨을 구원하고자 하면 잃을 것이요 누구든지 나와 복음을 위하여 자기 목숨을 잃으면 구원하리라"(8:35)하신 "자기 목숨을 버리는" 것이 하나님의 일이요, 주님의 가신 길을 따르는 일이기 때문에 어려운 것입니다.

그러므로 책망을 받아 마땅한 것은 항변한 베드로만의 어리석음이 아니라는 점을 깨닫게 됩니다. 왜냐하면 우리도 칭찬을 받을 줄 알고 행한 일이 "사람의 일"을 한 것일 때도 있고, "주님을 따르는 길"이 십자가의 길이 아니라 영광의 길로 곡해하기 때문입니다.

"사탄아 내 뒤로 물러가라 네가 하나님의 일을 생각하지 아니하고 도리어 사람의 일을 생각하는도다"하신 이 대목을 마치면서 분명해진 것은 복음서의 어느 본문으로 설교를 하든지 "예수가 누구신가? 우리를 위해서 무엇을 행해주셨는가?"하는 두 주제에 입각해서 증언해야만 "하나님의 일", 즉 기록한 목적대로 설교하는 것이 된다는 점입니다. 만일 사람을 기쁘게 하려 한다면 "네가 하나님의 일을 생각하지 아니하고 도리어 사람의 일을 생각하는도다"(8:33)는 책망을 면할 수 없게 된다는 점을 명심하십시다.

⑦ 그러면 10:33절을 보겠습니다. 드디어 "보라 우리가 예루살렘에 올라가노니"하고 선언하십니다. "보라"하는 말은 주의를 환기시키는 말입니다. 왜 올라가십니까? 이는 "이틀이 지나면 유월절과 무교절이라"한 14:1절과 결부되는 말입니다. 주님은 유월절 양이 되시기 위해서 유월절에 맞춰서 올라가시려는 것입니다.

㉠ "보라 우리가 예루살렘에 올라가노니 인자가 대제사장들과 서기관들에게 넘겨지매 그들이 죽이기로 결의하고 이방인들에게 넘겨주겠고 그들은 능욕하며 침 뱉으며 채찍질하고 죽일 것이나 그는 삼 일 만에 살아나리라"(10:33-34)하십니다. 이는 8:31, 9:31절에 이은 3번째

수난예고입니다.

ⓛ 그리고 11:1절은 "예루살렘에 가까이 와서" 나귀새끼를 타고 입성(7)하십니다. 이를 우리는 종려주일로 기념을 하고 있는데 마가복음은 11장에서 벌써 고난주간이 시작이 되는 것입니다. 마가는 11장-16장까지 복음서의 ⅓을 고난의 한 주간(週間)에 할애하고 있는 것입니다.

그러면 여러분은 하나님께서 유월절을 지키라 하신 의도가 무엇이며, 마지막 유월절이 언제인지 아십니까? 주님은 잡히시던 날 밤에 "이것은 내 몸이니라, 이것은 많은 사람을 위하여 흘리는 나의 피 곧 언약의 피니라"(14:22-24)하십니다.

이 밤은 예표로 지켜 내려오던 유월절이 참 것으로 "개혁"(히 9:10)이 되는 마지막 유월절이요, 첫 성찬의 밤이었던 것입니다. 그러므로 이스라엘 백성들이 바로의 노예에서 해방된 것이 유월절 양의 피로 말미암은 것같이 우리가 사탄의 노예에서 구속된 것은 유월절 양 예수 그리스도의 피로 말미암은 것입니다.

ⓒ 주님은 겟세마네 동산에서 "그러나 나의 원대로 마시옵고 아버지의 원대로 하옵소서"(14:36)라고 기도하셨습니다. 이것이 "하나님의 일"에 입각한 하나님의 뜻대로 구하는 기도요, 이처럼 맡기는 것이 가장 어려운 기도이기도합니다. 그러면 하나님의 뜻이 무엇인가? 이사야 53:10절입니다. "여호와께서 그에게 상함을 받게 하시기를 원하

사 질고를 당하게 하셨다"고 말씀합니다. 왜냐하면 "그의 영혼을 속건 제물로" 드려야만 "그가 씨를 보게 되기" 때문입니다. 그 "씨"로 우리가 거듭날 수가 있었던 것입니다.

㉣ 16:14절입니다. 부활하신 후에 "열한 제자가 음식 먹을 때에 예수께서 그들에게 나타나사 그들의 믿음 없는 것과 마음이 완악한 것을 꾸짖으시니 이는 자기가 살아난 것을 본 자들의 말을 믿지 아니함일러라"합니다. 주님은 "다시 살아나리라" 예고하신 대로 부활하셨습니다. 그런데 이 말씀을 믿고 마음에 담아둔 제자는 한 사람도 없었던 것입니다.

마가복음은, "하나님의 아들 예수 그리스도의 복음의 시작이라"(1:1)고 시작이 되어서, "너희는 온 천하에 다니며 만민에게 복음을 전파하라"(16:15)는 명령으로 마치고 있습니다. 그 안에 있는 내용은 복음이 누구의 무엇을 통해서 가능하여졌는가를 증언하는 내용인 것입니다. 그리고 마가복음은, "제자들이 나가 두루 전파할새 주께서 함께 역사하사 그 따르는 표적으로 말씀을 확실히 증언하시니라"(16:20)고 마치고 있습니다.

이는 이제도 주님은 우리와 함께 역사하신다는 진행(進行)형임을 명심하십시다. 이것이 "복음의 시작이라, 복음을 전파하라"는 마가복음입니다.

나와 동행하시고 모든 염려 아시니 나는 숲의 새와 같이 기쁘다

내가 기쁜 맘으로 주의 뜻을 행함은 주의 영이 함께 함이라

성령이 계시네 할렐루야 함께 하시네

좁은 길을 걸으며 밤낮 기뻐하는 것 주의 영이 함께 함이라 (191장)

살전 1:1-5절

능력과 성령과 큰 확신으로 된 교회

설교 본문

1 바울과 실루아노와 디모데는 하나님 아버지와 주 예수 그리스도 안에 있는 데 살로니가인의 교회에 편지하노니 은혜와 평강이 너희에게 있을지어다

2 우리가 너희 모두로 말미암아 항상 하나님께 감사하며 기도할 때에 너희를 기 억함은

3 너희의 믿음의 역사와 사랑의 수고와 우리 주 예수 그리스도에 대한 소망의 인 내를 우리 하나님 아버지 앞에서 끊임없이 기억함이니

4 하나님의 사랑하심을 받은 형제들아 너희를 택하심을 아노라

5 이는 우리 복음이 너희에게 말로만 이른 것이 아니라 또한 능력과 성령과 큰 확신으로 된 것임이라 우리가 너희 가운데서 너희를 위하여 어떤 사람이 된 것 은 너희가 아는 바와 같으니라

강론

데살로니가교회는 바울의 2차 선교여행 때에 세워졌습니다. 그 기사가 사도행전 17장에 있습니다. 빌립보 옥에서 풀려난 바울과 실라는 데살로니가에 이르러 유대인의 회당에서 세 안식일에 성경을 가지고 강론했다고 전합니다. 세 안식일이 문자적이라면 21일에 불과합니다.

그 결과 "그 중의 어떤 사람 곧 경건한 헬라인의 큰 무리와 적지 않은 귀부인도 권함을 받고 바울과 실라를 따랐다"(행 17:4)고 전합니다. 이렇게 해서 데살로니가에도 하나님의 교회가 세워지게 된 것입니다.

그러나 유대인들이 시기하여 큰 소동을 일으켰습니다. 바울과 실라는 밤에 도망하듯 데살로니가를 떠나 베뢰아에 이르러 복음을 전했습니다. 그런데 데살로니가에 있는 유대인들이 베뢰아까지 좇아와 소동을 벌이는 바람에 아덴으로 옮기게 됩니다.

아덴에서 바울은 환난 중에 두고 온 갓 태어난 데살로니가 형제들이 염려가 되어, 3:1-2절을 보겠습니다. "이러므로 우리가 참다못하여 우리만 아덴에 머물기를 좋게 생각하고 우리 형제 곧 그리스도의 복음을 전하는 하나님의 일꾼인 디모데를 보내노니"합니다.

그런데 3:6절에 보면, "지금은 디모데가 너희에게로부터 와서 너희 믿음과 사랑의 기쁜 소식을 우리에게 전하고 또 너희가 항상 우리를 잘 생각하여 우리가 너희를 간절히 보고자 함과 같이 너희도 우리를 간절히 보고자 한다 하니 이러므로 형제들아 우리가 모든 궁핍과 환난 가운데서 너희 믿음으로 말미암아 너희에게 위로를 받았노라"(3:6-7)고 진술합니다. 그리하여 격려의 편지를 써서 보내게 되었는데 이것이 "데살로니가전서"인 것입니다. 그러면 각 장의 중심점을 살펴보도록 하겠습니다.

① 1장은 바울이 데살로니가에 복음을 전하여 교회가 세워지게 된 경위를 진술하는 내용인데 우리에게는 가장 적실성이 있는 핵심장입니다. 그래서 여기에 중점을 두고 살펴보도록 하겠습니다. 요절은 1:5절입니다. "이는 우리 복음이 너희에게 말로만 이른 것이 아니라 또한 능력과 성령과 큰 확신으로 된 것임이라"고 진술합니다.

요절 중에서도 핵심은 "복음과, 성령"에 있습니다. 주께서 이루신 복음을 전파하는 것은 성령의 사역인 것입니다. 다만 성령이 바울을 들어 증언하게 하신 것뿐입니다. 그래서 주님은 "성령이 임하시면--내 증인이 되리라"고 말씀하셨던 것입니다.

㉠ 그렇다면 첫째로 주목해야 할 점은 바울이 데살로니가에 전해 준 복음의 내용이 무엇이기에 "능력과 성령과 큰 확신"으로 역사하셨는가 하는 점입니다. 왜냐하면 증언하는 내용이 전도의 본질이요, 현대교회의 근본적인 오류가 여기에 있다고 여겨지기 때문입니다. 다시

말하면 바울이 전한 복음과 우리가 전하는 복음의 내용이 같은 것인가? 그리하여 오늘날의 설교에도 성령께서 "능력과 성령과 큰 확신"으로 역사하시는가 하고 묻게 됩니다.

바울이 전한 복음이 무엇이기에 1:7절에서는 "너희가 마게도냐와 아가야에 있는 모든 믿는 자의 본이 되었다"고 말씀하고, 1:8절에서는 "너희 믿음의 소문이 각처에 퍼지게"했단 말인가 하고 묻지 않을 수 없습니다. 그렇다면 이는 오늘의 전도자들도 본받아야 할 모범인 것이 분명합니다.

ⓛ 그러므로 우리가 주목하고자 하는 바는 복음을 어떤 방법으로 전했는가 하는 전도방법이 아니라, 무엇을 전했는가 하는 전파한 내용입니다. 그 내용을 사도행전 17:1-3절이 간략하게나마 전해주고 있습니다. 바울은 관례대로 유대인의 회당(會堂)에서 "세 안식일에 성경을 가지고 뜻을 풀어 그리스도가 해를 받고 죽은 자 가운데서 다시 살아나야 할 것을 증언했다"합니다.

바울이 전한 복음의 중심주제는 "그리스도"였습니다. 그런데 "뜻을 풀어"라는 말은 유대인들의 메시아 관에 잘못이 있었기 때문입니다. 요한복음 12:34절에 보면 그들은 "율법에서 그리스도가 영원히 계신다 함을 들었다"고 말하고 있습니다. 다시 말하면 대속제물이 되기 위해서 오시는 것이 아니라 나라를 부강하게 하러 오시는 다윗 같은 왕으로 곡해하고 있었던 것입니다. 오늘날도 예수를 믿으면 축복과 만사형통하는 줄로 "메시아 관"을 잘못 알고 있는 분들이 있습니다.

ⓒ 그래서 바울은 아니다 성경을 봐라, "그리스도가 해를 받고 죽은 자 가운데서 다시 살아나야 할 것"(행 17:3)을 말씀한다는 점을 증언했던 것입니다. 바울은 "개들이 나를 에워쌌으며 악한 무리가 나를 둘러 내 수족을 찔렀나이다"한 시편 22:16절을 주님이 십자가에 달리신 근거 구절로 제시했을 것입니다.

그리고 "그가 찔림은 우리의 허물 때문이요 그가 상함은 우리의 죄악 때문이라 그가 징계를 받으므로 우리는 평화를 누리고 그가 채찍에 맞으므로 우리는 나음을 받았도다 우리는 다 양 같아서 그릇 행하여 각기 제 길로 갔거늘 여호와께서는 우리 모두의 죄악을 그에게 담당시키셨도다"한 이사야 53:5-6절 등을 인용을 해서 증명했을 것입니다.

또한 "주의 거룩한 자를 멸망시키지 않으실 것임이니이다"한 시편 16:10절을 주님께서 부활하신 증거 구절로 입증했을 것입니다.

ⓡ 이처럼 성경을 들어 증명을 한 후에 "내가 너희에게 전하는 이 예수가 곧 그리스도라"(행 17:3)고 결론을 맺었던 것입니다. 그러니까 구약성경에 계시된 "그리스도"와 유대인들의 십자가에 못을 박아 죽인 역사적인 "예수"가 일치한다는 것을 성경을 들어 "증명"해 보여줬다는 것입니다. 그런 후에 이 "예수가 곧 그리스도라"고 확정을 했다는 것입니다.

이렇게 증언하자 말로만 이른 것이 아니라 "능력과 성령과 큰 확신"(1:5)으로 역사하셔서 "헬라인의 큰 무리와 적지 않은 귀부인도" 바울과 실라를 따랐다는 것입니다.

어찌하여 복음을 전할 때에 "설득력 있는 지혜의 말로 하지 아니하고 다만 성령의 나타나심과 능력"만을 의지해야만 합니까? "너희 믿음이 사람의 지혜에 있지 아니하고 다만 하나님의 능력에 있게 하려 하였노라"(고전 2:5)고 대답합니다.

전도자가 복음을 전하면 듣는 자에게 믿음을 주시고 거듭나게 하시는 것은 오직 성령의 역사인 것입니다. 그런데 "믿음"에는 사람의 수단 방법에 의한 믿음이 있고, "하나님의 능력"에 의한 거듭난 믿음이 있다는 점을 명심해야만 합니다.

1:6절입니다. 데살로니가 성도들의 믿음이 사람의 지혜에 있지 아니하고 "능력과 성령과 큰 확신으로"(1:5)된 믿음이기에 많은 환난 가운데서도 "성령(聖靈)의 기쁨으로 말씀을 받아 우리와 주를 본받은 자"가 될 수가 있었던 것입니다.

그렇다면 오늘의 설교나 전도도 "설득력 있는 지혜의 말로 하지 아니하고 다만 성령의 나타나심과 능력으로 하고 있는가? 그리하여 성도들의 "믿음이 사람의 지혜에 있지 아니하고 다만 하나님의 능력에 있게"(고전 2:4-5)하고 있는가 하고 묻게 됩니다.

㉺ 다음으로 주목할 점은 성령의 역사로 복음을 듣고 믿게 된 데살로니가 성도들은 어떻게 변화되었는가? 다시 말하면 복음은 사람을 어떻게 변화시키는가 하는 점입니다. 변화된 모습이 1:9-10절에 있습니다. "너희가 어떻게 우상을 버리고 하나님께로 돌아와서 살아 계시고 참되신 하나님을 섬기는지와 또 죽은 자들 가운데서 다시 살리신 그의 아들이 하늘로부터 강림하실 것을 너희가 어떻게 기다리는지를 말하니 이는 장래의 노하심에서 우리를 건지시는 예수시니라"합니다. 옛 풍습을 "버리고, 돌아서는" 결단이 있었던 것입니다. 그리고 주님의 재림을 "기다리는" 소망을 갖게 했다는 것입니다.

이점을 1:3절에서는 "너희의 믿음의 역사와 사랑의 수고와 우리 주 예수 그리스도에 대한 소망의 인내"라고 말씀합니다. 믿음으로 하나님과의 관계가 회복이 되고, 사랑으로 성도들이 하나로 뭉쳐지게 되었다는 것입니다. 이처럼 "믿음, 사랑, 소망"은 그리스도인이라는 증명서와 같은 것입니다.

그러므로 신앙이란 어렵고 막연한 것이 아닙니다. "믿음, 사랑, 소망" 이 세 가지만 구비하면 되는 것입니다. 바울이 "신(信), 망(望), 애(愛)"에 대해 얼마나 강조하고 있는가를 보십시오. "디모데가 너희에게로부터 와서 너희 〈믿음과 사랑〉의 기쁜 소식을 우리에게 전해주었다"(3:6)고 말씀합니다. 또한 서신을 마치기 전에, "정신을 차리고 믿음과 사랑의 호심경을 붙이고 구원의 소망의 투구를 쓰자"(5:8)고, 또

다시 "신, 망, 애"로 무장할 것을 강조합니다. 그러면 우리에게도 "믿음, 사랑, 소망"이 있는가라고 묻게 됩니다.

그리고 1장은 "죽은 자들 가운데서 다시 살리신 그의 아들이 하늘로부터 강림하실 것을 너희가 어떻게 기다리는지를 말하니"(1:10)하고 마치고 있는데 이는 바울이 부활승천하신 주님께서 심판 주로 오신다는 점을 전해주었다는 증거가 됩니다.

② 2장의 내용은 바울이 복음을 전할 때에 어떤 자세로 임했는가를 진술하는 내용입니다.

㉠ 2:4절입니다. "오직 하나님께 옳게 여기심을 입어 복음을 위탁 받았으니"합니다. 그러므로 "사람을 기쁘게 하려 함이 아니요 오직 우리 마음을 감찰하시는 하나님을 기쁘시게 하려 함이라"합니다. 이것이 복음전도자의 기본자세인 것입니다.

㉡ 다음은 2:5절입니다. "너희도 알거니와 우리가 아무 때에도 아첨하는 말이나 탐심의 탈을 쓰지 아니한 것을 하나님이 증언하시느니라"합니다. 그리고 2:10절은 결론인데 "우리가 너희 믿는 자들을 향하여 어떻게 거룩하고 옳고 흠 없이 행하였는지에 대하여 너희가 증인이요 하나님도 그러하시도다"고 진술합니다.

어찌하여 이점을 역설하고 있는지 아십니까? 사람들은 전도자의 말만 듣는 것이 아니라 일거수일투족을 주목해 보기 때문입니다. 그러므로 바울은 복음을 입으로만 전한 것이 아니라 솔선수범하는 본을 보임으로 전했던 것입니다.

바울은 그들에게 "본"을 보였고 데살로니가 성도들은 바울과 "주를 본받은 자가 되었던"(1:6)것입니다. 그러면 우리도 이렇게 하고 있는가 하고 묻게 됩니다. 입으로는 "하나님을 전하면서 "행위로는 부인하는 가증한 자"(딛 1:16)는 아닌지 심각하게 반성을 해야 할 것입니다.

ⓒ 바울은 성도들을 양육하기를 2:7절에서는 "유모가 자기 자녀를 기름과 같이 하였다"합니다. 2:11절에서는 "아버지가 자기 자녀에게 하듯 권면하고 위로하고 경계하노니"합니다. 그러니까 어머니의 사랑과 아버지의 엄격함으로 했다는 것입니다. 그런가 하면 2:8절에서는 "하나님의 복음뿐 아니라 우리의 목숨까지도 너희에게 주기를 기뻐함은"하고 희생으로 행했다합니다. 오늘의 목회자인 우리도 이렇게 하고 있는가 하고 자문하게 합니다.

③ 3장의 중심점은, "믿음과, 굳게 서라"에 있습니다. "믿음"을 5번(2, 5, 6, 7, 10), "굳게"를 3번(2, 8, 13)이나 강조하고 있습니다.

㉠ 왜냐하면 3:4절을 보십시오. "우리가 너희와 함께 있을 때에 장차 받을 환난을 너희에게 미리 말하였는데 과연 그렇게 된 것을 너희가 아느니라"합니다. 바울은 예수를 믿으면 만사형통이 아니라 "환난"이 따르게 된다는 점을 미리 말해줌으로 마음의 준비를 시켜주었던 것

입니다.

ⓒ 그리고 굳건한 "믿음"에 한 가지를 더하고 있는데 그것은 "사랑"입니다. 3번(6, 12, 12) 강조되어 있습니다. 여러분 "사랑"도 너무 많으면 안 되는 것입니까? "믿음"은 굳게 서고, "사랑"은 "너희도 피차간과 모든 사람에 대한 사랑이 더욱 많아 넘치게"(12)되기를 기도하고 있습니다.

4:9절을 보십시오. "형제 사랑에 관하여는 너희에게 쓸 것이 없음은 너희들 자신이 하나님의 가르치심을 받아 서로 사랑함이라"하면서 "형제들아 권하노니 더욱 그렇게 행하라"(10)고 말씀합니다.

바울은 디모데로부터 "믿음과 사랑의 기쁜 소식"(6)을 보고 받고는 너무나 기뻐서, "너희를 위하여 능히 어떠한 감사함으로 하나님께 보답할꼬"(9)하고 감격해 합니다.

④ 4장은 "끝으로 주 예수 안에서 너희에게 구하고 권면하노니"(1)하고 시작이 되는 교훈입니다. 그러면 기독교교훈이 다른 종교의 교훈과 어떻게 다른가 하는 점을 주목해 보아야만 합니다. 왜 이런 삶을 살아야 하는가 하는 교훈의 근거가 다르다는 점입니다.

㉠ 그러므로 명심할 점은 교훈적인 권면을 할 때도 복음에 입각해서 권면해야만 기독교윤리가 된다는 점입니다. 바울은 "주를 기쁘시게 할 것이 무엇인가 시험하여 보라"(엡 5:10)고 권면합니다. 왜 그래야만 합니까? 나 같은 죄인을 위해서 죽으시고 다시 사신 피로 값을 주

고 사신 주님이기 때문입니다.

또한 "하나님의 성령을 근심하게 하지 말라"(엡 4:30)고 권면합니다. 어디에 있는 성령입니까? 우리 안에 내주하시는 성령입니다. 왜 근심하게 해서는 안 됩니까? 우리를 "구원의 날까지" 도우시며 인도하시기 위해서 찾아오셨기 때문입니다. 오늘의 기독교윤리가 어찌하여 땅에 떨어졌는가? 몰라서가 아닙니다. 강조하지 않아서도 아닙니다. 복음을 잃어버림으로 당위성과 실천할 능력이 없기 때문인 것입니다.

바울은 "그리스도의 사랑이 우리를 강권하신다"(고후 5:14)고 말씀합니다. 어떤 사랑입니까? 그리스도께서 우리 죄를 위하여 대신 죽어주셨다는 사랑이라고 말씀합니다. 그리고 "우리가 생각하건대"하고, 생각해보라고 말합니다. 여기에 실천할 원동력이 있는 것입니다.

ⓛ 4장에는 또 하나의 주제가 있는데 데살로니가 형제들이 "자는 자들", 즉 예수를 믿다가 죽은 성도는 어떻게 되느냐고 질문을 한 것입니다. 4:14절입니다. "우리가 예수께서 죽으셨다가 다시 살아나심을 믿을진대 이와 같이 예수 안에서 자는 자들도 하나님이 그와 함께 데리고 오시리라"고 역시 주님의 죽으시고 다시 사심에 근거해서 답변을 합니다. 그러면서 "소망 없는 다른 이와 같이 슬퍼하지"(4:13)말라고 말씀합니다.

⑤ 마지막 장인 5장의 중심점은 그리스도께서 언제 강림하시는가 하는, "때와 시기"에 있습니다. 이점은 모든 그리스도인의 관심사이기도 합니다. 바울은 "주의 날이 밤에 도적같이 이른다"(2)고 대답합니다. 그러므로 우리는 불신자들처럼 자지 말고 "오직 깨어 정신을 차리고"(5:4) 있으라고 말씀합니다. 이점에서 주목하게 되는 것은 그리스도의 재림이 각 장마다 강조되어 있다는 점입니다.

㉠ 1장은 "또 죽은 자들 가운데서 다시 살리신 그의 아들이 하늘로부터 강림하실 것을 너희가 어떻게 기다리는지를 말하니 이는 장래의 노하심에서 우리를 건지시는 예수시니라"(1:10)고 끝마치고,

㉡ 2장은, "우리의 소망이나 기쁨이나 자랑의 면류관이 무엇이냐 그가 강림하실 때 우리 주 예수 앞에 너희가 아니냐 너희는 우리의 영광이요 기쁨이니라"(2:19-20)고 끝을 맺고 있습니다.

㉢ 3장은, "우리 주 예수께서 그의 모든 성도와 함께 강림하실 때에 하나님 우리 아버지 앞에서 거룩함에 흠이 없게 하시기를 원하노라"(3:13)고 마치고,

㉣ 4장도, "주께서 호령과 천사장의 소리와 하나님의 나팔 소리로 친히 하늘로부터 강림하시리니"(4:16)하고 말씀합니다.

㉤ 5장에서도, "평강의 하나님이 친히 너희를 온전히 거룩하게 하시고 또 너희의 온 영과 혼과 몸이 우리 주 예수 그리스도께서 강림하실 때에 흠 없게 보전되기를 원하노라"(5:23)고 말씀합니다. 성경의 마지

막 책, 마지막 말씀은 "내가 진실로 속히 오리라"(계 22:20)는 말씀입니다. 우리의 응답은 "아멘 주 예수여 오시옵소서"입니다.

데살로니가전서를 끝마치기 전에 빼놓을 수 없는 말씀은 "항상 기뻐하라 쉬지 말고 기도하라 범사에 감사하라 이것이 그리스도 예수 안에서 너희를 향하신 하나님의 뜻이니라"(5:6-8)는 말씀입니다. 어떻게 환난과 고난 중에도 기뻐하고 감사할 수가 있습니까? 한마디로 "믿음, 소망, 사랑"이 있기 때문입니다.

어느 시대를 막론하고 교회가 활력이 넘치고 그 시대에 소금과 빛의 역할을 감당할 수 있었던 것은 십자가의 은혜(믿음)와, 부활의 승리(사랑)와, 재림에 대한(소망) 확신을 튼튼히 붙잡고 있었던 교회입니다. 그들은 땅을 내려다보고 있었던 것이 아니라 위를 바라보고 "물위"(환경)를 걸었던 성도들입니다.

그러므로 사도의 마지막 말은 "너희를 부르신 이는 미쁘시니 그가 또한 이루시리라"(5:24)는, "이루심"으로 마치고 있습니다. 그러면 스스로 자문해보십시다. 주님께서 재림하시고 우리 낮은 몸이 주님의 영광의 몸과 같이 변화될 그 때 가서야 기뻐하고 감사할 것입니까? 이것이 "능력과 성령과 큰 확신으로 된 교회"인 데살로니가전서입니다.

영광을 받으신 만유의 주여 우리가 명령을 따르리라

베푸신 은혜를 감사히 알고 진실한 맘으로 섬기겠네

구주의 은혜 주시는 대로 영원히 받들어 섬기겠네

찬송하겠네 찬송하겠네 생명을 주시는 구주로다 (331장)

살후 1:6-9절

하나님의 의로우신 심판과, 성도들의 의로운 삶

설교 본문

6 너희로 환난을 받게 하는 자들에게는 환난으로 갚으시고

7 환난을 받는 너희에게는 우리와 함께 안식으로 갚으시는 것이 하나님의 공의 시니 주 예수께서 자기의 능력의 천사들과 함께 하늘로부터 불꽃 가운데에 나타나실 때에

8 하나님을 모르는 자들과 우리 주 예수의 복음에 복종하지 않는 자들에게 형벌 을 내리시리니

9 이런 자들은 주의 얼굴과 그의 힘의 영광을 떠나 영원한 멸망의 형벌을 받으리 로다

강론

데살로니가후서는 전서를 보내고 한 달 쯤 후에 급하게 써서 보내게 된 서신일 것이라고 말합니다. 왜냐하면 첫 번 편지의 내용을 곡해해서 성도들을 혼란하게 하는 자들이 있었기 때문입니다. 바울은 먼저 보낸 전서(前書)에서 그리스도의 재림을 6번(1:10, 2:19, 3:13, 4:15, 16, 5:23)이나 강조했습니다. 이는 환난 중에 있는 데살로니가 형제들에게 소망을 주고 격려하기 위해서였습니다.

그런데 이를 곡해해서 "주의 날이 임박했다"고 유언비어를 퍼뜨리면서 규모 없이 행하는 자들이 있다는 소식을 듣게 된 것입니다. 바른 재림신앙은 "소망의 인내"를 낳지만, 잘못된 재림신앙은 자신은 물론 교회와 사회에 해독을 끼칩니다. 이를 바로잡아주기 위해서 후서를 기록하게 된 것입니다. 그러면 각 장의 중심점을 살펴보도록 하겠습니다.

① 1장의 중심점은 1:10절입니다. "그 날에 그가 강림하사 그의 성도들에게서 영광을 받으시고 모든 믿는 자들에게서 놀랍게 여김을 얻으시리니 이는 (우리의 증거가 너희에게 믿어졌음이라)"합니다. 무슨 뜻입니까? "우리의 증거가 너희에게 믿어졌음이라"는 뜻은 바울은 주님께서 재림하신다는 점을 증언했고 데살로니가 성도들은 이를 "믿어졌음이라", 즉 확신하게 되었다는 뜻입니다.

바울이 후서를 기록하게 된 목적은 광신적(狂信的)인 재림 관을 시정해주기 위해서입니다. 그런데 도리어 주님은 반드시 재림하신다고 강조하고 있다니 이는 불붙는데 기름을 뿌리는 격이 아닌가 하고 생각할 것입니다. 아닙니다. 여기에 후서의 영광스러움이 있고 바울의 확고한 믿음이 있는 것입니다. 문제는 잘못된 재림관이지 주님의 재림 자체는 확고부동한 진리라는 것입니다.

그러므로 데살로니가후서를 상고하면서 주목해야 할 점은 바울이 그들이 곡해한 재림신앙을 어떤 방도로 바로잡아주고 있는가 하는 논리전개(論理展開)입니다. 왜냐하면 여기에 후서의 절묘함이 있기 때문입니다. 만일 이를 파악하지 못한다면 후서의 생명력을 놓치게 되고 자칫 재림교리를 희석시킬 수가 있는 것입니다.

바울은 그들의 재림 관이 잘못되었다는 데로 직행을 하고 있지 않다는 점입니다. 왜냐하면 그렇게 한다면 자칫 물을 뿌려 불을 끄듯이 재림신앙 자체를 약화시키고 소멸시킬 우려가 있기 때문입니다. 1장에서는 도리어 주님의 재림을 강조하고 있는 것을 대하게 됩니다. 1장을 한마디로 요약을 하면 "주님은 분명히 재림(再臨)하신다"는 말씀입니다. 왜 재림하셔야만 합니까?

㉠ 1:5절입니다. "이는 하나님의 공의로운 심판의 표요 너희로 하여금 하나님의 나라에 합당한 자로 여김을 받게 하려 함이니 그 나라를 위하여 너희가 또한 고난을 받느니라"고 대답합니다. 5절 안에는 "하

나님의 나라, 그 나라"가 있습니다. 하나님의 나라는 주님의 "재림"으로 완성이 되기 때문에 재림하신다는 것입니다.

ⓛ 그리고 "공의로운 심판의 표요"하고 하나님의 공의(公義)가 5절과 7절에 강조되어 있습니다. 주님은 하나님의 공의를 위해서 재림하셔야만 한다는 것입니다. 여러분은 "최후심판"이 없기를 바라십니까? 심판이 없다면 "죄"를 묵과하실 수 없다는 하나님의 "공의"가 무너지게 되는 것입니다. 이점을 시편 58:11절에서는 "그 때에 사람의 말이 진실로 의인에게 갚음이 있고 진실로 땅에서 심판하시는 하나님이 계시다"고 말하게 되리라 합니다.

ⓒ 그러므로 "심판"이라는 주제는 하나님의 "공의"와 결부되는 중대한 문제인 것입니다. 그런데 잊어서는 아니 될 점은 하나님의 공의가 "최후심판"에만 나타나는 것이 아니라 "구원"행사에 먼저 나타났다는 점입니다. 어찌하여 우리 죄를 그냥 용서하시지 않으시고 우리 대신 자기 아들을 심판하시고야 용서하셨습니까? "곧 이 때에 자기의 의로우심을 나타내사"(롬 3:26)한 공의(公義)의 하나님이시기 때문입니다.

그러므로 "심판"이 없다면 대속교리도 복음도 필요 없는 것이 되고 맙니다. 1:6-7절입니다. "환난을 받게 하는 자들에게는 환난으로 갚으시고, 환난을 받는 너희에게는 안식으로 갚으시는 것이 하나님의 공의시니"합니다. 이처럼 심판에는 분리(分離)가 있습니다. 데살로니가에 복음이 전파되자 전에는 없었던, "환난 받게 하는 자와, 환난 받는 자"

로 갈라지게 되었던 것입니다. 그런데 바울은 이를 "하나님의 공의로운 심판의 표"(5)라고 말씀하고 있습니다. 즉 데살로니가에서 심판이 이미 시작이 된 것으로 보고 있다는 것입니다.

그렇습니다. 요한복음 3:18절에서도 "그를 믿는 자는 심판을 받지 아니하는 것이요 믿지 아니하는 자는 하나님의 독생자의 이름을 믿지 아니하므로 벌써 심판을 받은 것이니라"고 말씀합니다. 주님께서 재림하시는 날은 최종적인 분리가 있게 되는 최후심판의 날인 것입니다. 1:9절과 12절의 대조를 주목하시기 바랍니다. "주의 얼굴과 그의 힘의 영광을 떠나 영원한 멸망의 형벌을 받게"(9)될 자와 "영광을 받게"(12) 될 자로 갈라지게 된다는 것입니다. 그러므로 주님의 재림은 최후심판의 날임과 동시에 구원이 완성되는 날인 것입니다.

㉣ 이점에서 기억해야 할 점이 있는데, "우리 주 예수의 이름이 너희 가운데서 영광을 받으시고"(12)한 "주의 이름"입니다. 구원계획에는 하나님의 이름과 명예가 걸려있는 것입니다. "나는 나를 위하며 나를 위하여 이를 이룰 것이라 어찌 내 이름을 욕되게 하리요 내 영광을 다른 자에게 주지 아니하리라"(사 48:11)하십니다.

그리고 하나님의 이름과 명예는 주님의 재림으로 온전히 회복이 되는데, 만일 재림이 없다면 하나님의 이름과 명예는 어찌 된단 말입니까? 그러므로 주님의 재림은 확고하다는 것이 바울의 논증입니다.

바울은, "나는 부활하신 주님을 만나본 사람이다"라고, 자기 경험에 의존하여 논증하고 있지 아니합니다. 또한 환란 중에 있는 성도들을 감상적으로 위로하고 있는 것도 아닙니다. "하나님의 공의"(公義)에 입각해서 위로와 격려와 확신을 주고 있습니다. 그러니까 1장을 한마디로 요약을 하면 전서(前書)에서 강조한 대로, "주님은 분명히 다시 오신다"는 확고한 믿음입니다.

② 2장은 "형제들아 우리가 너희에게 구하는 것은 우리 주 예수 그리스도의 강림하심과 우리가 그 앞에 모임에 관하여"(1)하고 시작이 됩니다. 비로소 잘못된 재림 관을 바로잡아주고 있습니다.

㉠ 그러므로 2장의 중심점은 3절에 있습니다. 3절은 세 마디로 되어 있는데 첫째로 "누가 어떻게 하여도 너희가 미혹되지 말라"고 경계합니다. 둘째로 "먼저 배교하는 일"이 일어나게 된다고 말씀합니다. 셋째로 "저 불법의 사람 곧 멸망의 아들이 나타나기 전에는 그 날이 이르지 아니하리니"합니다. 그러니까 "재림 전에 먼저 어떤 일이 일어날 것인가"를 말씀하려는 것입니다. 그러면 "저 불법의 사람"이 누구란 말인가?

㉡ "불법의 사람 곧 멸망의 아들"이란 적그리스도(4)를 가리킵니다. 그런데 그가 "누군가"에 대해서는 각 시대마다 달리 적용을 시켰던 것입니다. 그런데 2:6절에서는 "지금 그로 하여금 그의 때에 나타나게 하려 하여 막는 것이 있다"고 말씀합니다. 계시록 7장에도 "땅의 사방의 바람을 붙잡아(1), 하나님의 종들의 이마에 인치기까지(4), 바람으로

하여금 땅에나 바다에나 각종 나무에 불지 못하게"하는 장면이 있습니다. 이처럼 악의 세력을 "붙잡고 막으시기" 때문에 세계질서가 이만큼이라도 유지된다 하겠습니다.

ⓒ 그런데 2:11절에는 충격적인 말씀이 있습니다. "하나님이 미혹의 역사를 그들에게 보내사 거짓 것을 믿게 하신다"고 말씀하고 있기 때문입니다. 그러니까 지금은 "막고"(2:6)계시지만 때가 되면 "불법의 사람을, 그들에게 보내신다"는 것입니다. 보내서 "거짓 것을 믿게 하신다"니 얼마나 충격적인 말씀입니까? 그러면 적그리스도를 허용하시는 의도가 무엇입니까?

ⓓ 2:12절을 보겠습니다. "진리를 믿지 않고 불의를 좋아하는 모든 자들로 하여금 심판을 받게 하려 하심이라"고 말씀합니다. 그러니까 적그리스도의 출현은 하나님이 힘이 모자라서가 아니라 "진리를 믿지 않고 불의를 좋아하는 모든 자들", 즉 "거짓 믿음과 참 믿음"을 가려내기 위한 심판의 방도라는 것이 됩니다.

"진리를 믿지 않고 불의를 좋아 한다"는 이것이 3절에서 언급한 배교(背敎) 곧 복음을 떠나는 일인 것입니다. "심판을 받게 하려 하심이라"고 말씀하는데 이는 교회 밖 불신자들이 아니라 교회 안에서 일어날 일이라는 점에서 비상한 경각심을 갖게 합니다.

이처럼 적그리스도에게 내어주는 장면이 다니엘서 8장에도 있습니다. 바벨론 포로에서 귀환한 후에 또다시 죄를 범함으로 "작은 뿔"로

상징이 된 적그리스도(안디오커스 에피파네스)에게 "넘긴바 되었다" (단 8:12)고 말씀합니다. 이점을 개역 본에서는 "범죄함을 인하여 백성과 매일 드리는 제사가 그것에게 붙인 바 되었다"로 되어 있습니다.

한 장면만 더 인용하겠습니다. 계시록 20장에는 "옛 뱀이요 마귀요 사탄을 잡아 결박하여 무저갱에 던져 넣고 잠가 미혹하지 못하게 하는 장면이 있습니다. 그런데 "그 후에는 반드시 잠깐 놓이리라"(계 20:1-2)고 말씀한다는 점입니다. 결박되어 갇혔던 놈이 놓이게 되면 어떻게 할 것 같습니까? 20:8절을 보겠습니다. "나와서 땅의 사방 백성 곧 곡과 마곡을 미혹하고 모아 싸움을 붙이리니 그 수가 바다의 모래 같으리라"(계 20:8)합니다.

그러면 놓아주면 이처럼 미혹할 것을 하나님은 모르셨단 말입니까? 아닙니다. 이점을 본문 2:11절에서는 "미혹의 역사를 그들에게 보내사"라고 말씀하는 것입니다. 미혹해 보라는 것입니다. 하나님은 무엇을 원하시는가? "그러나 이 모든 일에 우리를 사랑하시는 이로 말미암아 우리가 넉넉히 이기느니라"(롬 8:37)한 당당한 승리를 원하시는 것입니다.

그런 후에 2:8절에서는 "주 예수께서 그 입의 기운으로 그를 죽이시고 강림하여 나타나심으로 폐하시리라"합니다. 이점을 계시록 20:9절에서는 "그들이 지면에 널리 퍼져 성도들의 진과 사랑하시는 성을 두르매 하늘에서 불이 내려와 그들을 태워버린다"(계 20:9)고 말씀합니다.

㉫ 그러므로 2:2절입니다. "영으로나 또는 말로나 또는 우리에게서

받았다 하는 편지로나 주의 날이 이르렀다고 해서 쉽게 마음이 흔들리거나 두려워하거나 하지 말아야 한다"(2:2)고 경계합니다. 이로 미루어 보건대 어떤 사람은 주의 영이 말씀했다고도 하고, 어떤 사람은 바울이 공개적으로 밝히지 않은 비밀한 말씀이 있다고 주장한 모양입니다.

③ 3장은, "끝으로 형제들아"(1)하고 시작이 되는데 우리들이 행해야 할 책임을 말씀하는 내용입니다. 이는 데살로니가 성도들만이 아니라 그리스도의 초림으로부터 재림하실 때까지 교회가 지켜야 할 일들인 것입니다. 이를 요약하면 다음과 같습니다.

㉠"주의 말씀이 너희 가운데서와 같이 퍼져 나가 영광스럽게"(1)되기를 기도하라고 말씀합니다. 이것이 주님의 지상명령인 복음전파입니다.

㉡ "또한 우리를 부당하고 악한 사람들에게서 건지시옵소서 하라 믿음은 모든 사람의 것이 아니니라"(2)합니다.

㉢ "형제들아 우리 주 예수 그리스도의 이름으로 너희를 명하노니 게으르게 행하고 우리에게서 받은 전통대로 행하지 아니하는 모든 형제에게서 떠나라"(6)합니다. 이는 교회가 성별(聖別)되어야 함을 의미하고,

㉣ "누가 이 편지에 한 우리 말을 순종하지 아니하거든 그 사람을 지목하여 사귀지 말고 그로 하여금 부끄럽게 하라"(14)합니다. 이는 교회의 순전을 지키기 위해서 권징이 불가피함을 의미합니다.

㉤ "평강의 주께서 친히 때마다 일마다 너희에게 평강을 주시고 주

께서 너희 모든 사람과 함께 하시기를 원하노라"(3:16)합니다.

이상의 말씀을 요약을 하면 1장의 핵심은 "하나님의 공의"에 있고, 2장의 핵심은 "불법"에 있고, 3장의 핵심은 "본받음", 즉 책임에 있습니다. 하나님의 공의는 불법을 묵과하실 수가 없으십니다. 그러므로 "공의로운 심판" 곧 그리스도의 재림은 확고합니다. 그리하여 "영원한 멸망"(1:9)과, "영원한 위로"(2:16)로 갈라지게 된다는 것입니다. 이 소망을 가진 자마다 규모 있는 삶, 즉 책임 있는 그리스도인의 삶을 살아야 한다는 말씀입니다.

설교를 마치기 전에 마지막으로 기억하기를 원하는 것은 "그 날에 그가 강림하사 그의 성도들에게서 영광을 받으시고 모든 믿는 자들에게서 놀랍게 여김을 얻으시리니"한 1:10절입니다. 우리는 "놀라게"되고 주님은 영광을 받으실 그날을 사모하십시다. 이것이 "하나님의 공의의 심판과, 성도들의 의로운 삶"인 데살로니가후서입니다.

주 예수 세상에 다시 오실 그 날엔 뭇 성도 변화하여

주님의 빛나는 그 형상을 다 함께 보며 주 찬양하리

주님의 마음 본받아 살면서 그 거룩하심 나도 이루리 (455장)

고전 2:1-5절

교회 내의 문제들을
복음으로 치유함

설교 본문

1 형제들아 내가 너희에게 나아가 하나님의 증거를 전할 때에 말과 지혜의 아름
　다운 것으로 아니하였나니

2 내가 너희 중에서 예수 그리스도와 그가 십자가에 못 박히신 것 외에는 아무
　것도 알지 아니하기로 작정하였음이라

3 내가 너희 가운데 거할 때에 약하고 두려워하고 심히 떨었노라

4 내 말과 내 전도함이 설득력 있는 지혜의 말로 하지 아니하고 다만 성령의 나
　타나심과 능력으로 하여

5 너희 믿음이 사람의 지혜에 있지 아니하고 다만 하나님의 능력에 있게 하려 하
　였노라

강론

고린도교회는 바울의 2차 선교여행 당시에 세워진 교회입니다. 이 기사가 사도행전 18장에 있는데 11절에 의하면 1년 6개월을 머물면서 하나님의 말씀을 전했다 합니다.

바울은 아덴을 거쳐 고린도로 왔습니다. 당시의 심경을 "내가 너희 가운데 거할 때에 약하고 두려워하고 심히 떨었노라"(2:3)고 진술합니다. 이처럼 자신의 연약한 모습을 진술하는 대목은 흔치 않은데 어찌하여 "두려워하고 심히 떨었다"고 말씀할까요?

첫째는 도덕적으로 문란한 고린도라는 거대한 항구도시에 복음을 전할 것을 생각할 때에 떨리는 마음이 있었을 것입니다. 둘째로 추측할 수 있는 것은 방금 경유해온 아덴 선교에서의 빈약한 성과(행 17:34) 때문으로 "두려운" 심정이었을 것으로 여겨집니다.

그래서 2:4절에서는 "내 말과 내 전도함이 설득력 있는 지혜의 말로 하지 아니하고 다만 성령의 나타나심과 능력", 즉 성령의 능력만을 의지했다고 말씀합니다. 바울은 자신의 사역을, "내가 복음으로써 너희를 낳았음이라"(4:15)고 표현합니다. 이렇게 말씀함은 그들이 "자라야 하고, 양육되어야"함을 나타냅니다. 바울이 고린도 성도들을 "복음으로 낳은" 후 고린도전서를 보낸 것은 약 5년이 경과한 후로 보고 있습니다. 그동안 고린도교회는 얼마나 성장했는가?

① 바울이 고린도전서를 쓰게 된 동기는 크게 두 가지로 요약할 수가 있습니다.

㉠ 1:11절입니다. 첫째는, "글로에의 집 편으로 너희에 대한 말이 내게 들리니 곧 너희 가운데 분쟁이 있다"는 소식을 들었기 때문입니다. 분쟁만이 아니라, "너희 중에 심지어 음행이 있다 함"(5:1)을 듣게 되었습니다.

또한 "너희 중에 누가 다른 이와 더불어 다툼이 있는데 구태여 불의한 자들 앞에서 고발하고 성도 앞에서 하지 아니하느냐"(6:1)한 형제간의 법정 소송사건입니다. 바울은 이를 치유하기 위해서 고린도전서를 기록한 것입니다.

㉡ 둘째 동기는 7:1절입니다. "너희가 쓴 문제에 대하여"한 고린도교회가 질문한 것에 답을 주기 위해서입니다. 고린도교회가 질문한 내용들은, "결혼과 독신 문제"(7:1), "우상의 제물에 대하여"(8:1) "신령한 것에 대하여"(12:1), "성도를 위하는 연보에 대하여"(16:1)등입니다. 이상에서 보는 바와 같이 고린도전서는 로마서와 같은 교리적인 서신이 아니라 교회가 직면하고 있는 문제(問題)에 해답을 주기 위해서 기록한 실제적인 서신입니다.

② 고린도교회는 분명 문제가 많은 교회였습니다. 그런데 전서(前書)를 열면서 우선적으로 주목할 점은 바울은 교회가 직면한 문제로

직행(直行)을 하고 있지 않다는 점입니다. 그렇게 한다면 문제를 치유하는 것이 아니라 도리어 악화시킬 수도 있기 때문입니다.

㉠ 서두인 1장 안에는 의외라 싶게 "그리스도"가 10번(1:1, 2, 4, 6, 12, 13, 17, 23, 24, 30), "십자가"가 6번(1:13, 17, 18, 23, 2:2, 2:8)이나 강조되어 있습니다. 바울은, 이렇게 말씀하고 있는 셈입니다. "교회가 시험에 빠지게 된 것은 복음을 놓쳤기 때문이다. 그러므로 예수 그리스도와 그의 십자가 외에는 다른 것으로는 치유될 수가 없다."

㉡ 이런 맥락에서 고린도전서의 전체적인 구조(構造)는 "십자가의 도가 멸망하는 자들에게는 미련한 것이요"(1:18)하고 "십자가"로 시작하여, "그리스도께서 죽은 자 가운데서 다시 살아나셨다 전파되었거늘"(15:12)한 "부활"로 마치고 있는 구조라는 점을 놓치지 마시기를 바랍니다.

다시 말하면 문제의 해답(解答)을 주님께서 우리 죄를 위하여 죽으시고 살아나셨다는 복음에서 찾고 있는 것입니다. 이점은 현대교회가 간과해서는 아니 될 중요한 요점인 것입니다. 만일 이점을 소홀히 다루게 되면 고린도전서의 핵심을 놓친 것이 되고 현대교회의 문제에 대한 해답을 찾지 못하게 될 것입니다.

교회 내에 문제가 있습니까? 그리스도의 "십자가와 부활", 즉 복음에 해답이 있습니다.

③ 고린도교회가 많은 문제를 안고 있었듯이 현대교회에도 많은 문제가 있습니다. 그러나 바울은 결코 실망하고 있지 아니합니다. 왜냐하면 고린도에 교회가 세워지게 된 것이 우연의 산물이 아니라 "두려워하지 말며 침묵하지 말고 말하라, 이는 이 성중에 내 백성이 많음이라"(행 18:9-10)하신 주님의 피로 사신 교회요, 하나님께서 택하시고 불러내셔서 세우신 "하나님의 교회"임을 믿기 때문입니다. 그런 의미에서 서두인 1:1-9절은 도리어 영광스러움으로 가득합니다.

㉠ 1:2절을 보십시오. "고린도에 있는 하나님의 교회"라고 말씀합니다.

㉡ "성도라 부르심을 받은 자들"이라고 부르고 있습니다.

㉢ 그리고 1:8절에서는 지금은 연약에 쌓여 있어도 "주께서 너희를 우리 주 예수 그리스도의 날에 책망할 것이 없는 자로 끝까지 견고하게 하시리라"고 소망을 말합니다. 이를 믿기에 바울은 1:4절에서 "너희에게 주신 하나님의 은혜로 말미암아 내가 너희를 위하여 항상 하나님께 감사하노니"하고 "감사"하는 것입니다.

문제 많은 교회를 생각할 때 어떻게 감사할 수가 있단 말입니까? "너희를 불러 그의 아들 예수 그리스도 우리 주와 더불어 교제하게 하시는 하나님은 미쁘시도다"(9)고, 하나님의 "미쁘심"을 믿기 때문입니다.

④ 이처럼 먼저 교회의 영광스러움을 말씀한 다음에 3:3절입니다. "너희는 아직도 육신에 속한 자로다 너희 가운데 시기와 분쟁이 있으니 어찌 육신에 속하여 사람을 따라 행함이 아니리요"하고 문제로 접근합니다. "육의 사람"이란 "그리스도 안에서 어린 아이들"(3:1)이라는 뜻입니다. 고린도 형제들 중에 "어떤 이는 말하되 나는 바울에게라 하고 다른 이는 나는 아볼로에게라 하니 너희가 육의 사람이 아니리요" 합니다.

㉠ 이런 문맥에서 3:21-23절을 말씀합니다. "그런즉 누구든지 (바울이니, 아볼로니, 베드로니 하는) 사람을 자랑하지 말라"하면서 "만물이 다 너희 것임이라"(3:4)합니다. 이런 뜻입니다. 너희는 어린애들이 소꿉장난감 가지고 다투듯 하느냐? 눈을 크게 뜨고 보라 "만물이 다 너희 것임이라"합니다.

㉡ 그 이유를, "바울이나 아볼로나 게바나 세계나 생명이나 사망이나 지금 것이나 장래 것이나 다 너희의 것이요 너희는 그리스도의 것이요 그리스도는 하나님의 것이니라"(3:22-23), 즉 창조주 하나님이 우리 아버지가 되시기 때문에 만물이 다 우리 것이라는 말씀입니다. 얼마나 통 큰 믿음입니까? 우리 믿음의 통이 언제나 이만큼 커질 수가 있을 것입니까?

⑤ 그러므로 바울의 치료방법을 보십시오. 바울은 질문하는 형식으로 말씀하는데 이는 그들이 받은 복음을 상기시키고, 정체성을 일깨워 주기 위해서인 것입니다.

㉠ 3:16절에서는 "너희는 너희가 하나님의 성전인 것과 하나님의 성령이 너희 안에 계시는 것을 알지 못하느냐"고 묻습니다. 이 질문은 분열을 책망하는 문맥에서 주어졌습니다.

고린도 형제들은 교회가 하나님의 성전임을 배워서 알고 있었습니다. 다만 망각하고 있었기 때문에 분쟁을 하게 된 것입니다. "너희가 하나님의 성전인 것과"한 "너희"는 교회 공동체를 가리킵니다. 그리고 "성전"이라고 번역된 말은 성전 전체를 가리키는 "히에론이 아닌 나오스", 즉 지성소라는 뜻입니다. 생각해 보라는 것입니다. 교회가 하나님의 성령이 임재하신 지성소임을 인식한다면 어찌 사분오열(四分五裂) 찢을 수가 있단 말이냐는 것입니다.

㉡ 6:2-3절에서는 "성도가 세상을 판단할 것을 너희가 알지 못하느냐 우리가 천사를 판단할 것을 너희가 알지 못하느냐"고 묻습니다. 이 질문은 형제간의 소송사건을 책망하는 문맥에서 주어졌습니다. 바울은 성도들이 왕 같은 제사장들임을 가르쳐주었음이 분명합니다. 그래서 설명을 하고 있는 것이 아니라 다만 상기시키고 있을 뿐입니다. 그런데 고린도 형제들은 이를 망각하고 있었던 것입니다.

㉢ 6:19절에서 "너희 몸이 그리스도의 지체인 줄을 알지 못하느냐

너희 몸은 너희가 하나님께로부터 받은바 너희 가운데 계신 성령의 전인 줄을 알지 못하느냐"고 묻습니다. 이 질문형식의 치료법은 "음행"을 책망하는 문맥에서 주어진 것입니다.

고린도 형제들은 자신의 "몸"이 그리스도의 죽으시고 다시 사심을 통해서 하나님의 성전이 되었다는 점을 알고 있었습니다. 다만 망각하고 있었을 뿐입니다. 이처럼 하나님께서 나 같은 죄인을 위해서 행해주신 "십자가복음"을 상기시켜주는 것이 병든 신앙을 치료하는 최상의 방법이라는 점을 확신하시기를 바랍니다.

⑥ 이처럼 복음으로 저들의 문제를 치료한 다음에 7:1절입니다. "너희가 쓴 문제에 대하여 말하면"하고 고린도교회가 질문한 문제에 대해 대답을 합니다. 고린도교회만이 아니라 모든 교회는 문제를 안고 있습니다. 또한 성도 개개인에게도 문제가 있습니다. 그래서 문제에 대한 해답, 하나님의 뜻을 알고자 고심합니다. 저도 그렇습니다.

㉠ 이점에서 저는 7:25절과, 40절을 주목하자고 말씀을 드리겠습니다. 바울은 25절에서 "처녀에 대하여는 내가 주께 받은 계명이 없으되 주의 자비하심을 받아서 충성스러운 자가 된 내가 의견을 말하노니" 합니다.

어찌하여 바울은 어떤 사람들이 말하는 것처럼 하나님께 기도를 드려 응답을 받아 대답하지 않고 "내가 의견(意見)을 말하노니"할까요?

어떤 사람들이 생각하듯이 하나님은 오만가지에 일일이 계시하시는 것이 아닙니다.

그 이유가 7:40절에 있습니다. 바울은 "나도 또한 하나님의 영을 받은 줄로 생각하노라"합니다. 무슨 뜻입니까? 2:11절을 보십시오. "사람의 일을 사람의 속에 있는 영 외에 누가 알리요 이와 같이 하나님의 일도 하나님의 영 외에는 아무도 알지 못하느니라"합니다. 하나님께서는 하나님의 뜻을 분별할 수 있는 "하나님의 영"을 이미 보내주셔서 성도들 속에 "내주"하게 해주셨기 때문에 분별할 수가 있다는 것입니다.

또 한 가지가 있습니다. 새 언약은 "내 법을 그들의 생각에 두고 그들의 마음에 이것을 기록하리라"(히 8:10)고 말씀하신다는 점입니다. 그리스도인은 성령께서 내주하시고, 하나님의 말씀이 마음에 기록이 되어 있는 사람들입니다. 성령께서는 이 말씀을 생각나게 하심으로 하나님의 뜻을 분별하게 하시고 인도하시는 것입니다.

성경을 아무리 찾아보아도 내가 미스터 박과 미스터 김 중 누구와 결혼하는 것이 하나님의 뜻인지를 찾을 수가 없을 것입니다. 그러나 성도들 속에 내주하시는 성령께서는 마음에 기록이 된 말씀을 통해서 분별할 수 있게 하신다는 것입니다. 그러기 위해서는 "육신에 속한 자 곧 그리스도 안에서 어린 아이들"(3:1) 상태에서 "단단한 음식은 장성한 자의 것이니 그들은 지각을 사용함으로 연단을 받아 선악을 분별하는 자들이니라"(히 5:14)한 "장성(長成)한 자"가 되어야 하는 것입니다.

이처럼 장성한 자가 바울이 말한바 "충성스러운 자가 된 내가 의견을 말하노니"(7:25)한 "충성스런 자"인 것입니다. 그리고 "충성스런 자"가 아니면 비록 하나님의 뜻을 말해준다 해도 그대로 따르지 않을 것입니다.

ⓛ 8:1절입니다. "우상의 제물에 대하여는 우리가 다 지식이 있는 줄을 아나 지식은 교만하게 하며 사랑은 덕을 세우나니"합니다. 무슨 뜻인가 하면 성경"지식"적으로 말한다면 먹어도 된다는 것입니다. 그러나 믿음이 연약한 자를 배려(사랑)하는 뜻에서 먹지 말라는 말씀입니다.

그래서 지식과 은사를 자랑(1:5, 7)하는 고린도교회를 행해 "내가 사람의 방언과 천사의 말을 할지라도 사랑이 없으면 소리 나는 구리와 울리는 꽹과리가 되고 내가 예언하는 능력이 있어 모든 비밀과 모든 지식을 알고 또 산을 옮길 만한 모든 믿음이 있을지라도 사랑이 없으면 내가 아무 것도 아니요"(고전 13:1-2)하는 것입니다. 이 사랑장이 "은사와 은사"를 언급하는 12장과 14장 중간에 놓여 있다는 점을 유념하시기를 바랍니다.

⑦ 한국교회가 신약성경에 등장하는 여러 교회 중에서 고린도교회를 제일 많이 닮았다고 말합니다. 바울은 고린도교회 앞에 광야교회(출애굽 당시)를 거울로 제시하여, "그들에게 일어난 이런 일은 본보기가 되고 또한 말세를 만난 우리를 깨우치기 위하여 기록되었느니

라"(10:11)고 경계합니다. 그렇다면 한국교회를 향해서도 "광야교회가 당한 일과, 고린도교회가 당한 이런 일들"(고린도전후서)이 거울이 되어, "말세를 만난 우리를 깨우치기 위하여 기록되었다"고 적용하는 것은 동일하게 옳은 것입니다.

이런 맥락에서 고린도전서를 통해서 ㉠ 그들의 문제가 무엇이며, 한국교회의 문제는 무엇인가? ㉡ 고린도교회가 안고 있는 문제의 원인은 어디에 있으며, 한국교회의 원인은 어디에 있는가를 진단하고, ㉢ 바울의 치료방법을 통해서 한국교회가 당면한 여러 가지 문제들을 치유하는 해답을 얻어야만 고린도전서가 헛되지 않게 될 것입니다. 교회에서 발생하는 모든 문제의 원인은 한마디로 십자가 복음을 망각했기 때문입니다. 그리고 해답은 복음을 회복하는 일입니다.

15:57-56절로 말씀을 마치고자 합니다. "우리 주 예수 그리스도로 말미암아 우리에게 승리를 주시는 하나님께 감사하노니 그러므로 내 사랑하는 형제들아 견실하며 흔들리지 말고 항상 주의 일에 더욱 힘쓰는 자들이 되라 이는 너희 수고가 주 안에서 헛되지 않은 줄 앎이라". 이것이 "교회 내의 문제들을 복음으로 치유하는" 고린도전서입니다.

나 항상 주님을 멀리하고 형제를 사랑하지 못하였다

이러한 죄인을 사랑하사 주께서 몸 버려 죽으셨다

속죄의 큰 사랑 받은 이 몸 내 생명 바쳐서 충성하리 (218장)

고후 10:4-6절

복음은 견고한 진을
파하는 강력이다

설교 본문

4 우리의 싸우는 무기는 육신에 속한 것이 아니요 오직 어떤 견고한 진도 무너뜨

　리는 하나님의 능력이라 모든 이론을 무너뜨리며

5 하나님 아는 것을 대적하여 높아진 것을 다 무너뜨리고 모든 생각을 사로잡아

　그리스도에게 복종하게 하니

6 너희의 복종이 온전하게 될 때에 모든 복종하지 않는 것을 벌하려고 준비하는

　중에 있노라

강론

고린도교회는 바울의 2차 선교 때 세워진 교회입니다. 이점을 "내가 복음으로써 너희를 낳았음이라"(고전 4:15)고 말씀합니다. 이처럼 해산의 수고를 통해서 세워진 교회가 많은 문제에 봉착해 있었던 것입니다. 이 문제들을 고린도전서에서는 복음으로 치유하는 것을 보았습니다. 그로부터 약 1년 후에 고린도후서를 보내게 되었는데 주된 동기는 바울과 고린도 성도들 간에 불화가 발생했기 때문입니다. 그러면 불화하게 된 원인이 무엇인가?

3:1절을 보면 "자천"(自薦)이라는 말과 "우리가 어찌 어떤 사람처럼 추천서를 너희에게 부치겠느냐"하는 "추천서"(推薦書)라는 말이 있습니다. 이로 보건대 유대에서 내려온 "어떤 사람"들은 예루살렘교회의 "추천서"를 보이면서 바울은 추천서가 없는 "자천하는 사도"라고 헐뜯었던 것입니다. 문제의 심각성은 바울의 위신 문제가 아니라 바울이 가짜 사도라면 그가 전한 복음도 믿을 수 없는 것이 된다는 점입니다. 그래서 고린도 성도들이 바울에 대해 불신임을 하게 되어 불화하게 된 것입니다.

고린도전서 1:12절에는 "나는 바울에게, 나는 아볼로에게, 나는 게바에게" 속한 자라는 말이 있는데 고린도교회 성도들 중, 유대주의적인 성향이 있는 사람은 게바, 즉 베드로를 좋아하고 헬라적인 지식층은 학식이 많은 아볼로를 좋아하고 복음을 사모하는 자는 바울을 좋아했던 것 같습니다.

이런 배경에서 기록된 고린도후서는 안정(安靜)됨이나 조직(組織)성이 없는 소용돌이치는 격동(激動)의 서신이라고 말들 합니다. 그럴 수밖에 없는 것은, 고린도 성도들을 소유하려는 거짓 사도와 참 사도 간의 격전(激戰)이 벌어지고 있기 때문입니다. 다시 말하면 "다른 복음"을 전파하려는 자들과, 복음을 보수하려는 자 간의 격전장(激戰場)이 고린도후서인 것입니다.

그런데 이런 고린도후서를 기록하게 하셔서 후대에 전해주게 하신 주 성령의 섭리하심은 참으로 놀랍다 하겠습니다. 왜냐하면 이런 후서(後書)가 신학적으로 혼란에 빠져있는 현대교회에 꼭 필요한 적실성이 있는 말씀이기 때문입니다. 고린도후서는 크게 1장-7장, 8장-9장, 10장-13장, 이렇게 세 문단(文段)으로 나누어집니다.

① 첫째 문단(1-7장)은 바울과 그가 개척한 고린도교회 사이에 불화가 발생한 것으로 시작이 됩니다. 2:1-7절에는 "근심"이라는 말이 무려 9번이나 나옵니다. 그리고 4절에서는 "내가 마음에 큰 눌림과 걱정이 있어 많은 눈물로 너희에게 썼노니"합니다. 이 "눈물의 편지"는 잃어버린 것으로 여기고 있는데 눈물의 편지를 쓴 의도는, "오직 내가 너희를

향하여 넘치는 사랑이 있음을 너희로 알게 하기" 위해서였습니다.

㉠ 12:15절에서는 "내가 너희 영혼을 위하여 크게 기뻐하므로 재물을 사용하고 또 내 자신까지도 내어 주리니 너희를 더욱 사랑할수록 나는 사랑을 덜 받겠느냐"합니다. "자신까지 내어 주리니"한, 바울의 "넘치는 사랑"은 다름 아닌 "자기 아들을 아끼지 아니하시고 우리 모든 사람을 위하여 내주신" 하나님 우리 아버지의 사랑이었던 것입니다. 그런 하나님에 대해여 이사야 1:2절에서는 "내가 자식을 양육하였거늘 그들이 나를 거역하였도다"고 말씀하십니다. 고린도교회도 자신들을 복음으로 낳아준 바울에 대해 이처럼 거역했던 것입니다.

㉡ 2:12절입니다. "내가 그리스도의 복음을 위하여 드로아에 이르매 주 안에서 문이 내게 열렸으되", 사건 수습 차 고린도교회로 보낸 "디도를 만나지 못하므로 내 심령이 편하지 못하여 그들을 작별하고 마게도냐로 갔노라"(2:13)합니다. 바울의 상심이 얼마나 컸는지를 짐작하게 합니다.

그런데 7:6-7절에서 "그러나 낙심한 자들을 위로하시는 하나님이 디도가 옴으로 우리를 위로하셨으니 그가 온 것뿐 아니요 오직 그가 너희에게서 받은 그 위로로 위로하고 너희의 사모함과 애통함과 나를 위하여 열심 있는 것을 우리에게 보고함으로 나를 더욱 기쁘게 하였느니라"합니다.

7:9절입니다. 불화했던 관계가 바울의 "눈물의 편지"와 디도의 중재

로 일단 수습이 되어서 "내가 지금 기뻐함은 너희로 근심하게 한 까닭이 아니요 도리어 너희가 근심함으로 회개함에 이른 까닭이라"는 말씀으로 첫째 문단은 끝나고 있습니다.

② 그런데 둘째 문단(8-9장)은 의외라 싶게 예루살렘교회의 가난한 형제들을 돕기 위한 연보를 부탁하는 내용입니다. 학자들은 "연보"를 부탁하는 내용이 고린도후서의 성격, 특히 이어지는 셋째 문단의 엄한 질책과 어울리지 않는다고 말합니다. 그렇게 보이기도 합니다만 여기에는 바울의 사려 깊은 의도가 있었던 것입니다. 바울이 간데 마다 유대주의자들과 충돌을 했습니다. 불신 유대인들만이 아니라 교회 안에 있는 유대인들로 부터도 배척을 받았던 것입니다.

㉠ 그런데 여기 바울이 풀어야 할 난제가 있었던 것입니다. "할례"를 받아야 구원을 얻는다고 주장하는 유대주의자들을 향해서 "하늘로 부터 온 천사라도 우리가 너희에게 전한 복음 외에 다른 복음을 전하면 저주를 받을지어다"(갈 1:8)고 단호히 배격을 하면서도 동시에 유대인 그리스도인들과 이방인 그리스도인들을 "하나 되게" 하시려는 것이 주님의 뜻이라는 점을 깨달았기 때문입니다.

㉡ 이런 맥락에서 바울의 의도는 단순한 헌금의 차원이 아닙니다. 기근으로 인해 어려움을 겪고 있는 예루살렘 형제들에게 이방인 그리스도인들이 구제헌금을 드리게 함으로 두 사이 간에 유대를 맺어주기

위한 것으로 보아야 할 것입니다. 이점이 8:14절에 분명히 나타나는데, "이제 너희의 넉넉한 것으로 그들의 부족한 것을 보충함은 후에 그들의 넉넉한 것으로 너희의 부족한 것을 보충하여 균등하게 하려 함이라"고 말씀합니다.

9:14절도 보십시오, "또 그들이 너희를 위하여 간구하며 하나님이 너희에게 주신 지극한 은혜로 말미암아 너희를 사모하느니라"고 "그들"이라한 유대인 형제들과, "너희"라고 한 이방인 형제들이 "구제금"을 매개로 해서 하나로 묶어지는 것을 보게 됩니다. 이것이 바울이 기대한 의도였던 것입니다.

그러므로 "연보"를 권하는 근거도 "우리 주 예수 그리스도의 은혜를 너희가 알거니와 부요하신 이로서 너희를 위하여 가난하게 되심은 그의 가난함으로 말미암아 너희를 부요하게 하려 하심이라"(8:9)고 "그리스도의 은혜"에 두고 있는 것입니다.

③ 이처럼 유대인 형제와 이방인 형제를 하나로 묶어놓은 후에 비로소 셋째 문단(10-13장)에서는 유대에서 내려온 거짓 교사들이 다시는 이간을 붙이지 못하도록 엄한 말로 자신의 사도 권과 복음을 변증하는 것이 고린도후서의 구조(構造)인 것입니다.

㉠ 11:4절입니다. "만일 누가 가서 우리가 전파하지 아니한 다른 예수를 전파하거나 혹은 너희가 받지 아니한 다른 영을 받게 하거나 혹

은 너희가 받지 아니한 다른 복음을 받게 할 때에는 너희가 잘 용납하는구나"합니다. 3:1절에서 언급한 추천서를 가지고 온 "어떤 사람들"이 고린도교회에 침입하여, "다른 예수, 다른 영, 다른 복음"을 전했고, 고린도 성도들은 이를 환영했던 것입니다.

그렇다면 바울이 개척한 고린도교회에 내려와서 이처럼 교회를 어지럽히고 있는 "어떤 사람들"은 누구며, 이렇게 하는 원인이 어디에 있는가 하는 점입니다. 이를 밝히는 것이 후서를 해석하는데 있어서 가장 통찰력이 필요한 부분입니다. "그들이 히브리인이냐 나도 그러하며 그들이 이스라엘인이냐 나도 그러하며 그들이 아브라함의 후손이냐 나도 그러하며"(11:22)하는 것으로 보아 "그들"이 유대주의자들임이 분명해집니다.

ⓛ 또한 11:23절에서 "그들이 그리스도의 일꾼이냐 정신없는 말을 하거니와 나는 더욱 그러하도다"하는 것으로 보아 밖에서 교회를 대적하는 불신 유대인들이 아니라 교회 안에 있는, 그것도 다른 사람들을 가르치는 "그리스도의 일꾼", 즉 선생이라는 것입니다. 그러면 "그리스도의 일꾼"인 그들이 바울을 대적하고 교회를 어지럽히고 있는 원인이 무엇인가 하는 점을 깨닫는 것이 중요합니다.

ⓒ 이를 알기 위해서는 3장으로 가보아야만 합니다. 3:6절 안에는 "새 언약의 일꾼과, 율법 조문"으로 가르치는 두 부류가 있는데 바울이 간데 마다 어려움을 당한 것은 다름 아닌 "새 언약과, 율법 조문"의 충

돌이었던 것입니다.

④ 그러면 그들이 "그리스도의 일꾼"으로 자처하면서 어찌하여 "율법 조문, 즉 할례를 받아야 구원을 얻는다고 고집하는 원인이 무엇일까요? 먼저 3:13절을 보겠습니다. 새 언약의 일꾼인 "우리는 모세가 이스라엘 자손들에게 장차 없어질 것의 결국을 주목하지 못하게 하려고 수건을 그 얼굴에 쓴 것 같이 아니하노라"합니다.

출애굽기 34:30절에 보면 시내산에서 내려오는 "모세의 얼굴 피부에 광채가 남을 보고 그에게 가까이 하기를 두려워"한 장면이 있습니다. 그래서 "모세가 그들에게 말하기를 마치고 수건으로 자기 얼굴을 가렸더라"(출 34:33)합니다. 그런데 복음전도자 바울은 이 장면을 들어서 3:13절입니다. "우리는 모세가 이스라엘 자손들에게 장차 없어질 것의 결국을 주목하지 못하게 하려고 수건을 그 얼굴에 쓴 것 같이 아니하노라"합니다. 무슨 뜻인가? 복음의 광채(光彩)를 가리는 자들이 있다는 것입니다.

㉠ 그러면 3:14절입니다. "그러나 그들의 마음이 완고하여 오늘까지도 구약을 읽을 때에 그 수건이 벗겨지지 아니하고 있으니 그 수건은 그리스도 안에서 없어질 것이라"합니다. "오늘까지"가 언제까지를 가리키는 말입니까? 주님께서 십자가상에서 "다 이루었다"고 선언하심으로 1500년 동안이나 막혀 있던 휘장을 열어놓으신 "오늘까지도 구약

을 읽을 때에 그 수건이 벗겨지지 아니하고 있다"는 답답함입니다.

베드로가 안디옥에서 이방인들과 식사교제를 나누다가 물러간 것도 예루살렘에서 내려온 "어떤 이들"(갈 2:12)을 두려워했기 때문임을 감안할 때, "어떤 이들"은 막강한 영향력을 가지고 있었음을 알 수가 있습니다. 베드로가 두려워서 물러갔다면 이방인의 사도인 바울에 대한 그들의 인식이 어떠했으리라는 것은 짐작하기에 어렵지 않습니다. 바울과 충돌하는 원인이 여기에 있었던 것입니다.

⑤ 그러면 각장에 나타난 "바울과, 그들"의 특성과 차이를 체크리스트로 삼아서 나 자신은 새 언약의 일꾼 노릇을 하고 있는지 아니면 율법 조문에 매여 있는지를 점검하도록 하겠습니다.

㉠ 1:12절에서 "우리가 육체의 지혜로 하지 아니하고 하나님의 은혜로 행함은"합니다. 이는 그들이 "육체의 지혜"로 행하고 있다는 점을 나타냅니다. 그렇다면 영적인 충돌은, "사람의 지혜 대, 하나님의 은혜"의 싸움이라는 것이 됩니다.

㉡ 2:17절에서는 "우리는 수많은 사람들처럼 하나님의 말씀을 혼잡하게 하지 아니하고 곧 순전함으로 하나님께 받은 것 같이 하나님 앞에서와 그리스도 안에서 말하노라"합니다. 그렇다면 영적인 충돌은 "혼잡 된 말씀 대, 순전한 말씀"의 싸움이 되는 것입니다.

㉢ 3:1절에서 "우리가 어찌 어떤 사람처럼 추천서를 너희에게 부치

거나 혹은 너희에게 받거나 할 필요가 있느냐"합니다. 오늘의 "추천서"가 무엇인지 아십니까? 요즘 목회자들 간에 "박사학위"가 없으면 청빙 받을 꿈도 꾸지 말라고 말합니다. 오늘날도 "추천서"가 위력을 발휘하는 시대입니다.

㉣ 3:9절에는 "정죄의 직분과, 의의 직분"이 있습니다. "--하라, --하지 말라"는 율법이 정죄의 직분입니다. 오늘의 "--하라, --하지 말라"는 교훈이 "무거운 짐을 묶어 사람의 어깨에 지우는"(마 23:4) 신약적인 정죄가 된다는 점을 인식해야만합니다. 그러면 "의의 직분"은 무엇이라고 말하는지 아십니까? "복음에는 하나님의 의가 나타났습니다"(롬 1:17)하고 외칩니다. 그리고 복음을 통해 은혜를 받기만 하면 율법적인 복종이 아니라 "그리스도의 사랑이 우리를 강권하시는도다"(5:14)하는 자발적인 순종이 따르게 되는 것입니다.

㉤ 그러므로 4:3절에서는 "만일 우리의 복음이 가리었으면 망하는 자들에게 가리어진 것이라"(3)합니다. 그러니까 복음의 빛을 가리려는 자와 비춰려는 자 간의 갈등인 것입니다. 그러면 복음의 빛을 "가리는 자"가 누구란 말입니까? 불신 유대인들만을 가리키는 것이 아닙니다. 문맥적으로 보면 마음에서 수건이 벗어지지 않은 자들을 염두에 두고 하는 언급인 것입니다. 그렇다면, 복음의 빛을 가리려는 자와, 복음의 빛을 비춰려는 자 간에는 영적인 충돌이 불가피한 것입니다.

⑥ 5장에는 마음에서 수건이 벗어진 바울이 증언한 복음의 내용이 요약되어 있습니다. 5:18절입니다. "모든 것이 하나님께로서 났다"고 말씀합니다. 구원은 100% 하나님이 행해주신 것인데 이를 믿음으로 받는다는 뜻입니다. 그런데 수건이 벗어지지 않은 자들은 복음에다 "할례"를 첨부해야 한다고 가르쳤던 것입니다. 그렇다면 충돌이 일어날 수밖에 없는 것입니다.

㉠ 5:21절에서는 하나님께서 "그들의 죄를 그들에게 돌리지 아니하시고(19), 죄를 알지도 못하신 이를 우리를 대신하여 죄로 삼으신 것은"(21상)합니다. 이렇게 하심으로 우리의 죄를 해결해주신 것입니다. 그런데 복음은 이것이 전부가 아닙니다.

㉡ "우리로 하여금 그(그리스도) 안에서 하나님의 의가 되게 하려 하심이라"(21하), 즉 의롭다고 여겨주셨다는 데까지 나아가야만 합니다. 이것이 바울이 "나의 복음"이라고 말할 정도로 목숨을 걸고 증언한 복음의 핵심인 "칭의 교리"입니다.

구원계획에 있어서 해결해야 할 난제(難題)가 무엇인지 아십니까? "사람이 의롭게 되는 것"(갈 2:16)이 어떻게 가능해지는가 하는 문제입니다. 이 문제만 해결이 되면 의로우신 하나님 앞으로 나아갈 수가 있고 하나님과 "화목"할 수가 있기 때문입니다. 그런데 이 난제를 하나님이 그리스도의 구속을 통해서 해결해주셨다는 것이 복음의 핵심인 것입니다. 그런데 거짓 교사들은 "사람이 의롭게 되는 것"이 할례를 행하고 모세의 율법을 지킴으로 되는 양 가르쳤던 것입니다. 그렇다면 영적 충돌이 일어날 수밖에 없는 것입니다.

⑦ 10:4절에서는 "우리의 싸우는 무기(武器)는"하고 전쟁비유를 들어서 자신이 수행하고 있는 영적 싸움을 설명합니다. 바울은 마지막 서신에서 "나는 선한 싸움을 싸웠다"(딤후 4:7)고 말씀하는데 누구와 싸웠다는 말인가? 물론 악의 세력하고 싸운 것입니다만 보다 더 "복음을 보수하기 위하여 거짓선생들과 싸운 "싸움"이라는 점을 인식해야만 합니다.

㉠ 이런 뜻이 "육신에 속한 것이 아니요 오직 어떤 견고한 진도 무너뜨리는 하나님의 능력이라"한 말씀에 나타납니다. 10:4-5절 안에는 "무너뜨린다"는 말이 3번이나 강조되어 있습니다. 이 점은 우리로 하여금 "여호와의 말씀이니라 내 말이 불 같지 아니하냐 바위를 쳐서 부스러뜨리는 방망이 같지 아니하냐"하시는 예레미야 23:29절을 상기하게 합니다.

그러면 바울이 무너뜨리고자 하는 "견고한 진"이 무엇인지 아십니까? 모세로부터 1500년이나 내려오면서 굳어질 대로 굳어진 왜곡된 유대주의입니다. 구약의 제사제도나 의식 법은 "개혁(改革)할 때까지 맡겨 둔 것"(히 9:10)이었던 것입니다. 그런데 신약시대가 이르렀는데도 "견고한 진"이 되어 "복음"을 가로막고 있었던 것입니다.

ⓛ그 대표적인 것이 "할례"입니다. 10:5절에서는 "하나님 아는 것을 대적하여 높아진 것을 다 무너뜨리고"합니다. 어찌하여 "하나님 아는 것을 대적하여 높아진 것"이라고 말하는지 아십니까? "하나님의 의를 모르고 자기 의를 세우려고 힘써 하나님의 의를 복종치 아니하였기"(롬 10:3)때문입니다. 주님은 이를 무너뜨리기 위해서 율법에 열심이었던 바리새인 바울을 들어 쓰셨던 것입니다.

그런데 문제는 유대주의라는 "견고한 진"을 무너뜨리기만 하면 되는 것이 아닙니다. 동시에 유대인 그리스도인들과 이방인 그리스도인들을 하나 되게 해야 한다는 여기에 바울의 딜레마가 있었던 것입니다. 왜냐하면 "그는 우리의 화평이신지라 둘로 하나를 만드사"(엡 2:14)한, 주님의 죽으심으로 하나 되게 하신 복음을 훼손해서는 아니 되기 때문입니다.

이를 위해서 바울이 야고보의 제의를 받아드려 "결례"(행 21:24)를 행하는 파격적인 모습을 대하게 됩니다. 이 하나 되게 하려는 의도가 고린도후서에서는 "연보"로 나타났던 것입니다

⑧ 드디어 11장에서는 교회에 분란을 일으키는 거짓 교사들의 정체를 폭로합니다. 11:13절입니다. "그런 사람들은 거짓 사도요 속이는 일꾼이니 자기를 그리스도의 사도로 가장하는 자들이니라"합니다. 그러면서 "이것은 이상한 일이 아니니라 사탄도 자기를 광명의 천사로

가장하나니 그러므로 사탄의 일꾼들도 자기를 의의 일꾼으로 가장하는 것이 또한 대단한 일이 아니니라 그들의 마지막은 그 행위대로 되리라"(14-15)합니다.

㉠ 바울은 그들을 "사탄의 일꾼"이라합니다. 주님은 당시의 제사장 서기관 장로들을 향해 "뱀들아 독사의 새끼들아"(마 23:33), 즉 "사탄의 일꾼"이라 하셨습니다. 제사장들은 자신이 사탄에게 이용당하고 있다는 점을 상상이나 했겠습니까? 고린도 성도들도 이를 분별하지 못하고, 11:20절을 보십시오. "누가 너희를 종으로 삼거나 잡아먹거나 빼앗거나 스스로 높이거나 뺨을 칠지라도 너희가 용납하는도다"합니다.

㉡ 바울이 12:12절에서 "사도의 표가 된 것은"하고 자신의 사도됨을 옹호하고 있는 것은 자신의 명예를 위해서가 아닙니다. 사도의 권위가 무너지게 되면 바울 자신이 전한 복음 자체가 훼손이 되기 때문입니다. 바로 이점이 사탄이 노리는 궤계이기도 합니다. 그들은 도리어 바울을, "교활한 자가 되어 너희를 속임수로 취하였다"(12:16)고 "거짓 사도"로 몰아세웠던 것입니다.

㉢ 11:2-3절입니다. 이들로부터 하나님의 교회를 지키기 위해서 "내가 하나님의 열심으로 너희를 위하여 열심을 내노니 내가 너희를 정결한 처녀로 한 남편인 그리스도께 드리려고 중매함이로다 그러나 나는 뱀이 그 간계로 하와를 미혹한 것 같이 너희 마음이 그리스도를 향하는 진실함과 깨끗함에서 떠나 부패할까 두려워하노라"고 말합니다.

어떻습니까? 이런 두 세력이 현대교회 내에서도 충돌하고 있다고 여겨지지 않습니까? 그러므로 고린도후서는 2천년 전 이야기가 아니라 말세를 만난 우리에게 더욱 절실한 말씀인 것입니다. 오늘날은 바울 당시보다 더욱 "말씀이 혼잡"(2:17)되어 있습니다. 수건이 마음을 덮고 있는 지도자들은 더욱 많은 것입니다. 그리하여 오늘의 설교가 복음의 빛을 비추기보다는 "세상의 초등학문"으로 가리고 있는 추세입니다.

명심하십시다. 복음을 떠난 교훈이나 윤리는 아무런 능력도 발휘하지를 못한다는 사실입니다. 율법은 구원만을 주지 못한 것이 아니라 성화도 주지를 못했습니다. 바울은 고린도후서에서 이를 격파하기 위한 외로운 싸움을 싸우고 있는 것입니다.

⑨바울은 고린도 성도들에게 어려운 것을 부탁하고 있지 아니합니다.

㉠ "내가 자녀에게 말하듯 하노니 보답하는 것으로 너희도 마음을 넓히라"(6:13)합니다.

㉡ "마음으로 우리를 영접하라"(7:2)고 호소합니다.

㉢ "내가 구하는 것은 너희의 재물이 아니요 오직 너희니라"합니다. "내가 너희 영혼을 위하여 크게 기뻐하므로 재물을 사용하고 또 내 자신까지도 내어 주리니"(12:14-15)합니다.

㉣ 고린도후서에서 마지막으로 전할 말씀은 1:14절입니다. "너희가

우리를 부분적으로 알았으나"합니다. 지금은 바울의 심정을 "부분적"
으로 알고 있을 뿐이라는 것입니다. 자식이 부모의 마음을 아는 것도,
우리가 하나님의 마음을 아는 것은 더욱 그러합니다. 그런데 "우리 주
예수의 날에는 너희가 우리의 자랑이 되고 우리가 너희의 자랑이 되는
그것이라"합니다.

지금이 아닙니다. 바울은 주님이 재림하실 그날을 바라보며 고린도
성도들에 대한 기대를 결코 포기하지 않습니다. 바울의 자랑과 기쁨
과 소망은 오직 성도들이 주 예수의 날에 한 사람도 낙오됨이 없이 그
앞에 세움을 받는 것입니다.

한 때 거짓교사들의 유혹에 미혹이 되어 바울을 배척했지만 그 날
에는 그들이 바울을 무척이나 자랑으로 여기게 될 것을 확신하고 있는
것입니다. 그것은 바로 복음에 대한 확신이기도 합니다. 지금이 아닙
니다. "주 예수의 날에"! 형제도 그러합니까? 이것이 "복음은 견고한 진
을 파하는 강력"인 고린도후서입니다.

> 주님 약속하신 말씀 위에서 영원하신 주의 사랑 힘입고
> 성령으로 힘써 싸워 이기며 약속 믿고 굳게 서리라
> 굳게 서리 영원하신 말씀 위에 굳게 서리
> 굳게 서리 그 말씀 위에 굳게 서리라 (546장)

벧전 1:1-4절

하나님이 굳게, 강하게,
견고케 하시리라

설교 본문

1 예수 그리스도의 사도 베드로는 본도, 갈라디아, 갑바도기아, 아시아와 비두니

아에 흩어진 나그네

2 곧 하나님 아버지의 미리 아심을 따라 성령이 거룩하게 하심으로 순종함과 예

수 그리스도의 피 뿌림을 얻기 위하여 택하심을 받은 자들에게 편지하노니

은혜와 평강이 너희에게 더욱 많을지어다

3 우리 주 예수 그리스도의 아버지 하나님을 찬송하리로다 그의 많으신 긍휼대

로 예수 그리스도를 죽은 자 가운데서 부활하게 하심으로 말미암아 우리를

거듭나게 하사 산 소망이 있게 하시며

4 썩지 않고 더럽지 않고 쇠하지 아니하는 유업을 잇게 하시나니 곧 너희를 위하

여 하늘에 간직하신 것이라

강론

사도 베드로는 "복음서"를 기록하지 않았고 단 두 편의 서신만을 전해주었을 뿐입니다. 그런데 베드로전서를 관찰해보면 베드로는 서신을 통해서 복음의 핵심적인 요소들을 다 증언하고 있다는 점을 대하면서 놀라게 됩니다. 특히 복음서의 두 주제인 "예수가 누구신가? 우리를 위해서 무엇을 행해주셨는가"하는 점을 분명하게 증언하고 있습니다.

㉠ 베드로는 "예수"를 누구라고 고백하고 있는가? 1:1절입니다. 베드로전서는 "예수 그리스도의 사도 베드로는", 이렇게 시작이 됩니다. 주님께서 "너희는 나를 누구라 하느냐"고 물으셨을 때 베드로가 "주는 그리스도시니이다"(막 8:29)고 대답을 했는데 "예수가 그리스도시다"라는 고백으로 시작하고 있는 것입니다. 전체가 다섯 장에 불과한 짧은 베드로전서에서 예수를, "그리스도"라 부르기를 23번이나 하고 있습니다. 그리고 1:20절입니다. "그는 창세전부터 미리 알린바 되신 이나 이 말세에 너희를 위하여 나타내신바 되었다"고 증언합니다.

㉡ 그런 분이 우리를 위해서 무엇을 행해주셨다 하는가? 2:24절입니다. "친히 나무에 달려 그 몸으로 우리 죄를 담당하셨으니"합니다. "나무에 달려", 즉 십자가로 우리 죄를 담당하셨다고 증언합니다. 3;18절에서는 "그리스도께서도 단번에 죄를 위하여 죽으사 의인으로서 불의한 자를 대신하셨으니 이는 우리를 하나님 앞으로 인도하려 하심이

라"고 증언합니다.

① 그러면 베드로가 서신을 기록하게 된 동기가 무엇인가 하는 점입니다. 1:6절입니다. "너희가 이제 여러 가지 시험으로 말미암아 잠깐 근심하게 되지 않을 수 없으나"하는 것으로 보아 현재(現在) 교회가 고난 중에 있음을 알게 됩니다.

㉠ 그리고 4:12절에서 "사랑하는 자들아 너희를 연단하려고 오는 불시험을 이상한 일 당하는 것 같이 이상히 여기지 말라"고 머지않은 미래(未來)에 더 큰 "불 시험"이 다가오고 있음을 예감하고 있는 것입니다. 그러므로 베드로전서의 기록목적은 불같은 시험을 능히 감내할 수 있도록 성도들을 견고하게 세워주기 위해서 기록이 된 것입니다.

㉡ 사도 바울이 로마서를 기록한 목적도 "신령한 은사를 너희에게 나누어 주어 너희를 견고하게"(롬 1:11)하기 위해서라고 말씀합니다. 그리고 베드로와 바울이 예감한 다가오고 있는 "불같은 시험"은 네로의 박해였던 것입니다. 그러므로 로마서도 "이 복음으로 너희를 능히 견고하게 하실"(롬 16:26), "견고"(堅固)로 마치고 있고, 베드로전서도 "잠깐 고난을 당한 너희를 친히 온전하게 하시며 굳건하게 하시며 강하게 하시며 터를 견고하게 하시리라"(5:10)는 "견고"(堅固)로 마치고 있습니다.

② 1:2절을 보겠습니다. 베드로는 붓을 들자마자 "곧 하나님 아버지의 미리 아심을 따라 성령이 거룩하게 하심으로 순종함과 예수 그리스도의 피 뿌림을 얻기 위하여 택하심을 받은 자들에게 편지하노니"(1:2)라고 말씀합니다. 베드로전서를 받을 성도들의 신분이 무엇이라고 말씀하는가를 주목해보십시오.

㉠ "하나님 아버지의 미리 아시고, 택하심을 입은 자들"이라 합니다.

㉡ "예수 그리스도의 피 뿌림을 얻기 위하여 부르심을 입은 자들"이라고 말씀합니다.

㉢ 성령의 거룩하게 하심으로 순종하는 자들(2)이라고 말씀합니다. 주목해보셨습니까? 2절 한절 속에는 "하나님의 택하심과, 그리스도의 구속하심과, 성령의 거듭나게 하심", 즉 성부, 성자, 성령 삼위 하나님의 역사하심이 다 들어있습니다.

바울은 에베소서 2:10절에서 "우리는 그가 만드신 바라"고 말씀하는데 그리스도인 한명, 한명이 삼위 하나님의 작품(作品)이라는 것입니다. 얼마나 놀랍고 영광스럽고 엄청난 사건입니까? 여러분들은 이런 은혜를 입은, 이런 축복을 받은 사람들인 것입니다.

㉣ 삼위 하나님의 역사를 좀 더 살펴보면 ㉮ "하나님 아버지의 미리 아시고, 택하심을 입은 자들"이라는 점을 2:9절에서는 "너희는 택하신 족속이요 왕 같은 제사장들이요 거룩한 나라요 그의 소유가 된 백성이라"(2:9)고 말씀합니다.

㉯ "예수 그리스도의 피 뿌림을 얻기 위하여 부르심을 입은 자들"이라는 점을 1:18-19절에서는 "너희가 알거니와 너희 조상이 물려 준 헛된 행실에서 대속함을 받은 것은 은이나 금 같이 없어질 것으로 된 것이 아니요 오직 흠 없고 점 없는 어린 양 같은 그리스도의 보배로운 피로 된 것이니라"고 말씀합니다.

㉰ 그리고 "성령의 거룩하게 하심"이라는 점을 1:23절에서는 "너희가 거듭난 것이 썩어질 씨로 된 것이 아니요 썩지 아니할 씨로 된 것이라"고 말씀합니다. 베드로는 붓을 들자마자 여러분은 "택하심을 입은 자들입니다, 피 뿌림을 얻은 자들입니다, 성령으로 거듭난 자들이라"고 말해줌으로 견고하게 세워주고 있는 것입니다.

㉱ 이점에서 "피 뿌림을 얻기 위함"이라 한 구속사적인 의미를 간략하게나마 말씀드려야 하겠습니다. 베드로는 분명 유월절 양의 피를 "좌우 문설주와 인방에 바르라"(출 12:7)하신 말씀을 염두에 두고 한 말일 것입니다. 왜냐하면 이 "피"가 표징이 되어 재앙의 날에 "건너고 넘어감"을 받을 수가 있었기 때문입니다. 그런데 이는 예표로 주어진 것입니다.

우리에게 뿌려진 피는 소나 양 같은 짐승의 피가 아닙니다. "오직 흠 없고 점 없는 어린 양 같은 그리스도의 보배로운 피"(1:19)라고 말씀합니다. 그러면 언제 어디에 뿌려지는지 아십니까? 그리스도께서 우리 죄를 위하여 피흘려죽으셨다는 십자가복음을 증언할 때 "아멘"으로 받는 자의 마음 문에 "피 뿌림"이 이루어지는 것입니다.

성경은 "생명이 피에 있다"고 말씀합니다. 그래서 "흘린 피"는 죽음을 의미합니다. 그런데 흘린 피가 "뿌린 피"가 될 때 비로소 효험이 있게 되는 것입니다. 유월절 양이 피를 흘려주었어도 만일 뿌리지 않는다면 그 집은 건너고 넘어갈 수가 없는 것입니다. 그래서 사도는 "예수 그리스도의 피 뿌림을 얻기 위하여 부르심을 입은 자들"이라고 말씀하는 것입니다. 여러분은 마음 문에 예수 그리스도의 보배로운 피가 뿌려진 자들인 것입니다.

이런 맥락에서 베드로전서에서 우리가 주목해야 할 점은 사도 베드로가 성도들을 무엇으로 견고하게 세워주고 있는가 하는 점입니다. 1:25절입니다. "오직 주의 말씀은 세세토록 있도다 하였으니 너희에게 전한 복음이 곧 이 말씀이니라"한 "복음"으로 견고하게 세워주고 있는 것입니다. 사도 바울이나 베드로는 "복음"을 증언하여 확신케 함으로 불같은 시험을 당하게 될 성도들을 "굳건하게, 강하게, 견고하게" 세워주고 있는 것입니다.

그러므로 "복음"은 교회 밖에 있는 사람들보다 우선적으로 교회 안에 있는 사람들에게 필요한 것입니다. 왜냐하면 복음을 받았으나 어린아이와 같아서 "불 시험"을 당했을 때에 능히 견고히 설 수 있을 만큼 성숙하지를 못했기 때문입니다. 베드로전서를 상고하면서 한국교회에 "불 시험"이 닥친다면 "굳건하고, 강하고, 견고하게" 능히 설 자가 얼마나 될 것인가를 생각하지 않을 수 없습니다.

③ 그러면 베드로가 성도들을 견고하게 세워주는 "복음"의 요소들을 살펴보도록 하겠습니다. 첫째로, 그리스도께서 우리를 위해서 "고난을 받으셨다, 즉 우리를 위해서 죽으셨다"는 점을 강조함으로 고난 중에 있는 성도들을 견고하게 세워주고 있는 것입니다. 그러므로 베드로전서의 핵심 단어는 "고난"입니다. 넉 장에 불과한 전서(前書)에 17번이나 등장합니다.

㉠ 그런데 하나님의 아들 그리스도께서 우리를 위하여 받으신 고난(苦難)은 우리가 당하는 그런 고난의 차원이 아니라 3:18절을 보겠습니다. "그리스도께서도 단번에 죄를 위하여 죽으사"하고 우리 대신 십자가에 달려 "죽으신" 고난이라는 점입니다. 우리를 위해서 "죽으셨다"는 점을 9번이나 강조하고 있습니다.

우리를 대신하여 죽어주심으로 무엇을 가능하게 해주셨습니까? "의인으로서 불의한 자를 대신하셨으니 이는 우리를 하나님 앞으로 인도하려 하심이라"고 대답합니다. 추방을 당했던 자들이 십자가공로로 하나님 앞으로 나아가게 되었다는 것입니다. 그러므로 자신의 고난만을 생각하지 않고 주님이 우리 대신 죽어주셨다는 "십자가의 고난"을 생각하게 함으로 성도들을 견고하게 세워주고 있습니다.

㉡ 그래서 히브리서 12:4절에서는 "너희가 죄와 싸우되 아직 피 흘리기까지는 대항하지 아니하고"합니다. 무슨 뜻입니까? 너희가 고난, 고난 하지만 너희 중에 십자가에 달린 자가 있느냐 하는 것입니다. 하나님

의 아들이 우리 대신 십자가 고난을 당하셨다는 이를 믿는 자라면 "왜 내가 이런 고난을 당해야 합니까?"라고 항변할 수가 있단 말입니까?

그러므로 2:21절에서는 "이(고난)를 위하여 너희가 부르심을 받았으니 그리스도도 너희를 위하여 고난을 받으사 너희에게 본을 끼쳐 그 자취를 따라오게 하려 하셨느니라"고 "본"을 보여주셨다고 말씀하는 것입니다. "본을 끼쳐 그 자취를 따라오게 하려하심"이라 하는데 하나님의 아들이 우리를 위해 고난을 당하신 이 땅에서 우리는 영광을 누릴 생각을 하고 있단 말입니까?

④ 둘째로, 주님께서 죽으신 것이 끝이 아니라 "다시 살아나셨다"는 "부활"을 들어 견고하게 세워주고 있습니다.

㉠ 1:21절입니다. "너희는 그를 죽은 자 가운데서 살리시고 영광을 주신 하나님을 그리스도로 말미암아 믿는 자니"합니다.

㉡ 1:3절에서도 "예수 그리스도를 죽은 자 가운데서 부활하게 하심으로 말미암아 우리를 거듭나게 하사 산 소망이 있게 하셨다"고 죽으실 뿐만이 아니라 "살아나셨다"는 점을 반복적으로 강조함으로 견고하게 세워주고 있습니다.

⑤ 셋째로 부활하신 주님께서 승천하셔서 하나님 우편에 앉으사 영광을 받으셨다는 점을 들어 성도들을 견고하게 세워줍니다. 그러므로

베드로전서의 핵심단어 중 하나가 "영광"입니다. 14번이나 등장합니다.

ㄱ 3:22절입니다. "그는 하늘에 오르사 하나님 우편에 계시니 천사들과 권세들과 능력들이 그에게 복종하느니라"합니다. 그런데 부활 승천하셔서 하나님 우편에 계신다는 점도 임기응변으로 된 일이 아니라 시편 110:1절에서, "여호와께서 내 주에게 말씀하시기를 내가 네 원수들로 네 발판이 되게 하기까지 너는 내 오른쪽에 앉아 있으라 하셨도다"하신 예언의 성취라는 점입니다.

ㄴ 주님께서도 재판을 받으실 때에 "내가 너희에게 이르노니 이 후에 인자가 권능의 우편에 앉아 있는 것과 하늘 구름을 타고 오는 것을 너희가 보리라"(마 26:64)고 증언하셨습니다.

신약의 성도들이 구약성경 중에서 가장 많이 인용하면서 힘 있게 붙잡고 담대히 증언한 말씀이 무엇인지 아십니까? "보라 하늘이 열리고 인자가 하나님 우편에 서신 것을 보노라"(행 7:56)한 우리 주님이 "하나님 우편에 계신다"는 말씀입니다. 오늘날 목회자나 성도들이 이 한가지만이라도 놓치지 않고 붙잡고 있다면 혁신이 일어나게 될 것입니다. 사도는 부활하신 주님께서 하나님 우편에 계신다는 점을 들어 성도들을 견고하게 세워주고 있습니다.

⑥ 넷째로 부활 승천하신 주님께서 재림하신다는 점을 들어 성도들을 견고하게 세워주고 있습니다. 베드로전서에는 주님의 "나타나심",

즉 재림이 5번(1:7, 13, 4:13, 5:1, 4)이나 강조되어 있습니다.

㉠ 1:7절입니다. "너희 믿음의 확실함은 불로 연단하여도 없어질 금보다 더 귀하여 예수 그리스도께서 나타나실 때에 칭찬과 영광과 존귀를 얻게 할 것이니라"합니다. 그러므로 성도들에게는, "너희 마음의 허리를 동이고 근신하여 예수 그리스도께서 나타나실 때에 너희에게 가져다주실 은혜를 온전히 바랄지어다"(1:13)고 권면하고,

㉡ 목회자들에게는, "그리하면 목자장이 나타나실 때에 시들지 아니하는 영광의 관을 얻으리라"(5:4)합니다. 사도는 "재림신앙"으로 성도들을 견고하게 세워주고 있습니다.

⑦ 다섯째로 최후심판이 있다는 점을 들어 고난 중에 있는 성도들을 견고하게 세워주고 있습니다. 짧은 서신 안에 "심판"이 5번이나 강조되어 있습니다.

㉠ 4:17-18절입니다. "하나님의 집에서 심판을 시작할 때가 되었나니 만일 우리에게 먼저 하면 하나님의 복음을 순종하지 아니하는 자들의 그 마지막은 어떠하며 또 의인이 겨우 구원을 받으면 경건하지 아니한 자와 죄인은 어디에 서리요"합니다.

㉡ 4:5절에서는 "그들이 산 자와 죽은 자를 심판하기로 예비하신 이에게 사실대로 고하리라"합니다. 그리고 권면하기를 "외모로 보시지 않고 각 사람의 행위대로 심판하시는 이를 너희가 아버지라 부른즉 너

희가 나그네로 있을 때를 두려움으로 지내라"(1:17)합니다.

⑧ 그러므로 여섯째로 우리에게는 "산 소망"이 있다는 점을 들어 견고하게 세워주고 있습니다. ㉠ 1:3절입니다. "우리 주 예수 그리스도의 아버지 하나님을 찬송하리로다 그의 많으신 긍휼대로 예수 그리스도를 죽은 자 가운데서 부활하게 하심으로 말미암아 우리를 거듭나게 하사 산 소망이 있게 하시며"합니다. 베드로전서에는 "소망"이 4번 등장하는데 이 대목에서 "소망을, 산 소망"이라고 표현하는 의도가 무엇이겠습니까? 그것은 분명합니다.

㉡ "예수 그리스도를 죽은 자 가운데서 부활하게 하셨다"는 "부활"을 염두에 두고 한 말입니다. 내세(來世)가 없다면 모든 소망은 죽은 소망인 것입니다. 1:24절을 보십시오. "모든 육체는 풀과 같고 그 모든 영광은 풀의 꽃과 같으니 풀은 마르고 꽃은 떨어지되"라고 진술합니다. 이 땅에서 부귀와 영화를 누린다 해도 영혼의 구원을 얻지 못한다면 그에게 있는 모든 소망은 "죽은 소망"과 같은 것입니다.

주님은 잡히시던 날 밤에 근심하는 제자들에게 "내 아버지 집에 거할 곳이 많도다"하셨습니다. 그리고 "그렇지 않으면 너희에게 일렀으리라"(요 14:2)하십니다. 무슨 뜻인가? 사람의 죽음이 끝이라면 그것을 너희에게 말해주었으리라는 뜻입니다. 이처럼 불 시험을 앞에 둔 성도들을 견고하게 세워주는 방도는, "십자가, 부활, 우편재위, 재림,

심판, 영광"인 복음입니다.

⑨ 이런 맥락에서 베드로전서의 전체 구조(構造)는 "너희가 이제 여러 가지 시험으로 말미암아 잠깐 근심하게 되지 않을 수 없으나"(1:6) 하는 "시험, 근심, 고난"으로 시작하여 모든 은혜의 하나님께서 "그리스도 안에서 너희를 부르사 자기의 영원한 영광에 들어가게 하신다"(5:10)는 "영광(榮光)에 들어가게 하심"으로 마치는 구조라는 점을 놓치지 마시기를 바랍니다. 그러니까 "생각하건대 현재의 고난은 장차 우리에게 나타날 영광과 비교할 수 없다"(롬 8:18)는 말씀입니다.

㉠ 그러므로 4:12-13을 보겠습니다. "사랑하는 자들아 너희를 연단하려고 오는 불 시험을 이상한 일 당하는 것 같이 이상히 여기지 말고 오히려 너희가 그리스도의 고난에 참여하는 것으로 즐거워하라 이는 그의 영광을 나타내실 때에 너희로 즐거워하고 기뻐하게 하려 함이라"합니다. 베드로 자신도 "그리스도의 고난의 증인이요 나타날 영광에 참여할 자니라"(5:1)합니다. 사도는 불같은 시험을 당하게 될 성도들을 "영광의 소망"으로 견고하게 세워주고 있습니다.

㉡ 마지막으로 우리가 행해야 할 권면을 살펴보아야 하겠습니다. 4:2-3절을 보면 "하나님의 뜻을 따라 육체의 남은 때를 살게 하려 함이라"한 "남은 때"와, "이방인의 뜻을 따라 행한 것은 지나간 때로 족하도다"한 "지나간 때"가 있습니다. 여러분에게 "지나간 때"는 얼마나 되고

"남은 때"는 얼마나 남은 것 같습니까? 그러면 "지나간 때"를 어떻게 사셨습니까? 중요한 것은 "남은 때"를 어떻게 사느냐 하는 점입니다.

사도는 "외모로 보시지 않고 각 사람의 행위대로 심판하시는 이를 너희가 아버지라 부른즉 너희가 나그네로 있을 때를 두려움으로 지내라"(1:17)합니다. 한마디로 "오직 너희를 부르신 거룩한 이처럼 너희도 모든 행실에 거룩한 자가 되라"(1:15)는 한 말씀 안에 다 들어 있는 것입니다.

⑩ 4-5장에 나타난 권면을 간추려보면,

㉠ "너희는 정신을 차리라"합니다.

㉡ "근신하여 기도하라"(4:7)합니다.

㉢ "무엇보다도 뜨겁게 서로 사랑하라"(4:8)합니다.

㉣ "서로 대접하기를 원망 없이 하라"(4:9)합니다.

㉤ "각각 은사를 받은 대로 하나님의 여러 가지 은혜를 맡은 선한 청지기 같이 서로 봉사하라"(4:10)합니다.

㉥ "하나님의 능하신 손아래서 겸손하라"(5:6)합니다.

㉦ "너희 염려를 다 주께 맡기라"(5:7)합니다.

㉧ "근신하라 깨어라 너희 대적 마귀가 우는 사자 같이 두루 다니며 삼킬 자를 찾나니 너희는 믿음을 굳건하게 하여 그를 대적하라(5:8-9)합니다.

그리고 결론의 말씀입니다. "모든 은혜의 하나님 곧 그리스도 안에서 너희를 부르사 자기의 영원한 영광에 들어가게 하신 이가 잠깐 고난을 당한 너희를 친히 온전하게 하시며 굳건하게 하시며 강하게 하시며 터를 견고하게 하시리라 권능이 세세 무궁하도록 그에게 있을지어다 아멘"(5:10-11)합니다.

마지막 말씀 안에는 "고난과 영광, 잠깐과 영원"이 대조되어 있습니다. 그리스도 안에서 영원한 영광에 들어가게 하기 위해서 우리를 부르셨다면 잠시 받는 고난은, "너희를 친히 온전하게 하시며 굳건하게 하시며 강하게 하시며 터를 견고하게" 하는 연단일 뿐이라는 말씀입니다. 우리도 "아멘"할 뿐입니다. 이것이 "하나님이 굳게, 강하게, 견고케 하시리라"는 베드로전서입니다.

> 잘 이기는 자는 상 받으리니 너 낙심치 말고 능 전진하라
>
> 네 구세주 예수 힘주시리니 주 예수를 믿어 늘 승리하라
>
> 우리 구주의 힘과 그의 위로를 빌라
>
> 주님 네 편에 서서 항상 도우시리 (342장)

벧후 1:19–21절

너희가 어떠한 사람이 되어야 마땅하냐

설교 본문

19 또 우리에게는 더 확실한 예언이 있어 어두운 데를 비추는 등불과 같으니 날이 새어 샛별이 너희 마음에 떠오르기까지 너희가 이것을 주의하는 것이 옳으니라

20 먼저 알 것은 성경의 모든 예언은 사사로이 풀 것이 아니니

21 예언은 언제든지 사람의 뜻으로 낸 것이 아니요 오직 성령의 감동하심을 받은 사람들이 하나님께 받아 말한 것임이라

강론

베드로후서는 "예수 그리스도의 종이며 사도인 시몬 베드로는"
(1:1), 이렇게 시작이 됩니다. 베드로는 자신을 "예수 그리스도의 종"
이라고 소개합니다. 모든 그리스도인들은 모두 다 주님께서 값을 주
고 사신 "예수 그리스도"의 종인 것입니다. 그리고 많은 종들 중에서
자신을 "사도"로 삼으셨다는 것입니다. 이는 다름 아닌 베드로의 신앙
고백인 것입니다.

그리고 편지를 받을 수신자들을 "우리 하나님과 구주 예수 그리스
도의 의를 힘입어 동일하게 보배로운 믿음을 우리와 함께 받은 자들
에게 편지하노니"(1:1하)합니다. 여기 중요한 고백들이 나타나는데
㉠ 첫째는 "구주 예수 그리스도"의 의미입니다. "구주"(救主)란 베드로
가 공회 앞에서 선언한 "다른 이로써는 구원을 받을 수 없나니 천하사
람 중에 구원을 받을 만한 다른 이름을 우리에게 주신 일이 없다"(행
4:12)는 고백입니다.

㉡ 둘째는 "그리스도의 의를 힘입어"라는 말입니다. 이는 베드로전
서 3:18절에서 "그리스도께서도 단번에 죄를 위하여 죽으사 의인으로
서 불의한 자를 대신하셨으니 이는 우리를 하나님 앞으로 인도하려 하
심이라"한 진술과 결부되는 말씀입니다. 우리가 하나님 앞에 나아갈
수 있는 것은 오직 "구주 예수 그리스도의 의를 힘입어"서 뿐입니다.

ⓒ 다음은 "보배로운 믿음"입니다. 어찌하여 믿음을 "보배"라 하는가? 믿음이 "너희에게서 난 것이 아니요 하나님의 선물이라"(엡 2:8)는 점을 생각했기 때문일 것입니다. 우리는 "그리스도의 의"를 "보배로운 믿음"으로 받은 자들인 것입니다.

사도 베드로는 주님을 3번이나 부인했던 아픈 상처를 안고 있는 사도입니다. 그러므로 인간의 연약과 거짓을 처절할 정도로 경험한 장본인입니다. 주님은 베드로에게, "사탄이 너희를 밀 까부르듯 하려고 요구하였으나 그러나 내가 너를 위하여 네 믿음이 떨어지지 않기를 기도하였노니 너는 돌이킨 후에 네 형제를 굳게 하라"(눅 22:32-32)고 당부하셨습니다. 베드로는 지금 "형제를 굳게 하라"하신 주님의 명을 수행하고 있는 것입니다.

지금 베드로의 처지는 "우리 주 예수 그리스도께서 내게 지시하신 것 같이 나도 나의 장막을 벗어날 것이 임박한 줄을 앎이라"(1:14)한 상황입니다. 부활하신 주님은 베드로에게 늙어서는 사람이 네게 띠 띠우고 원하지 아니하는 곳으로 데려가 "네 팔을 벌리리니"하셨습니다. 이는 베드로가 "어떠한 죽음으로 하나님께 영광을 돌릴 것을 가리키심이러라"(요 21:18-19)합니다.

그래서 베드로는 1:15절입니다. "내가 힘써 너희로 하여금 내가 떠난 후에라도 어느 때나 이런 것을 생각나게 하려 하노라"합니다. 베드로는 주님께서 말씀하신 대로 순교가 목전에 이르렀다는 점을 예감하면서 후서를 기록하고 있는 것입니다. 이런 배경에서 베드로후서는 사도의 유언과 같은 말씀입니다.

사도 베드로는 두 편의 서신서를 기록했는데 전서(前書)를 기록한 목적은 지난주에 살펴본 대로 외부(外部)로부터 닥쳐오는 "불같은 시험", 즉 박해에 대비하여 견고하게 세워주기 위해서였습니다.

그러면 후서(後書)의 기록목적이 무엇인가? 2:1절을 보겠습니다. "그러나 백성 가운데 또한 거짓 선지자들이 일어났었나니 이와 같이 너희 중에도 거짓 선생들이 있으리라 그들은 멸망하게 할 이단을 가만히 끌어들여 자기들을 사신 주를 부인하고 임박한 멸망을 스스로 취하는 자들이라"(2:1)합니다. 내부(內部)로부터 일어날 거짓 선생, 즉 이단을 경계하기 위해서 기록하고 있는 것입니다. 하나님의 교회는 어느 시대를 막론하고 두 방면의 위험에 직면하게 되는데, 외부로부터 오는 박해보다 내부에 침투한 이단사상이 치명적인 해독을 끼쳤던 것입니다.

베드로후서는 3장으로 되어 있는데 ㉠ 1장에서는 이단사상에 미혹되지 않는 비결이 무엇인지를 말씀하고, ㉡ 2장에서는 이단의 특성 중 윤리적인 타락상을 언급하고, ㉢ 3장에서는 이단사상의 신학적인 오류를 말씀합니다. 이처럼 이단사상은 두 방면으로 교회에 해독을 끼치는

데 첫째는, 비 진리의 누룩을 퍼뜨리는 신학적인 왜곡이요, 둘째는, 윤리적으로 타락시키는 방종입니다. 복음진리에서 잘못 되면 필연적으로 윤리에서도 부패하게 되는 것입니다.

본론에 들어가기 전에 먼저 베드로후서의 전체적인 구조를 파악하도록 하겠습니다. 1:4절에서 "신성(神聖)한 성품에 참여하는 자가 되게 하려 하셨느니라", 즉 그리스도를 닮게 하려는 것이라고 말씀하고, 마지막 장 마지막 절에서 "오직 우리 주 곧 구주 예수 그리스도의 은혜와 그를 아는 지식에서 자라 가라"(3:18)는 구조입니다.

"그리스도를 닮는" 성숙한 신앙인격은 하루아침에 이루어지는 것이 아니라 어린이가 자라듯 "자라야"하기 때문입니다. 이단의 유혹에 미혹되지 않는 방도는 비법이나 지름길이 있는 것이 아닙니다. "그를 아는 지식에서 자라가는" 성숙한 그리스도인이 되는 것입니다.

사도는 신앙이 성숙해가는 단계를 8단계로 말씀합니다. "그러므로 너희가 더욱 힘써 너희 믿음에"하고, "믿음"으로 출발을 해서 "믿음에 덕을, 덕에 지식을, 지식에 절제를, 절제에 인내를, 인내에 경건을, 경건에 형제 우애를, 형제 우애에 사랑을 더하라"고 "사랑"으로 마치고 있습니다. 왜냐하면 "그곳은 빛과 사랑이 언제나 넘치옵니다"한 찬송 가사처럼 하나님은 사랑이시기 때문입니다. 나 자신은 어느 단계에 도달해 있는 것 같습니까?

그러면 "이단사상에 미혹되지 않는 비결이 무엇인지 각장의 중심점을 살펴보도록 하겠습니다.

① 1:2절입니다. "하나님과 우리 주 예수를 앎으로 은혜와 평강이 너희에게 더욱 많을지어다"합니다. 이단에게 미혹되지 않는 첫째 방도로 "하나님과 우리 주 예수를 앎으로"한 하나님을 알고 예수 그리스도를 "아는 것"입니다. "아는 것"이 1장에 6번(2, 3, 8, 12, 14, 20)이나 등장합니다. 왜냐하면 하나님께서 자기 아들을 통하여 이루어주신 하나님의 행사를 알아야만 이단에 미혹을 당하지 않기 때문입니다.

㉠ 1:3절입니다. "우리를 부르신 이를 앎으로 말미암음이라"고 말씀합니다. 그러므로 1:8절에서는 "너희로 우리 주 예수 그리스도를 알기에 게으르지 않고 열매 없는 자가 되지 않게 하려니와"하고 "알기에 게으르지" 않아야 한다고 말씀합니다. 잠언에서는 "좀 더 자자, 좀 더 졸자, 손을 모으고 좀 더 누워 있자 하면 네 빈궁이 강도 같이 오며 네 곤핍이 군사 같이 이르리라"(잠 6:10-11)합니다. 평생을 가련하고 불쌍한 그리스도인으로 살아가게 된다는 뜻입니다.

㉡ 그러면 무엇을 알기에 힘써야 하는가? 1:3절입니다. "그의 신기한 능력으로 생명과 경건에 속한 모든 것을 우리에게 주셨으니"한 하나님께서 우리에게 이미 "행해주신"것이 무엇인가를 아는 것입니다. 성경은 크게 하나님께서 자기 아들을 통해서 행해주신 일과 사람이 행

해야 할 일 두 가지로 되어 있습니다. 하나님께서 행해주신 일을 "알고 믿음"으로 받을 때에 은혜를 받는 것입니다. 인간이 행할 일은 교훈인 것입니다.

ⓒ 1:4절도 보십시오. "그 보배롭고 지극히 큰 약속을 우리에게 주사"하고 하나님께서 먼저 약속을 세워 "주셨다"고 말씀합니다. 성경은 구약, 신약하는 "약속"의 책입니다. 하나님은 아브라함에게 "네 씨로 말미암아 천하 만민이 복을 받으리라"(창 22:18)고 약속하시고 이 약속을 성취해주신 것입니다.

신앙이 성숙해지고 이단에 미혹이 되지 않는 데는 비결이 있는 것이 아닙니다. 하나님이 "행해주신 것을, 알고, 믿을" 때에 내 것이 되고 믿음이 견고해지는 것입니다. 그러므로 설교자는 성도들에게 하나님께서 언약하시고 이루어주신 하나님의 행사를 먼저, 자주자주 더 많이 전해주어야 하는 것입니다. 그런데 오늘의 설교는 인간이 행해야 할 적용에 급급합니다. 그것은 교양강좌와 같은 것이지 복음은 아닌 것입니다. 그렇게 되면 믿음의 "터와 뿌리"가 허약하여 이단에 미혹될 확률은 그만큼 높은 것입니다. 이는 우려가 아니라 현실인 것입니다.

이점에서 옥중에 있는 바울이 밖에 있는 성도들을 위해서 간구하는 기도의 제목이 무엇인가를 살펴보는 것이 도움이 될 것입니다. 에베소서 1:17-19절을 보겠습니다. 첫째로 17절인데 "지혜와 계시의 영을 너희에게 주사 하나님을 알게 하시고"합니다. 둘째로 18절입니다. "너희 마음의 눈을 밝히사 그의 부르심의 소망이 무엇인지" 알게 해달라고 간구하고, 셋째는 "성도 안에서 그 기업의 영광의 풍성함이 무엇인지" 알게 해달라고 구합니다.

넷째로 1:19절입니다. "그의 힘의 위력으로 역사하심을 따라 믿는 우리에게 베푸신 능력의 지극히 크심이 어떠한 것을 너희로 알게 하시기를 구하노라"합니다. 모든 기도제목이 이미 주신 은혜를 알게 해달라는 간구입니다. 우리의 기도와 얼마나 다른가? 우리는 처음부터 마지막까지 "주십시오, 주십시오"합니다. 이는 마치 하나님을 인색해서 주시지 않는 하나님으로 여기는 것이 됩니다. "자기 아들을 아끼지 아니하시고 우리 모든 사람을 위하여 내주신"(롬 8:32) 하나님이신데 말입니다. 또한 우리 연약함을 아시고 보혜사 "성령"(롬 8:26)을 보내주신 하나님이십니다.

㉣ 그러면 하나님께서 행해주신 것을 "무엇을 통해서 알 수가 있는가?" 하는 점입니다. 베드로는 먼저 "우리는 그의 크신 위엄을 친히 본 자라"(1:16)고 자기 경험을 말합니다. "지극히 큰 영광 중에서 이러한 소리가 그에게 나기를 이는 내 사랑하는 아들이요 내 기뻐하는 자라 하실 때에 그가 하나님 아버지께 존귀와 영광을 받으셨느니라"고 변화산상에서 목격한 경험을 진술합니다.

그런데 중요한 점은 자신의 체험보다 "또 우리에게는 더 확실한 예언이 있다"고 말씀한다는 점입니다. 사도가 "보고, 들은 것"보다 더 확실한 것이 무엇인지 아십니까? 여러분에게 주어진 기록된 말씀 곧 성경인 것입니다. 오늘날은 성경보다 자신의 체험을 더 선호하는 경향이 있는데 이는 이단에 미혹될 위험천만한 일입니다. 왜냐하면 성경은 불변하나 "체험"은 불확실하기 때문입니다.

그러므로 "어두운 데를 비추는 등불과 같으니 날이 새어 샛별이 너희 마음에 떠오르기까지 너희가 이것을 주의하는 것이 옳으니라"합니다. 이점에서 기억해야 할 점은 율법은 돌 판에 기록이 되었지만 새 언약은 "내 법을 그들의 마음에 두고 그들의 생각에 기록하리라"(히 10:16)하신다는 점입니다. 그러므로 이단의 미혹에 대한 방비책은 하나님의 말씀을 성도들의 마음 판에 기록되게 하는 일입니다. 주님께서도 마귀의 시험을 받으실 때에 "기록되었으되"하고 말씀으로 물리치셨습니다.

그런데 우리가 시험을 받을 때에 물리치고 싶어도 마음에 기록된 말씀이 없다면 어떻게 되겠는가를 생각해보시기를 바랍니다. 이는 "성령의 검 곧 하나님의 말씀"이 없는 무장해제와 같은 상태로 백전백패를 당할 수밖에 없는 것입니다. 그래서 베드로는 "샛별이 너희 마음에 떠오르기까지" 사모하라 한 것입니다.

⑪ 하나님께서 우리에게 이미 엄청난 은혜를 주셨다는 점을 깨달아야만 합니다. 베드로는 이를 한마디로 "보배"라는 말로 표현하고 있습니다. "보배"라는 말이 전 후서에 6번(벧전 1:19, 2:4, 6, 7, 벧후 1:1, 4)

이나 강조되어 있습니다. 하나님께서 우리에게 "보배롭고 지극히 큰 약속"(1:4), 즉 메시아언약을 주셨습니다. 그 약속대로 우리가, "그리스도의 보배로운 피"(벧전 1:19)로 구속함을 받아, "보배로운 믿음을 함께 받은 자들"(1:1)이 된 것입니다.

한마디로 하나님은 보배로운 자기 아들을 아끼지 아니하시고 우리를 위한 대속제물로 내어주신 것입니다. "그러므로 믿는 너희에게는 보배이나 믿지 아니하는 자에게는 건축자들이 버린 그 돌이 모퉁이의 머릿돌이 되고 또한 부딪치는 돌과 걸려 넘어지게 하는 바위가 되었다"(벧전 2:7-8)고 말씀합니다. 이 은혜를 알고 믿는 자라면 어찌 이단 사상에 미혹될 수가 있단 말입니까? 영적인 무지(無知)는 이단이 발붙이게 되는 온상입니다. 이것이 이단에게 미혹되지 않는 비결을 말씀하는 1장입니다.

② 다음은 2장입니다. 2장은 이단의 특성인 "윤리적인 타락상"을 언급하는 내용입니다. 2장은 "너희 중에도 거짓 선생들이 있으리라"(2:1), 즉 이단이 일어날 것이라는 경계로 시작이 됩니다. 그리고 "미혹, 유혹"이 강조되어 있는데 4번(14, 15, 17, 18) 등장합니다.

㉠ 2:2절입니다. "여럿이 그들의 호색하는 것을 따르리니 이로 말미암아 진리의 도가 비방을 받을 것이요"하고 이단의 특성 중 성적인 타락을 지적합니다. 3절에는 "탐심"이 있고 7절에는 "음란한 행실"이 있

고, 10절에는 "더러운 정욕"이 있고, 14절에는 "음심이 가득한 눈"이 있습니다. 1장의 중심단어가 "아는 것"이라면 2장의 핵심단어는 "음란"입니다.

ⓛ 그러면 2:18절을 주목해보시기 바랍니다. "그들이 허탄한 자랑의 말을 토하며 그릇되게 행하는 사람들에게서 겨우 피한 자들을 음란으로써 육체의 정욕 중에서 유혹하는도다"합니다. 무슨 뜻입니까? 사탄이 성도들을 유혹한 방도에는 "돈, 명예, 권력" 등 많이 있습니다. 그런데 그런 유혹을 "겨우 피한 자들을 음란"으로 유혹한다는 언급을 통해서 깨닫게 되는 것은 "음란"이 사탄의 최후무기라는 점입니다.

그렇습니다. 노아 당시도 "하나님의 아들들이 사람의 딸들의 아름다움을 보고 자기들이 좋아하는 모든 여자를 아내로 삼는지라"(창 6:2)한 성적(性的)인 타락 때문에 심판을 당했고 소돔 고모라도 "무법한 자들의 음란한 행실로 말미암아"(2:7) 멸망을 당했던 것입니다. 요단강 건너로 약속의 땅 가나안이 바라보이는 모압 평지에서 발람이라는 거짓 선지자의 유혹에 의해서 24000명이 낙오하게 된 것도 "음란"이었고, 다윗을 넘어뜨린 것도 "음란"이었습니다. 다른 유혹은 물리침으로 "겨우 피한" 자를 음란이라는 최후무기로 넘어뜨린다는 것입니다.

ⓒ 2:19절을 보십시오. "그들에게 자유를 준다 하여도", 즉 유혹하는 자들은 "우리는 자유하다"고 말한다는 것입니다. 이것이 초대교회에 복음을 곡해한 도덕폐기론 자들의 방종입니다. 그러나 실상은 "멸망

의 종들"이라 하면서 엄숙한 선언이 나오는데 "누구든지 진 자는 이긴 자의 종이 됨이라"고 선언합니다.

ⓔ 2장은 "참된 속담에 이르기를 개가 그 토하였던 것에 돌아가고 돼지가 씻었다가 더러운 구덩이에 도로 누웠다 하는 말이 그들에게 응하였도다"(2:22)는 말로 마치고 있습니다. "토했다가 다시 먹고, 씻었다가 다시 눕는" 되풀이 한다는 경고가 우리와는 무관하다 하겠습니까? 이것이 이단의 윤리적인 특성을 진술하는 2장입니다.

③ 마지막으로 3장입니다. 3장은 "이단사상의 신학적인 오류"를 언급하는 내용입니다. 베드로후서에 나타난 복음진리에 대한 오류는 크게 두 가지인데 첫째는 "자기들을 사신 주를 부인"(2:1)하는 구속교리에 대한 부정이고, 둘째는 "주께서 강림하신다는 약속이 어디 있느냐"(3:4)하는 재림을 부인한 것입니다. 참으로 한심한 것은 이것이 현대 교회의 실상이기도 하다는 점입니다. 그들은 구속교리를 도살장의 신학이라고 비웃습니다. 물론 그들은 주님의 재림도 믿지 않습니다.

㉠ 3:3-4절을 보겠습니다. "먼저 이것을 알지니 말세에 조롱하는 자들이 와서 자기의 정욕을 따라 행하며 조롱하여 이르되 주께서 강림하신다는 약속이 어디 있느냐 조상들이 잔 후로부터 만물이 처음 창조될 때와 같이 그냥 있다"고 역사적인 종말인 주님의 재림, 최후심판을 부인한다는 것입니다.

ⓛ 주님은 "인자의 임함은 노아의 때와 같다"하셨는데 베드로도 홍수심판을 상기시키면서 3:6-7절입니다. "그 때에 세상은 물이 넘침으로 멸망하였으되 이제 하늘과 땅은 그 동일한 말씀으로 불사르기 위하여 보호하신바 되어 경건하지 아니한 사람들의 심판과 멸망의 날까지 보존하여 두신 것이니라"고 말씀합니다.

ⓒ 그런데 어느 시대나 조급한 인간은 주의 약속이 "더디다"고 말합니다. 출애굽 당시도 "모세가 산에서 내려옴이 더딤을 보고"(출 32:1) 금송아지를 만들었던 것입니다. 그런데 그것은 사람의 관점이지 "주께는 하루가 천 년 같고 천 년이 하루 같다는 이 한 가지를 잊지 말라"(3:8)고 말합니다.

시편에서는 "주의 목전에는 천 년이 지나간 어제 같으며 밤의 한 순간 같을 뿐임이니이다"(시 90:4)고 진술합니다. 그리고 3:9절에서는 "오직 주께서는 너희를 대하여 오래 참으사 아무도 멸망하지 아니하고 다 회개하기에 이르기를 원하시느니라"고 더딘 이유를 말합니다. 그런데 이단들은 주님의 재림을 부인했던 것입니다. 이것이 이단의 진리적인 오류를 언급하는 3장입니다.

④ 그러면 경건치 아니한 자들의 종말은 어떻게 될 것인가? 사도는 역사적인 사실을 들어서 이단들이 심판을 당하게 될 것을 경고합니다.

ⓖ 2:4절에서 "하나님이 범죄한 천사들을 용서하지 아니하셨다"고

말씀하고,

ⓒ 2:5절에서는 "옛 세상을 용서하지 아니하시고 오직 의를 전파하는 노아와 그 일곱 식구를 보존하시고 경건하지 아니한 자들의 세상에 홍수를 내리셨다"는 점을 상기시킵니다.

ⓒ 2:6절에서는 "소돔과 고모라 성을 멸망하기로 정하여 재가 되게 하사 후세에 경건하지 아니할 자들에게 본을 삼으셨다"고 말씀하고,

ⓐ 3:7절은 결론과 같은 말씀인데 이런 역사적인 사실을 진술한 후에 "이제 하늘과 땅은 그 동일한 말씀으로 불사르기 위하여 보호하신 바 되어 경건하지 아니한 사람들의 심판과 멸망의 날까지 보존하여 두신 것이니라"고 증언합니다.

그러면 베드로후서를 통해서 우리에게 경계하시는 점이 무엇인가? 베드로는 1장에서 "항상 너희에게 생각나게 하려 하노라(1:12), 너희를 일깨워 생각나게 함이 옳은 줄로 여기노니(1:13), 내가 떠난 후에라도 어느 때나 이런 것을 생각나게 하려 하노라"(1:15)고 "생각"에 호소하고 있다는 점입니다. 3장에서도 "너희의 진실한 마음을 일깨워 생각나게 하여(3:1), 사도들로 말미암아 명하신 것을 기억하게 하려 하노라"(3:2)고 "일깨워 생각하게, 기억하게"를 강조하고 있습니다.

신앙생활에서 중요한 점이 무엇인지 아십니까? "마음과 생각"이 무엇에 의하여 지배를 받고 있는가 하는 점입니다. 다시 말하면 마음과

생각에 무엇이 가득 차 있느냐 하는 점입니다. "돈"입니까? "출세"입니까? 명예입니까? 하나님의 아들이 어찌하여 말구유에서 태어나셨습니까? "여관에 있을 곳이 없었기"(눅 2:7)때문입니다. 우리 마음에 주님이 계시게 하는 것은 묵상을 통해서입니다. 우리 마음과 생각의 가장 좋은 자리를 주님께 드리고 주실 은혜를 구해야만 하겠습니다.

다시 상기시킵니다만 순교를 목전에 둔 베드로가 자신이 직접 목격한 주님의 변화하신 모습과 하나님께서 친히 말씀하신 바를 진술하는 의도가 어디에 있는가? "내가 힘써 너희로 하여금 내가 떠난 후에라도 어느 때나 이런 것을 생각나게 하려 하노라"고 "생각"하게 하기 위해서라합니다. 그러면 우리가 "어떤 경우"에 무엇을 생각해야만 합니까?

1:16절입니다. "우리 주 예수 그리스도의 능력과 강림하심을 너희에게 알게 한 것이 교묘히 만든 이야기를 따른 것이 아니요"합니다. 사도가 증언한 주님의 재림과 최후심판은 동화 같은 이야기, 소설을 쓰는 것이 아니라는 것입니다. "우리는 그의 크신 위엄을 친히 본 자라 지극히 큰 영광 중에서 이러한 소리가 그에게 나기를 이는 내 사랑하는 아들이요 내 기뻐하는 자라 하실 때에 그가 하나님 아버지께 존귀와 영광을 받으셨느니라"(1:17)합니다. 우리의 신앙이 침체했을 때, 또한 감당하기 어려운 고난이 닥쳤을 때 이런 일을 생각함으로 넘어졌다가도 벌떡 일어나야 하는 것입니다.

그렇습니다. "기쁨도, 기도도, 감사도, 승리도" 자동적으로 주어지는 것이 아닙니다. 하나님께서 허락하신 보배로운 약속, 우리 죄를 구속하여주신 보배로운 피, 우리에게 주신 보배로운 믿음과 산 소망, 등을 묵상할 때 주어지는 것입니다.

이제 3:10-12절로 말씀을 마치고자 합니다. "그 날에는 하늘이 큰 소리로 떠나가고 물질이 뜨거운 불에 풀어지고 땅과 그 중에 있는 모든 일이 드러나리로다 이 모든 것이 이렇게 풀어지리니 너희가 어떠한 사람이 되어야 마땅하냐"고 심각한 질문을 던집니다.

"거룩한 행실과 경건함으로 하나님의 날이 임하기를 바라보고 간절히 사모하라"합니다. "우리는 그의 약속대로 의가 있는 곳인 새 하늘과 새 땅을 바라보도다"(3:13)합니다. 이것이 "너희가 어떠한 사람이 되어야 마땅하냐"한, 베드로후서의 마지막 말씀입니다.

> 세상 풍조는 나날이 변하여도 나는 내 믿음 지키리니
> 인생 살다가 죽음이 꿈같으나 오직 내 꿈은 참되리라
> 나의 놀라운 꿈 정녕 나 믿기는 장차 큰 은혜 받을 표니
> 나의 놀라운 꿈 정녕 이루어져 주님 얼굴을 뵈오리라 (490장)

갈 5:1-4절

굳건하게 서서
종의 멍에를 메지 말라

설교 본문

1 그리스도께서 우리를 자유롭게 하려고 자유를 주셨으니 그러므로 굳건하게
서서 다시는 종의 멍에를 메지 말라

2 보라 나 바울은 너희에게 말하노니 너희가 만일 할례를 받으면 그리스도께서
너희에게 아무 유익이 없으리라

3 내가 할례를 받는 각 사람에게 다시 증언하노니 그는 율법 전체를 행할 의무를
가진 자라

4 율법 안에서 의롭다 함을 얻으려 하는 너희는 그리스도에게서 끊어지고 은혜
에서 떨어진 자로다

강론

    갈라디아서는 사도 바울이 "갈라디아 여러 교회들에게"(1:2) 보내진 회람서신입니다. 그러면 갈라디아 "여러 교회"는 어느 교회들을 가리키는가? 바울이 1차 선교여행 때 복음을 전해서 세운 "비시디아 안디옥, 이고니온, 루스드라, 더베"(행 13-14장)등을 가리키는 것으로 보고 있습니다. 그런데 사도행전 14:19절에서는 당시의 상황을, "유대인들이 안디옥과 이고니온에서 와서 무리를 충동하니 그들이 돌로 바울을 쳐서 죽은 줄로 알고 시외로 끌어 내쳤다"고 전해주고 있습니다. 이런 고난을 통해서 세워진 것이 갈라디아교회들인 것입니다. 그런데 갈라디아서는 시작하자마자, "저주를 받을지어다, 저주를 받을지어다"(1:8, 9)하는 매우 격앙된 어조로 시작하고 있습니다.

    바울이 이토록 격분한 이유가 무엇인가? 이점을 1:6절을 통해서 알 수가 있는데 "그리스도의 은혜로 너희를 부르신 이를 이같이 속히 떠나 다른 복음을 따르는 것을 내가 이상하게 여기노라"합니다. 갈라디아 성도들이 거짓 교사들이 전해주는 "다른 복음"을 받아드려 "그리스도의 은혜"에서 떠났기 때문입니다. 그리하여 "내가 너희를 위하여 수고한 것이 헛될까 두려워하노라"(4:11), 즉 어린 양을 이리가 물어가려 하기 때문에 "저주를 받을지어다"고 분개하고 있는 것입니다.

    이런 맥락에서 갈라디아서는 복음에 대한 변증(辨證)서입니다. 그리스도의 "증인"들은 복음을 전하기만 하는 사람들이 아닙니다. 예수가 누구신가? 그런 분이 우리를 위해서 무엇을 행해주셨는가를 진정 믿는 자라면 "다른 복음을 전하여 복음을 변하게"(1:7)하려는 자들에 대해 침묵하고 용납할 수는 없는 것입니다. 목숨을 걸고 복음을 보수하는 변증자가 그리스도의 증인들인 것입니다.

오늘의 "증인"들이 상실한 것 가운데 하나가 "다른 복음"에 대한 분노가 없다는 점이 아닌가 싶습니다. 분노가 없으면 복음에 대한 사랑도 없는 것입니다. 생각해보십시오. 하나님의 아들이 죽으시고 사심을 통해서 이루어주신 복음을 변개(變改)하는데도 분노하지 않는다면 그가 그리스도의 증인입니까? 이리가 여러분의 사랑하는 자식을 물어 갔다면 어떻게 반응하시겠습니까? 그런데 주님께서 피로 사신 하나님의 자녀들이 이단에게 미혹을 당하고 있는데도 분개하지도 않고 정신을 차리지도 못하고 있는 것이 한국교회인 것입니다.

① 그러면 먼저 갈라디아서에서 복음을 변증하는 핵심이 무엇인가부터 파악하도록 하겠습니다. 구원이 "그리스도를 믿음으로냐? 율법을 행함으로냐"하는 문제입니다. 그러므로 3:21절이 갈라디아서를 해석하는 "열쇠라 할 수가 있습니다. "그러면 율법이 하나님의 약속들(메시아언약)과 반대되는 것이냐"고 묻고 있습니다. 여러분의 답변은 무엇입니까?

㉠ 바울은 3:8절에서 "하나님이 이방을 믿음으로 말미암아 의로 정

하실 것을 성경이 미리 알고 먼저 아브라함에게 복음을 전하셨다"고 말씀합니다. 그리고 아브라함에게 전하신 메시아언약, 즉 복음은 "믿음으로 말미암아"라고 "믿음"으로 받는다고 말씀합니다. 이는 창세기에서 된 일입니다.

ⓒ 그런데 3:12절을 보십시오. "율법을 행하는 자는 그 가운데서 살리라 하였느니라"고 말씀합니다. 하나님은 모세를 통해서 "율법"을 주시면서 "행하는 자는 살리라"하셨다는 것입니다. 이는 출애굽기에서 된 일입니다. 그렇다면 문제(問題)는 아브라함에게는 "믿으라"하고, 모세에게는 "행하라"한다면 "그러면 율법이 하나님의 약속들과 반대(反對)되는 것이냐"(3:21)고 묻고 있는 것입니다. 갈라디아서의 쟁점(爭點)이 여기에 있는 것입니다. 오늘날도 많은 분들이 "율법과 복음, 행함과 믿음, 성화와 칭의"가 반대되는 것인 양 생각하고 있습니다. 바울은 "결코 그럴 수 없느니라"고 단언합니다. 어찌하여 반대되는 것이 아닌지를 말씀드리겠습니다.

ⓒ 만일 "율법"을 주시지 않았다면 "율법으로는 죄를 깨달음이라"한 "죄"를 모르게 되는 것입니다. 또한 율법을 "행하라"하시지 않았다면 율법을 온전히 행할 수 없다는 자력(自力)구원의 불가능성을 모르게 되는 것입니다. "죄"를 모르면 어떻게 됩니까? 무가치한 자들에게 베푸시는 "은혜"를 모르게 되는 것입니다. 병든 자라야 의원이 필요한데 죄를 모르면 그리스도와 복음의 필요를 모르게 된다는 말씀입니다.

그러므로 "율법"을 주신 목적은 "죄"를 깨닫는 것이 끝이 아닙니다.

ⓒ 3:24절을 보겠습니다. "이같이 율법이 우리를 그리스도께로 인도하는 초등교사가 되어 우리로 하여금 믿음으로 말미암아 의롭다 함을 얻게 하려 함이라"는데 까지 나아가는 것입니다. 왜냐하면 오직 여기에 죄라는 문제의 해답이 있고 구원이 있기 때문입니다.

그러므로 "율법이 하나님의 약속과 반대(反對)되는 것"이기는커녕 율법을 주시지 않았다면 "그리스도, 복음, 은혜"를 모르게 되었을 것이요, 극단적으로 말하면 율법을 주시지 않았다면 구원을 얻을 수 없었다는 결론에 이르게 되는 것입니다. 얼마나 명쾌한 논증입니까? 이제 분명합니까?

② 이런 맥락에서 3장에는 절묘한 표현이 있습니다. 3:23절에서는 "믿음이 오기 전에"라고 말씀하고, 25절에서는 "믿음이 온 후로는"라고 말씀합니다. 무슨 뜻인지 이해가 되십니까?

㉠ 예수 그리스도가 오시기 전에는 "행하라"는 시대였다는 것입니다. 그런데 육신이 연약하여 행할 수 없었으니 3:23절을 보십시오. "믿음이 오기 전에 우리는 율법 아래에 매인 바 되고 계시될 믿음의 때까지 갇혔느니라", 즉 결박당한 상태, 갇혔던 상태였다는 것입니다.

㉡ 그런 우리들을 주님이 찾아오셔서 "다 이루었다"하심으로 "그리스도 예수 안에 있는 생명의 성령의 법이 죄와 사망의 법에서 너를 해

방하였음이라"(롬 8:2)고 말씀합니다. 이렇게 이루어주신 복음을 "믿음으로" 받아 구원을 얻는다는 점을 드러내기 위해서 "믿음이 오기 전에, 믿음이 온 후"라는 성경 다른 곳에서는 대할 수 없는 절묘한 표현을 하고 있는 것입니다.

③ 그러면 바울이 개척한 교회들에게 "다른 복음"을 퍼뜨린 자들은 누구며 그 내용은 무엇인가? 6:12절은 "무릇 육체의 모양을 내려 하는 자들이 억지로 너희에게 할례를 받게 함은"하고 "할례"를 받게 했다는 것입니다. 이는 "어떤 사람들이 유대로부터 내려와서 형제들을 가르치되 너희가 모세의 법대로 할례를 받지 아니하면 능히 구원을 받지 못하리라"한 사도행전 15:1절과 상통합니다. 그리고 4:10절에서는 "너희가 날과 달과 절기와 해를 삼가 지키니"합니다.

㉠ 거짓 선생들은 크게 두 가지를 들어 바울을 공격했습니다. 첫째는, 바울은 참 사도가 아니며 자신들이야말로 예루살렘에서 파송 된 참 교사로 자처했습니다. 둘째는, 그러므로 바울이 전해준 복음은 완전한 것이 아니다. 할례를 받아야 하고 율법에 명시된 절기들을 지켜야 구원을 얻는다고 가르쳤던 것입니다. 그들은 할례를 행하지 아니하면 "능히 구원을 받지 못한다"고 구원의 조건으로 말했던 것입니다.

㉡ 그러면 이들이 누구들인가? 바울은 이점을 꼭 집어 밝히고 있지는 않으나 1:8절을 보십시오. "그러나 우리나 혹은 하늘로부터 온 천사

라도 우리가 너희에게 전한 복음 외에 다른 복음을 전하면 저주를 받을지어다"합니다. 주목할 점은 "하늘로부터 온 천사라도"라는 표현입니다. 이점을 2:12절의 "야고보에게서 온 어떤 이들이 이르기 전에"라는 말과 결부시켜 보면 감을 잡을 수가 있는데 바울은 아마 "예루살렘에서 내려온 자라도"라고 말하고 싶었으나 교회의 평안을 위해서 돌려 말했을 것입니다.

ⓒ 그러면 불신 유대인이 아니라 예루살렘 본부교회에서 내려온 자들이 이같이 주장한 원인이 어디에 있는가 하는 점입니다. 고린도후서 3:13-14절을 보십시오. "우리는" 모세가, 광채를 가리기 위해서 "수건을 그 얼굴에 쓴 것 같이 아니하노라"합니다. 그러니까 복음의 광채를 가리는 자들이 있다는 것입니다. 그 원인이 무엇인가? "그들의 마음이 완고하여 오늘까지도 구약을 읽을 때에 그 수건이 벗겨지지 아니하고 있기" 때문이라고 지적합니다.

이점에서 "구약"인 출애굽기 20:25절의 의미를 새겨보도록 하겠습니다. 하나님은 명하시기를 "네가 내게 돌로 제단(祭壇)을 쌓거든 다듬은 돌로 쌓지 말라 네가 정으로 그것을 쪼면 부정하게 함이니라"고 경계하셨습니다. 이렇게 금하신 의도가 무엇인지 아십니까? 번제단 위에서 드려지는 속죄제와 화목제의 "제물"(祭物)이 누구의 그림자인가를 아는 자라면 하나님의 의도를 알 수가 있는 것입니다.

우리의 구원은 대속제물이 되어주신 주님께서 단독적(單獨的)으로 단번(單番)에 완성하신다는 점을 나타냅니다. 그런데 "정으로 그것을 쪼아 다듬는다"는 것은 사람이 첨부(添附)하는 것을 의미합니다. 그래서 "부정하게 함이니라", 즉 바울의 표현대로 하면 "다른 복음"이 된다는 경고인 것입니다. 얼마나 분명한 진리입니까? 그런데 수건이 벗겨지지 않아서 이를 깨닫지 못하고 있다는 답답함입니다.

ㄹ) 성도 여러분, "구원은 전적으로 하나님께서 다 마련해주신 것입니다. 값없이 거저 주시는 것입니다"라고 말해주면 사람들이 환영하고 기뻐할 것 같지만 사실은 그렇지가 않습니다. 타락한 인간은 자기중심적이 되어서 자신이 무엇인가 보태야 한다고 생각을 합니다. 왜냐하면 자신을 내세우고 자랑거리를 갖기를 원하기 때문입니다. 6:13절을 보십시오. "너희에게 할례를 받게 하려 하는 것은 그들이 너희의 육체로 자랑하려 함이라"고 말씀합니다. 이 "자랑"이라는 문제가 하나님 앞에는 치명적인 병임을 인식해야만 합니다.

모세하면 "율법"을 생각합니다. 그런 모세가 죽기 전에 행한 유언과 같은 신명기 10:16절에서 무엇이라 말하고 있는가를 보십시오. "너희는 마음에 할례를 행하고 다시는 목을 곧게 하지 말라"합니다. 이는 로마서 2:29절에서 "할례는 마음에 할지니"한 바울이 증언한 말씀입니다. 그런데 유대주의자들은 "할례"라는 껍질만 보고 하나님의 마음은 몰랐던 것입니다. 그래서 "오늘까지도" 목을 곧게 하고 있는 것입니다.

ㅁ) 그러면 "오늘까지도 구약을 읽을 때에 그 수건이 벗겨지지 아니

하고 있다"는 "오늘"이 언제까지를 가리키는지 아십니까? 구약시대는 "너희 죄가 그의 얼굴을 가리어서 너희에게서 듣지 않으시게 함이니라"(사 59:2)한 하나님의 얼굴을 가리신 시대였습니다. 그런데 주님께서 십자가상에서 "다 이루었다"고 선언하시자 비로소 가려졌던 휘장이 열려졌습니다. 이처럼 열어놓으신 "오늘까지도 수건이 벗어지지 않고 있다"니 얼마나 답답하고 한심한 노릇입니까?

④ 변증의 핵심을 파악했으니 이제 각 장의 중심주제를 살펴보도록 하겠습니다. 1장의 중심은 "복음"입니다. 7번 등장합니다. 그런데 7번 중 "다른 복음"이라는 말이 4번 등장합니다. 그러니까 갈라디아서는 "그리스도의 복음 대 다른 복음"(1:7)의 대결장인 셈입니다. 이것이 오늘의 목회현장이기도 합니다.

바울은 "내가 전한 복음은 사람의 뜻을 따라 된 것이 아니니라 이는 내가 사람에게서 받은 것도 아니요 배운 것도 아니요 오직 예수 그리스도의 계시로 말미암은 것이라"(1:11-12)고 말씀합니다. 그러니까 "다른 복음"은 그리스도의 계시에 의한 것이 아닌 "변질"(1:7)된 것이 됩니다.

⑤ 2장의 중심은 16절입니다. 함께 읽겠습니다. "사람이 의롭게 되는 것은 율법의 행위로 말미암음이 아니요 오직 예수 그리스도를 믿음으로 말미암는 줄 알므로 우리도 그리스도 예수를 믿나니 이는 우리가 율

법의 행위로써가 아니고 그리스도를 믿음으로써 의롭다 함을 얻으려 함이라 율법의 행위로써는 의롭다 함을 얻을 육체가 없느니라"합니다.

㉠ 핵심은 "의롭다함"인데 한 절 안에 "의롭다 함"이 3번이나 강조되어 있습니다. 복음이란 "온 백성에게 미칠 큰 기쁨의 좋은 소식"(눅 210)입니다. 그러면 여러분에게 "큰 기쁨의 좋은 소식", 즉 복음이 무엇입니까라고 묻는다면 무엇이라고 대답하시겠습니까? 바울은 "복음에는 하나님의 의가 나타났다"(롬 1:17), 즉 의롭다 함을 얻는 길이 나타났다는 소식이라고 대답합니다. 그러면 어찌하여 "의롭다함"이 복음인가? "의롭다함"을 얻어야만 의로우신 하나님 앞으로 돌아갈 수가 있기 때문입니다.

㉡ 인류의 시조가 어찌하여 하나님 앞에서 추방을 당할 수밖에 없었습니까? "의와 불법이 어찌 함께 하며 빛과 어둠이 어찌 사귀며"(고후 6:14), 즉 하나님은 의로우시고 빛이신데 그들은 불의한 자와 어둠이 되었기 때문에 함께 할 수가 없어서 추방을 당한 것입니다. 왜 예수를 믿는가? 바울은 "사람이 의롭게 되는 것은 율법의 행위로 말미암음이 아니요 오직 예수 그리스도를 믿음으로 말미암는 줄 알므로 우리도 그리스도 예수를 믿나니"라고 대답합니다. 그리고 믿어야 할 이유를 "율법의 행위로써는 의롭다 함을 얻을 육체가 없느니라"고 단언합니다.

㉢ 로마서 4:1절에서는 "우리 조상인 아브라함이 무엇을 얻었다 하리요"하고 묻고 있습니다. 3:6절을 보십시오. "아브라함이 하나님을 믿으매 그것을 그에게 의로 정하셨다", 즉 믿음으로 "의롭다함"을 얻

었다고 말씀합니다. 의롭다함을 얻는다는 것은 이토록 중요한 것입니다. 여러분은 예수를 믿고 무엇을 얻었습니까? "나는 예수를 믿고 의롭다함"을 얻어 의로우신 하나님과 화목했다는 확신이 있습니까?

⑥ 3장의 중심은 2절입니다. 함께 읽겠습니다. "내가 너희에게서 다만 이것을 알려 하노니 너희가 성령을 받은 것이 율법의 행위로냐 혹은 듣고 믿음으로냐"고 묻고 있습니다. 즉 구원은 "행함으로냐?, 믿음으로냐?"고 묻고 있는 것입니다. 왜 이렇게 묻고 있는가? 거짓 선생들이 할례를 "행함"으로 구원을 얻는다고 가르쳤기 때문입니다.

㉠ 만일 율법을 행함으로 구원을 얻으려한다면 어떻게 되는지 아십니까? 신명기 27:26절을 보겠습니다. "이 율법의 말씀을 실행하지 아니하는 자는 저주를 받을 것이라 할 것이요"합니다. 우리 중에 율법을 온전히 준행할 수 있는 자는 없으니 행함으로 구원을 얻으려한다면 결국 "저주"를 받을 수밖에 없는 것입니다.

㉡ 이 불가능성을 아시는 하나님께서 행해주신 해답이 3:13절입니다. "그리스도께서 우리를 위하여 저주를 받은바 되사 율법의 저주에서 우리를 속량하셨다"고 말씀합니다. 하나님의 아들이 "나" 대신 저주를 받으셨다는 것입니다. 그러면 바울은 어디에 근거해서 이렇게 증언하고 있는가? "기록된바"하고 "나무에 달린 자마다 저주 아래에 있는 자라 하였음이라"한 신명기 21:23절을 인용합니다. 주님께서 십자

가라는 나무에 달리신 것은 우리를 저주에서 해방시키기 위하여 대신 저주를 받으신 사건이었다고 증언하고 있는 것입니다.

⑦ 4장의 중심은 "종이냐? 아들이냐?"에 있습니다. 바울은 "종과, 아들"이라는 주제를 "사라와 하갈, 이스마엘과 이삭"을 들어 입증합니다. 4:22절입니다. "기록된바 아브라함에게 두 아들이 있으니 하나는 여종에게서, 하나는 자유 있는 여자에게서 났다"고 말씀합니다. "사라"는 아브라함의 아내였고 "하갈"은 여종이었습니다. 그리하여 사라는 약속의 아들인 "이삭"을 낳았고 여종 하갈은 육체를 따라 "이스마엘"을 낳았습니다.

㉠ 4:6-7절을 보겠습니다. "너희가 아들이므로 하나님이 그 아들의 영을 우리 마음 가운데 보내사 아빠 아버지라 부르게 하셨느니라 그러므로 네가 이 후로는 종이 아니요 아들이니 아들이면 하나님으로 말미암아 유업을 받을 자니라"고 말씀합니다.

이를 증언하는 바울의 마음은 감격에 복받쳐 있었던 것입니다. 이 점이 6절에서는 "너희가 아들이므로"라고 복수로 말하다가 7절에서는 "네가"라고 여러분 한 사람 한 사람의 가슴을 찌르듯이 "네가, 네가" 종이 아니라 아들이라고 단수로 외치고 있는 데서 나타납니다.

㉡ 그리고 4:30절에서는 무엇이라 말씀하는가를 보십시오. "그러나 성경이 무엇을 말하느냐 여종과 그 아들을 내 쫓으라 여종의 아들이

자유 있는 여자의 아들과 더불어 유업을 얻지 못하리라 하였느니라"고 "내쫓김"을 받았다고 말씀합니다. 그리고 4장은 "그런즉 형제들아 우리는 여종의 자녀가 아니요 자유 있는 여자의 자녀니라"(31)고 결론을 맺고 있습니다. 여러분은 이삭과 같은 "약속의 자녀"(4:28)요, 그리스도와 함께 유업을 받을 자라는 점을 확신하시기 바랍니다.

⑧ 5장의 중심점은 1절과 13절 두 절에 있습니다.

㉠ 먼저 1절입니다. "그리스도께서 우리를 자유롭게 하려고 자유를 주셨으니 그러므로 굳건하게 서서 다시는 종의 멍에를 메지 말라"합니다. 여러분은 누구의 무엇을 통해서 노예였던 자가 자유를 얻게 되었는지 말해줄 수가 있습니까? 3:13절입니다. "그리스도께서 우리를 위하여 저주를 받은바 되사 율법의 저주에서 우리를 속량하심으로"(3:13)!!! 이를 알고 믿는 너희는 "그러므로 굳건하게 서서 다시는 종의 멍에를 메지 말라"합니다.

㉡ 다음은 5:13절입니다. "형제들아 너희가 자유를 위하여 부르심을 입었으나 그러나 그 자유로 육체의 기회를 삼지 말고 오직 사랑으로 서로 종노릇 하라"합니다. 이 조화와 균형을 보십시오. 두 부류의 종이 있는데 1절의 "종"은 할례를 받아야 구원을 얻는다는 율법의 멍에를 메는 종을 의미하고, 13절의 "종"은 "그리스도의 사랑이 우리를 강권하시는도다"(고후 5:14)한 "사랑의 종"을 가리킵니다.

생각해보라는 것입니다. 그리스도께서 나 대신 저주를 받으심으로 우리에게 자유를 주셨는데 어떻게 방종할 수가 있단 말이냐는 것입니다. 자유자지만 "그러나"하고 단호히 거부합니다. 자발적인 "사랑의 종으로" 하나님을 사랑하고 이웃을 섬겨야 마땅하지 않느냐는 호소입니다. 우리는 자유자나 사랑의 종이라는 점을 잊지 마십시다.

⑨ 6장의 중심은 "스스로 속이지 말라 하나님은 업신여김을 받지 아니하시나니 사람이 무엇으로 심든지 그대로 거두리라"한 7절이라 할 수가 있습니다. 모든 사람은 무엇인가 "심는 자"요, 심판 날에 심은 대로 거두게 된다는 말씀입니다. 그리고 8절에서는 "자기의 육체를 위하여 심는 자는 육체로부터 썩어질 것을 거두고 성령을 위하여 심는 자는 성령으로부터 영생을 거두리라"고 말씀합니다.

㉠ 그리고 "우리가 선을 행하되 낙심하지 말지니 포기하지 아니하면 때가 이르매 거두리라"(6:9)고 낙심하거나 포기하지 말라하십니다. 왜냐하면 성령을 위하여 심는다는 것은 시편 126:5절에서 "눈물을 흘리며 씨를 뿌리는 자는 기쁨으로 거두리로다"한 대로 눈물의 길이기 때문입니다. "심은 대로 거두리라"합니다. 이 말씀은 하나님의 자녀인 나 자신은 지금 무엇을 위하여 "심고 있는가"라고 심각하게 고민하게 합니다.

이제 정리를 하도록 하겠습니다. 기록된 갈라디아서가 오늘날 어찌하여 선포되는 갈라디아서가 되어야만 하는가? 현대교회 안에는 할례를 받아야 구원을 얻는다고 주장하는 자들은 더 이상 없습니다. 그러나 복음을 변하게 하려는 자들은 더욱 기승을 부리고 있기 때문입니다. 그 배후에는 사탄이 도사리고 있음을 망각해서는 아니 됩니다. 사탄은 거짓의 아비입니다. 그러므로 정신을 차리지 않으면 누구라도 거짓의 아비에게 속을 수가 있는 것입니다.

그 대표적인 증상의 하나로 현대교회의 강단에서 "사람이 의롭게 되는 것이 어떻게 가능한가"하는 칭의교리에 대한 설교가 점점 사라져가고 있다는 점입니다. 이는 복음이 사라지고 있다는 변명의 여지가 없는 증거입니다. 그들은 말합니다. "우리는 복음을 받았다, 이제는 성장이요 성화다", 이것은 복음을 이탈하여 "믿음이 오기 전"인 율법으로 돌아가는 현대판, "다른 복음"일 수가 있습니다. 복음은 한 번 통과하면 되는 그런 것이 아닙니다. 복음으로 구원 얻고, 복음으로 성장하고, 복음으로 성화되고, 승리의 삶도 복음으로만이 가능하기 때문입니다.

강단에서 칭의교리가 사라지게 되면 성도들에게서는 기쁨도 사라지게 됩니다. 왜냐하면 "이렇게 하라, 저렇게 하라, 이렇게 하면 안 된다"는 현대판 "율법"의 멍에 하에서 종노릇하게 되기 때문입니다. 이 속박으로부터 성도들을 자유하게 하기 위해서 갈라디아서는 기록이 되었고, 또한 선포되어야만 하는 것입니다.

갈라디아서가 우리에게 어찌하여 중요한지 아십니까? "나는 의롭지 못하다"는 것은 주님을 만나기 이전 상태만이 아닙니다. 주님을 만난 이제도 우리의 행위로는 하나님 보시기에 계속적으로 의롭지가 못한 것입니다. 그러므로 정죄감에서 헤어나지 못하게 되고 탄식의 연속일 수밖에 없는 것입니다. 그럼에도 "오호라"하는 탄식이 없다면 그 심령은 마비가 된 상태라는 점을 인식해야만 합니다.

이처럼 탄식하는 자들에게 "사람이 의롭게 되는 것은 율법의 행위로 말미암음이 아니요 오직 예수 그리스도를 믿음으로 말미암는 줄 알므로 우리도 그리스도 예수를 믿나니"(2:16)하는 갈라디아서가 선포되면 기쁨이 있습니다. 감사가 있습니다. 찬양이 있습니다. "오직 사랑으로 서로 종노릇"하는 섬김이 있습니다.

그러므로 설교자의 자랑은 "그러나 내게는 우리 주 예수 그리스도의 십자가 외에 결코 자랑할 것이 없다"(6:14)한 십자가뿐인 것입니다. 그리하여 성도들에게 "예수 그리스도께서 십자가에 못 박히신 것이 너희 눈 앞에 밝히 보이거늘"한, 밝히 보이도록 해주십시다. 이것이 "굳건하게 서서 다시는 종의 멍에를 메지 말라"는 갈라디아서입니다.

주님 밝은 빛되사 어듬 헤치니 나의 모든 것 다 변했네

지금 내가 주 앞에 온전케 됨은 주의 공로를 의지함일세

나의 모든 것 변하고 그 피로 구속 받았네

하나님은 나의 구원되시오니 내게 정죄함 없겠네 (찬송 421장)

롬 1:15-17절

복음에는 하나님의 의가 나타났다

설교 본문

15 그러므로 나는 할 수 있는 대로 로마에 있는 너희에게도 복음 전하기를 원하
노라

16 내가 복음을 부끄러워하지 아니하노니 이 복음은 모든 믿는 자에게 구원을 주
시는 하나님의 능력이 됨이라 먼저는 유대인에게요 그리고 헬라인에게로다

17 복음에는 하나님의 의가 나타나서 믿음으로 믿음에 이르게 하나니 기록된 바
오직 의인은 믿음으로 말미암아 살리라 함과 같으니라

강론

로마서는 바울에 의해 기록된 서신인데 성경 66권 중 65권을 잃었다 해도 "로마서"만 가졌다면 복음은 세워졌을 것이라고 말할 정도로 중요한 내용입니다. 로마서를 기록하게 된 동기는 "로마에 있는 너희에게도 복음 전하기를 원하노라"(1:15)한 대로 당시 세계중심인 로마에 가서 복음 전하기를 원했으나 "지금까지 길이 막혔도다"(1:13)합니다. 그래서 로마에 가서 증언하고자 한 복음을 우선적으로 서신을 통해서 전하게 된 것입니다.

로마서는 "예수 그리스도의 종 바울은 사도로 부르심을 받아"(1:1)하고 시작이 됩니다. "부르심을 받았다"는 것이 소명(召命)입니다. 그런데 바울은 자신만 부르심을 받은 사람이 아니라 "너희도 그들 중에서 예수 그리스도의 것으로 부르심을 받은 자니라"(1:6)고 여러분도 부르심을 받은 자라고 말씀합니다. 하나님께 부르심을 받았다는 점을 생각해보십시오. 얼마나 마음 설레도록 감격스런 일입니까?

그리고 부르실 때는 목적이 있기 때문인데 "하나님의 복음을 위하여 택정함을 입었다"(1:1)는 것이 사명(使命)인 것입니다. 이런 사명을 받은 바울은 모든 사람에게 "다 내가 빚진 자라"고 말합니다. 그러므로 "로마에 있는 너희에게도 복음 전하기를 원하노라"(1:14, 15)하는 것입니다.

1-17절 안에 "복음"이 7번이나 등장합니다. 그러면 바울이 로마서를 통해서 증언하려는 "복음"의 핵심이 무엇인가 하는 점입니다. "복음에는 하나님의 의가 나타나서"한 1:17절입니다. 1:17절은 복음을 잃어버린 중세 암흑시대에 루터에게 조명하셔서 종교개혁을 일으키게 하신 말씀입니다. 그러므로 그리스도인이란 "하나님의 의가 나타났다"는 말씀에 대한 감사와 감격이 있는 사람들인 것입니다.

바울은 로마서 서두에서 "나의 복음"(2:16)이라 말하고 로마서를 마치는 16:25절에서 또다시 "나의 복음"이라고 언급합니다. 무슨 뜻이냐 하면 "하나님의 의가 나타났다"는 말씀이 자신이 목숨을 걸고 증언한 "복음"이기 때문에 "나의 복음"이라고 말하는 것입니다.

이런 맥락에서 로마서는 "하나님의 의가 나타났다"는 이 한마디에 대한 해설(解說)이라 해도 과언이 아닌 것입니다. 왜냐하면 1장-8장이 복음을 증언하는 부분인데 1:17절에서 "복음에는 하나님의 의가 나타나서"라고 시작한 바울은 8장에 이르러 "누가 능히 하나님께서 택하신 자들을 고발하리요 의롭다 하신 이는 하나님이시니 누가 정죄하리요"(33-34)라고 마치고 있기 때문입니다.

그러므로 우선적으로 "하나님의 의가 나타났다"는 것이 어찌하여 "복음"의 핵심인가부터 말씀을 드려야만 로마서를 이해하는데 도움이 될 것입니다. 아담 하와가 어찌하여 추방을 당했는가를 생각해보시기를 바랍니다. "의와 불법, 빛과 어둠"(고후 6:14)이 함께 할 수가 없었기 때문입니다.

그러므로 추방을 당한 아담의 후예들이 풀어야 할 숙제는 어떻게 하면 "의롭다함"을 얻을 수 있는가 하는 문제입니다. 바울은 바리새인 당시 "율법의 의로는 흠이 없는 자"(빌 3:6), 즉 의로운 자인 줄로 알았습니다. 그랬던 바울이 십계명의 마지막 계명인 "탐내지 말라"는 말씀을 통해서 "탐심"(貪心), 즉 율법이 마음의 문제인 것을 깨달게 되었던 것입니다(7:7). 행동으로 "살인, 간음, 도적질" 등을 범하지 않았지만 마음으로는 얼마나 범했던가? 비로소 하나님 앞에 설 수 없는 죄인임을 깨달았던 것입니다. 그리하여 "마음과 생각"으로도 죄를 범하지 않으려고 몸부림을 칩니다. 그런데 가능했겠습니까?

7:19절을 보십시오. "내가 원하는 바 선은 행하지 아니하고 도리어 원하지 아니하는바 악을 행하는도다"합니다. 7:23절에는 "죄"와 싸우는 장면이 있습니다. 그리하여 승리했는가? 아닙니다. 번번이 "나를 사로잡는 것을 보는도다" 즉, 생포되어 끌려갔노라고 진술합니다. 그래서 "오호라 나는 곤고한 사람이로다 이 사망의 몸에서 누가 나를 건져내랴"(7:24)고 탄식했던 것입니다.

그러면 묻습니다. 여러분은 "마음과 생각"으로도 죄를 범하지 않으려고 죄와 싸워보았습니까? 그리하여 "원하는 바 선은 행하지 아니하고 도리어 원하지 아니하는바 악을 행하는" 자신으로 말미암아 "오호라"하고 탄식을 해보았습니까? "정죄 감"에 짓눌려 "이 사망의 몸에서 누가 나를 건져내랴"고 부르짖은 경험이 있느냐고 묻고 있는 것입니다. 만일 이와 같은 자력구원의 불가능성을 절감해보지 못했다면 "하나님의 의가 나타났다"는 것이 어찌하여 "복음"의 핵심이 되는가를 아직 알아야 할 만큼 알지를 못하는 것입니다.

문제의 심각성은 주님을 영접하고 거듭난 이제도 "마음으로는 하나님의 법을 육신으로는 죄의 법을 섬기노라"(7:25), 즉 마음은 원이로되 우리 행위로는 온전하지가 못하다는데 있습니다. 그런 우리에게 "하나님의 의가 나타났다"는 것은 자력으로는 불가능한 "의"를 하나님께서 행해주셨다는 뜻입니다. 하나님께서 행해주신 것이기에 "하나님의 의"입니다. 우리가 할 수 있는데도 하나님께서 행해주신 것이 절대로 아닙니다. 그리하여 죄로 말미암아 끊어졌던 하나님과 화목하는 길이 나타났다는 뜻인 것입니다. 하나님이 행해주신 것이기에 행함이 아닌 "믿음"으로 받는다고 말씀하는 것입니다.

루터는 그 교회가 서 있는 교회냐 넘어지는 교회인가를 알려면 "하나님의 의가 나타났다"는 칭의교리에 서 있는가 여부를 보면 안다고 말했던 것입니다. 왜냐하면 "하나님의 의"를 힘입지 않고 하나님 앞에 서 있을 수 있는 자는 한 사람도 없기 때문입니다. 여러분의 믿음은 서 있는 믿음입니까? 아니면 넘어지는 믿음입니까? 아니면 무감각한 믿음입니까? 이제 "하나님의 의가 나타났다"는 것이 복음의 핵심이라는 점을 붙잡았으니 로마서의 각 장에서 이점이 어떻게 증언되고 있는가를 살펴보도록 하겠습니다.

① 1장의 중심점은 단연 "복음에는 하나님의 의가 나타났다"는 17절입니다. 나타난 "하나님의 의를, 믿음"으로 받을 수가 있다는 것입니다. "기록된바 오직 의인은 믿음으로 말미암아 살리라 함과 같으니라"(17하)고 하박국 2:4절을 인용합니다. "의인"이 되는 길, "사는 길"이 있다는 것입니다.

㉠ 만일 나타난 "하나님의 의"를 받지 않으면 어떻게 되는가? 1:18절입니다. "하나님의 진노", 즉 심판이 나타난다고 말씀합니다. 심판의 날에 "하나님의 의"를 입지 않으면 그 앞에 설 자란 한 사람도 없는 것입니다. 오늘날은 "하나님은 당신을 사랑하십니다"라고 말할 뿐, "하나님의 진노가 나타난다"고 외치는 소리는 들을 수가 없습니다.

하나님의 아들이 십자가에 달려 죽으신 것은 우리 죄에 대한 하나님의 진노를 우리 대신 받아 "심판"을 받으셨기 때문입니다. 그러므로 "하나님의 진노"가 없다면 복음도 필요 없고 주님의 십자가도 아무 의미가 없는 것이 되는 것입니다. 그러므로 하나님의 진노의 날은 반드시 다가오고 있는 것입니다.

ⓛ 그러면 "하나님의 진노"가 어디에 나타나는가? "경건치 아니함과 불의"(1:18)에 나타난다고 말씀합니다. "경건치 아니함"은 하나님과의 관계에 대한 죄요, "불의"는 사람과의 관계에 대한 죄입니다. 그러면 하나님께 대한 근본적인 "죄"가 무엇인가? 1:23절입니다. "썩어지지 아니하는 하나님의 영광을 썩어질 사람과 새와 짐승과 기어 다니는 동물 모양의 우상으로 바꾸었느니라"한 하나님을 믿지 않고 우상을 숭배하는 죄입니다.

그러면 이웃에 대한 "불의"는 무엇인가? 1:29절입니다. "곧 모든 불의, 추악, 탐욕, 악의가 가득한 자요 시기, 살인, 분쟁, 사기, 악독이 가득한 자요 수군수군하는 자요"합니다.

② 그런데 사람들은 "하나님의 의가 나타났다"고 외쳐도 귀를 기울이지를 않습니다. 왜냐하면 "죄와, 심판"을 모르기 때문입니다. 그래서 사도는 복음을 전하기에 앞서서 1:18-3:20절까지 이방인의 죄, 유대인의 죄를 고발합니다. 그리고 마지막으로 3:39절입니다. "그러면 어떠하냐 우리는 나으냐?"하고 묻습니다. 그리고 대답하기를 "결코 아니라 유대인이나 헬라인이나 다 죄 아래에 있다고 우리가 이미 선언하였느니라", 즉 모든 사람이 진노를 받을 수밖에 없는 죄인들이라고 말합니다. 그리하여 결론을 맺기를 그러므로 인간의 행위로는 "그의 앞에 의롭다 하심을 얻을 육체가 없나니"(3:20)합니다.

③ 그러면 죄론 다음에 무엇이 와야 하겠습니까? 3:21절입니다. "이제는 율법 외에 하나님의 한 의가 나타났으니"하고 1:17절에서 선언한 로마서의 중심주제로 돌아가는 구조입니다. 그리고 "하나님의 의"는 임기응변으로 나타난 것이 아니라 "율법과 선지자들에게 증거를 받은 것이라", 즉 구약성경을 통해서 언약하시고 예언하신 대로 성취된 것이라고 말씀합니다. 루터는 3:21-24절을 "작은 복음", 즉 복음의 요약이라고 말했습니다.

㉠ 첫째로 나타난 하나님의 의를 어떻게 받을 수가 있는가? 3:22절입니다. "곧 예수 그리스도를 믿음으로 말미암아 모든 믿는 자에게 미치는 하나님의 의니 차별이 없느니라", 즉 "믿음"으로 받는다고 대답합니다. 믿느냐 믿지 않느냐는 외에는 아무런 "차별이 없다"는 것입니다.

㉡ 둘째로, 어찌하여 하나님의 의가 필요하게 되었는가? 3:23절입니다. "모든 사람이 죄를 범하였으매 하나님의 영광에 이르지 못하기"때문이라고 대답합니다. 그러니까 믿음으로 "하나님의 의"를 받기만 하면 하나님의 영광에 이를 수가 있다니 얼마나 놀라운 기쁜 소식입니까?

㉢ 셋째로, 나 같은 죄인을 의롭다고 여겨주시는 것이 어떻게 해서 가능해졌는가? 3:24절입니다. "그리스도 예수 안에 있는 속량으로 말미암아" 가능해졌다고 대답합니다. "속량"이란 그리스도께서 내 죄 값을 대신 담당하셨다는 뜻입니다. 그래서 "하나님의 은혜로 값없이 의롭다 하심을 얻은 자 되었느니라"합니다.

이렇게 증언한 후에 3:27절에서는 "그런즉 자랑할 데가 어디냐", 즉 자랑할 것이 있으면 말해보라는 것입니다. "있을 수가 없느니라, 행위로냐 아니라 오직 믿음의 법으로니라"고 말씀합니다.

④ 그런 후에 4장은 "우리 조상인 아브라함이 무엇을 얻었다 하리요"(4:1)하는 질문으로 시작이 됩니다. 유대인들이 가장 존경하는 두 조상이 있는데 "아브라함과, 다윗"(4:6)입니다. 그러면 이들은 어떻게 해서 의롭다함을 얻었는가를 성경을 들어서 증언함으로 "믿음으로 의롭다함을 얻는다"는 복음을 확증하는 것이 4장의 내용입니다.

㉠ 첫째로 아브라함인데 4:3절입니다. "아브라함이 하나님을 믿으매 그것이 그에게 의로 여겨진바 되었느니라"합니다. 그리고 4:4절에서는 "일하는 자에게는 그 삯이 은혜로 여겨지지 아니하고 보수로 여겨지거니와"합니다. 무슨 뜻이냐 하면 "의롭다함"을 얻는 것은 일을 하고 품값을 받듯 하는 것이 아니라 전적인 하나님의 은혜요, 오직 믿음으로 받는다는 뜻입니다.

㉡ 그러면 다윗은 어떻게 의롭다함을 얻었는가? 4:7절입니다. "불법이 사함을 받고 죄가 가리어짐을 받는 사람들은 복이 있다"고 말씀합니다. 이는 다윗이 기록한 시편 32:1절의 인용인데 "의롭다"고 여겨주심은 의롭게 되었다는 뜻이 아닙니다. 죄를 범한 아담이 "내가 벗었으므로 두려워하여 숨었나이다"하자 "하나님이 아담과 그의 아내를 위

하여 가죽옷을 지어 입히시니라"하심 같이 "죄"를 가려주셨다는 뜻입니다. 아브라함과 다윗도 행함으로가 아니라 "믿음"으로 의롭다함을 얻었고 "죄 가림"을 받았던 것입니다.

ⓒ 그런 후에 4:10절에서는 유대인들이 자랑하는 "할례"에 대해 언급합니다. 아브라함이 의롭다함을 얻은 것은 할례를 받았기 때문이 아니라 "무할례시니라"고 말씀합니다. 그리고 11절에서는 "그가 할례의 표를 받은 것은 무할례시에 믿음으로 된 의를 인친 것이라"합니다. 왜냐하면 의롭다함을 얻은 것은 창세기 15장에서요, 할례는 17장에서 명하셨기 때문입니다.

ⓓ 이점에서 중요하게 대두되는 것은 "의롭다함"을 얻는 "믿음"은 어떤 믿음인가 하는 점입니다. 이점을 4:18-22절을 통해서 말씀하는데 하나님은 아브라함에게 "네 백성이 하늘의 별과 같이 되리라"고 약속하셨습니다. 그런데 아브라함의 상황은 "백세나 되어 자기 몸"이 죽은 것 같이 되고 사라의 태도 "죽은 것 같이" 되어가고 있었던 것입니다. 그럼에도 불구하고 "믿음이 약하여지지 아니했다"는 것입니다.

4:20-22절을 함께 읽겠습니다. "믿음이 없어 하나님의 약속을 의심하지 않고 믿음으로 견고하여져서 하나님께 영광을 돌리며 약속하신 그것을 또한 능히 이루실 줄을 확신하였으니"합니다. "약속과 확신"이 강조되어 있습니다. "의롭다함", 즉 구원에 이르는 믿음은 하나님께서 약속하신 바를 "이루실 것"을 믿는 "믿음"이라는 것입니다.

그런 후에 4:24절에서는 "의로 여기심을 받을 우리도 위함이니"합니다. 그러면 우리들은 무엇을 믿음으로 의롭다함을 얻을 수가 있는가? "예수는 우리가 범죄한 것 때문에 내줌이 되고 또한 우리를 의롭다하시기 위하여 살아나셨느니라", 이를 믿는 것이 의롭다함을 얻는 믿음의 내용인 것입니다. 이점에서 나 자신의 믿음은 무엇을 믿는 믿음인가를 점검하시기 바랍니다.

⑤ 5장은 "그러므로 우리가 믿음으로 의롭다 하심을 받았으니"하고 시작이 됩니다. "의롭다함"을 얻은 자에게 주어지는 축복을 4가지로 말씀합니다.

㉠ 첫째 축복은, "하나님과 화평을 누리자"(5:1)합니다. 하나님도 의로우시고 우리도 의롭다함을 얻었기 때문에 하나님과 화목(和睦)하는 것이 가능해졌다는 것입니다. 구원이란 하나님과의 관계가 회복되었다는 점을 의미합니다. "하나님과 화목했다"는 점을 믿는다고 말하지만 말고 "누리라"고 말씀합니다.

㉡ 둘째 축복은 "우리가 믿음으로 서 있는"(5:2상), 즉 하나님 앞에 서 있게 한다는 것입니다. 계시록 6장 마지막 절은 "진노의 큰 날이 이르렀으니 누가 능히 서리요"하고 비명을 지르는데, 7:9절에는 "아무도 능히 셀 수 없는 큰 무리가 흰 옷을 입고 보좌 앞과 어린 양 앞에 서" 있는 것을 보게 됩니다. "흰옷"을 입고 말입니다.

ⓒ 셋째 축복은 "이 은혜에 들어감을 얻었다"(5:2중)고 말씀합니다. 이 "들어감"은 아담 하와가 하나님 앞에서 추방을 당한 것에 대한 해답인 것입니다. 그러면 어떻게 들어갈 수가 있는가? 벌거벗고 들어가는 것이 아니라 하나님의 의를 입고 들어가는 것입니다. 언제 들어갑니까? 예배를 드릴 때입니다. 또한 여러분이 기도를 드릴 때 "때를 따라 돕는 은혜를 얻기 위하여 은혜의 보좌 앞에 담대히 나아간다"(히 4:16)는 점을 확신하시기 바랍니다. "의의 옷"을 입고 말입니다.

ⓔ 그리고 넷째 축복은 "하나님의 영광을 바라고 즐거워하느니라"(5:2하), 즉 영원한 영광에 들어가게 되는 최종적인 축복입니다. 여러분이 하나님 앞에 갔을 때 "네가 무슨 자격으로 여기 왔느냐"고 물으신다면 무엇이라 대답하시겠습니까? 우리는 합창을 하듯 "오직 믿음으로 하나님의 의를 받아 입고 왔나이다"라고 대답하십시다. 이것이 "의롭다함"을 얻은 자들에게 주어지는 축복입니다.

⑥ 6장은 "그런즉 우리가 무슨 말을 하리요 은혜를 더하게 하려고 죄에 거하겠느냐"(6:1)하고 시작이 됩니다. 무슨 뜻이냐 하면 "믿음, 믿음"하니까 행함은 필요하지 않단 말이냐? 죄를 범해도 괜찮단 말이냐고 묻고 있는 것입니다. 6장은 복음을 곡해하고 방종하는 "율법폐기론 자"들에 대한 경계입니다.

ⓐ 바울은 "그럴 수 없느니라 죄에 대하여 죽은 우리가 어찌 그 가운

데 더 살리요"(6:2)하고 한 마디로 물리칩니다. 그러면 "죄에 대하여 죽은 우리"라는 뜻이 무엇인가? 이는 사탄의 진영인 "사망"에서 하나님의 진영인 "생명"으로 옮겨졌다는 뜻입니다. 우리가 전에는 반대로 "하나님께는 죽은 자요, 죄에 대해서는 산 자"였던 것입니다.

ⓛ 그러면 어떤 방도로 옮겨졌는지 6:5절을 보겠습니다. "연합"(聯合)이라는 말이 2번 등장하는데 이는 "그의 아내와 합하여 둘이 한 몸을 이룰지로다"(창 2:24)하신 그런 뜻합니다. 하나님께서 우리를 주님과 연합을 시켜주신 것입니다. 그리하여 그리스도 안에서 "함께 십자가에 못 박히고(6), 함께 죽고(8), 함께 장사되었다가(4), 함께 살리심"(8하)을 받음으로 사망에서 생명으로 옮겨졌다는 것입니다. "거기 너 있었는가 그 때에"라는 찬양이 있는데 묻습니다. 여러분은 주님이 십자가에 못 박히셨을 때 어디 있었습니까? 정답은 "그리스도 안"에 있었다는 것입니다. 이것이 연합입니다. 이는 마치 이스라엘 백성들이 홍해를 건너 바로의 지배에서 해방이 된 것과 같은 것입니다. 이처럼 사망에서 생명으로 옮겨진 우리가 어떻게 죄 가운데 거할 수가 있단 말이냐고 하는 것입니다.

ⓒ 그런데 문제는 6:12절입니다. "그러므로 너희는 죄가 너희 죽을 몸을 지배하지 못하게 하라"고 권면합니다. 사탄은 사망에서 생명으로 옮겨진 우리 "영"은 지배할 수가 없습니다. 그런데 "죽을 몸"은 지배할 수가 있다는 점을 명심해야만 합니다. 그래서 6:13절에는 "불의의

무기와, 의의 무기"가 있는데 우리 몸의 지체인 "입, 손, 발"등이 사탄에게 불의의 무기로 악용을 당할 수도 있다는 것입니다. 그렇게 해서는 안 되고 "의의 무기"로 하나님께 쓰임을 받도록 하라는 말씀입니다.

⑦ 7장은 반대로 자기 힘을 의지하는 "율법주의자"에 대한 경계입니다. 열쇠는 7:6절의 "이러므로 우리가 영의 새로운 것으로 섬길 것이요 율법 조문의 묵은 것으로 아니할지니라"는 말씀입니다. 성경은 "좌로나 우로나 치우치지 말라"고 말씀합니다. "좌"로 치우치게 되면 율법폐기론 자처럼 방종하게 되고 반대로 "우"로 치우치게 되면 율법주의자처럼 또다시 "정죄"감에 얽매이게 됩니다.

㉠ 그러니까 7장은 "율법 조문의 묵은 것"으로 이루려한다면 어떻게 되는 줄 아느냐를 보여주고 있습니다. 여러분이 나중에 7장 안에 "나 또는 내"가 몇 번이나 등장하는지 확인해보시기를 바랍니다. 이는 무엇을 의미하느냐 하면 자신의 힘으로 "의"를 이루어보려고 몸부림을 치는 모습입니다. 그래서 가능했습니까? 아닙니다. "오호라 나는 곤고한 사람이로다 이 사망의 몸에서 누가 나를 건져내랴"(7:24)고 자신을 건져줄 "누구"를 찾기에 이릅니다.

그런데 다음 절인 25절에서는 "하나님께 감사하리로다"하고 "감사"가 나옵니다. 왜냐하면 자신을 구원해줄 "누구"를 만났기 때문입니다.

⑧ 8장은 "그러므로 이제 그리스도 예수 안에 있는 자에게는 결코 정죄함이 없나니"하고 시작이 됩니다. 7장의 사람은 계속적으로 "정죄감"에 빠져 있었던 사람입니다. 그러면 어떻게 해서 "정죄함"이 없게 되었는가?

㉠ 8:2절입니다. "이는 그리스도 예수 안에 있는 생명의 성령의 법이 죄와 사망의 법에서 너를 해방하였음이라"합니다. 해방을 받은 "너"가 누군지 아십니까? 7장에 34번이나 등장하면서 몸부림을 치던 그 사람, 바로 나 자신인 것입니다. 그러면 누가 어떻게 해서 나를 해방시켜주셨단 말입니까?

㉡ 8:3절입니다. "율법이 육신으로 말미암아 연약하여 할 수 없는 그것을 하나님은 하시나니"합니다. 나 자신이 율법을 행함으로는 불가능했던 것을 하나님께서 해결해주셨다는 것입니다. 어떻게 행해주셨습니까? "자기 아들을 죄 있는 육신의 모양으로 보내어 육신에 죄를 정하사", 즉 우리 대신 자기 아들을 정죄함으로 해결해주셨다는 것입니다.

㉢ 영광스런 복음의 마지막 부분을 보겠습니다. 8:29-30절을 "끊어지지 않는 황금고리"라고 말합니다. "미리 아심, 미리 정하심, 부르심, 의롭다하심, 영화롭게 하심"이 있습니다. 우리는 지금 "의롭다하심"까지 와 있는 것입니다. 하나 남은 고리는 영화롭게 하심입니다. 이는 앞으로 이루어주실 일입니다. 그런데 사도는 "영화롭게 하셨느니라"고 이미 받은 것으로 말씀한다는 점입니다. 왜냐하면 전능하신 하나님께

서 약속하신 것이기에 받은 것이나 다름이 없기 때문입니다.

그러므로 8:33-34절에서는 "누가 능히 하나님께서 택하신 자들을 고발하리요 의롭다 하신 이는 하나님이시니 누가 정죄하리요"합니다. 여러분을 "하나님께서 택하신 자"라고 말씀합니다. 또한 여러분을 "의롭다 하신 이는 하나님"이시라고 말씀합니다. 그리고 "죽으실 뿐 아니라 다시 살아나신 이는 그리스도 예수시니"합니다.

무슨 뜻이냐 하면 그냥 의롭다고 여겨주신 것이 아니라 우리 대신 자기 아들의 죽으시고 다시 사심을 통해서 의롭다고 여겨주셨는데 "누가 고발하리요, 누가 정죄하리요", 정죄할 수가 있단 말이냐고 묻고 있는 것입니다.

저는 5:6-10절을 나중에 말씀드리려고 아껴두었습니다. "우리가 아직 연약할 때에(6), 우리가 아직 죄인 되었을 때에(8), 곧 우리가 원수 되었을 때에"(10)하고 "때"가 강조되어 있습니다. 왜냐하면 우리가 이런 상태에 있을 때에 하나님께서 어떻게 행해주셨는가를 드러내기 위해서입니다. 6절에서는 "그리스도께서 죽으셨도다"고 말씀하고 8절에서도 "그리스도께서 우리를 위하여 죽으셨다"고 말씀합니다. 그런데 10절에서는 "그의 아들이 죽으셨다"고 표현을 바꾸고 있습니다. 왜냐하면 "우리가 원수 되었을 때에"한 "원수"를 위하여 자기 아들을 내어 주신 하나님의 사랑을 드러내기 위해서입니다.

나 자신이 그런 상태에 있을 때 하나님은 죄인인 나를 위하여, 원수인 나를 위하여 "자기 아들"을 대신 죽음에 내어주셨다는 것입니다. 그러면 여러분은 지금은 어떤 상태에 있습니까? 9절에서는 "의롭다 하심을 받았다"고 말씀하고, 10절에서는 "하나님과 화목하게 되었다"고 말씀합니다. 그리고 8절에서는 "하나님께서 우리에 대한 자기의 사랑을 확증하셨느니라"고, 확실하게 증명하셨다고 말씀합니다.

물론 우리는 지금도 자주 실수하고 넘어지는 자들입니다. 그러나 "의롭다함과, 화목"한 것이 취소되거나 무효화되지 않습니다. 왜냐하면 우리가 "죄인, 원수"였을 때에 "그리스도의 속량"으로 이루어 주신 하나님의 은혜이기 때문입니다. 그러므로 "더욱, 구원을 받을 것이니(9), 더욱, 구원을 받을 것이니라"(10)고 확신을 주고 있는 것입니다.

5:20절에서는 "그러나 죄가 더한 곳에 은혜가 더욱 넘쳤나니"합니다. 인류의 시조를 넘어뜨린 "죄"는 지금도 우리를 공격하고 있습니다. 그래서 넘어질 수가 있습니다. 우리는 어떻게 해야 합니까? "그러나 죄가 더한 곳에 은혜가 더욱 넘쳤나니"하고 벌떡 일어나시기를 바랍니다. 더욱 넘치는 은혜가 어떤 은혜인지 아십니까? "의롭다 하신 이는 하나님이시니 누가 정죄하리요"한 칭의인 것입니다.

바울은 영광스런 은혜로 가득 찬 로마서의 교리부분을 8:38-39절로 마치고 있습니다. "내가 확신하노니 사망이나 생명이나 천사들이나 권세자들이나 현재 일이나 장래 일이나 능력이나 높음이나 깊음이나 다른 어떤 피조물이라도 우리를 우리 주 그리스도 예수 안에 있는 하나님의 사랑에서 끊을 수 없으리라"합니다.

바울은 "나는 확신한다"고 말씀합니다. 묻습니다. 여러분도 로마서를 통해서 하나님의 사랑을 확신하게 되었습니까? 구원을 확신하게 되었습니까? 그리하여 하나님을 더욱더 사랑하게 되었습니까? 이것이 "복음에는 하나님의 의가 나타났다"는 로마서입니다.

> 나 같은 죄인 살리신 주 은혜 놀라워
> 잃었던 생명 찾았고 광명을 얻었네
> 큰 죄악에서 건지신 주 은혜 고마워
> 나 처음 믿은 그 시간 귀하고 귀하다 (305장)

빌 1:3-8절

참여, 사랑, 기쁨, 그리스도의 심장의 서신

설교 본문

3 내가 너희를 생각할 때마다 나의 하나님께 감사하며

4 간구할 때마다 너희 무리를 위하여 기쁨으로 항상 간구함은

5 너희가 첫날부터 이제까지 복음을 위한 일에 참여하고 있기 때문이라

6 너희 안에서 착한 일을 시작하신 이가 그리스도 예수의 날까지 이루실 줄을 우리는 확신하노라

7 내가 너희 무리를 위하여 이와 같이 생각하는 것이 마땅하니 이는 너희가 내 마음에 있음이며 나의 매임과 복음을 변명함과 확정함에 너희가 다 나와 함께 은혜에 참여한 자가 됨이라

8 내가 예수 그리스도의 심장으로 너희 무리를 얼마나 사모하는지 하나님이 내 증인이시니라

강론

　빌립보교회는 바울의 2차 선교여행 중에 세워진 교회입니다. 바울이 빌립보로 향하게 된 동기를 사도행전 16장이 전해주는데 16:6절에 보면 "성령이 아시아에서 말씀을 전하지 못하게 하시거늘"합니다. 그리고 16:9절에서는 "밤에 환상이 바울에게 보이니 마게도냐 사람 하나가 서서 그에게 청하여 이르되 마게도냐로 건너와서 우리를 도우라"합니다. 그래서 선교의 방향을 아시아에서 유럽 쪽으로 돌리게 되었는데 "빌립보"가 "마게도냐 지방의 첫 성"(16:12)이었던 것입니다.

　그런데 성령의 인도하심을 따라 빌립보에 온 바울 일행은 발붙일 곳도, 머리 둘 곳도 없는 처지였습니다. 안식일에 기도할 곳을 찾다가 강가에 모인 여자들에게 복음을 전했다는 것을 보면 빌립보에는 유대인의 회당도 없었기 때문일 것입니다. 그런데 바울이 전하는 복음을 옷감 장사를 하는 "루디아"라는 여자가 들었는데 "주께서 그 마음을 열어 바울의 말을 따르게 하신지라"(16:14)합니다.

　성령의 인도하심으로 마게도냐로 간 바울이 유럽선교의 첫 열매로 루디아라는 여 제자를 수확하게 되었다니 얼마나 기이한 섭리입니까?
　루디아와 그 집이 다 세례를 받고 청하기를 "만일 나를 주 믿는 자로 알거든", 즉 형제로 인정을 한다면 "내 집에 들어와 유하라"(16:15)고 강권해서 집으로 영접했다고 전합니다. 루디아는 자기 집에 바울이 아니라 예수 그리스도를 영접했던 것입니다.

또한 16:16절 이하에 보면 "기도하는 곳에 가다가 점치는 귀신 들린 여종 하나를 만나서" 귀신을 내쫓는 기사가 있습니다. 그런데 점으로 수익을 보던 자들이 소동을 일으켜 바울은 옥에 갇히게 되는데 주 성령께서는 이를 선으로 바꾸셔서 "선생들이여 내가 어떻게 하여야 구원을 받으리이까"(16:30)하고 간구하는 간수의 가정을 구원하게 하셨습니다.

16:33-34절에 보면 "간수가 그들을 데려다가 그 맞은 자리를 씻어 주고 자기와 그 온 가족이 다 세례를 받은 후 그들을 데리고 자기 집에 올라가서 음식을 차려 주고 그와 온 집안이 하나님을 믿으므로 크게 기뻐하니라"합니다.

이처럼 루디아와 간수가 바울을 자기 집으로 영접하여 접대하는 것으로 시작이 된 빌립보교회는 특별히 섬기는 은사가 있었습니다. 지금 바울은 로마 옥중에서 빌립보서를 기록하고 있는데 빌립보서를 기록하게 된 동기도 4:18절입니다. "에바브로디도 편에 너희가 준 것을 받으므로 내가 풍족하니 이는 받으실 만한 향기로운 제물이요 하나님을 기쁘시게 한 것이라"고 역시 옥중 바울에게 필요한 물건들을 보내줌으로 빌립보서가 태어나게 되었던 것입니다.

① 빌립보서는 "그리스도 예수의 종 바울과 디모데는"(1:1), 이렇게 시작이 됩니다. 바울은 다른 서신에서처럼 자신을 "사도"라 하지 않고 "그리스도 예수의 종"이라고 말함으로 빌립보 성도와의 친근감을 타나냅니다. 그리고 인사에 이어 "내가 너희를 생각할 때마다 나의 하나님께 감사하며 간구할 때마다 너희 무리를 위하여 기쁨으로 항상 간구함은"합니다.

㉠ 어찌하여 바울의 마음이 이처럼 간절한가? "너희가 첫날부터 이제까지 복음을 위한 일에 참여하고 있기 때문이라"(1:3-5)고 말씀합니다. "첫날부터 이제까지" 복음을 전파하는 바울의 선교사역에 적극적으로 그리고 지속적으로 참여했기 때문이라는 것입니다.

㉡ 빌립보서 안에는 "참여"라는 말이 5번(1:5, 1:7, 3:10, 4:14, 4:15)이나 등장하는데 편지를 끝마치면서도 "빌립보 사람들아 너희도 알거니와 복음의 시초에 내가 마게도냐를 떠날 때에 주고받는 내 일에 참여한 교회가 너희 외에 아무도 없었느니라 데살로니가에 있을 때에도 너희가 한번 두 번 나의 쓸 것을 보내었도다"(4:15-16)고 회고합니다.

이점에서 유념할 점은 빌립보교회의 "참여"가 "복음을 위한 일에 참여"함이라는 점입니다. 그래서 4:14절에서는 그러나 너희가 복음을 전파하는 "내 괴로움에 함께 참여하였으니 잘하였도다"(4:14)고 칭찬합니다.

"이는 받으실만한 향기로운 제물이요 하나님을 기쁘시게 한 것이라"(4:18)합니다. 바울 자신도 "내가 그리스도와 그 부활의 권능과 그 고난에 참여함을 알고자 하여"(3:10) 달려가고 있노라고 말씀합니다. 이처럼 빌립보서는 "참여의 서신"입니다.

② 그렇다고 마게도냐 교회들이 부요한 교회냐 하면 그렇지 않다는 점이 고린도후서 8:1-2절을 통해서 알 수가 있습니다. "형제들아 하나님께서 마게도냐 교회(빌립보, 데살로니가)들에게 주신 은혜를 우리가 너희에게 알리노니 환난의 많은 시련 가운데서 그들의 넘치는 기쁨과 극심한 가난이 그들의 풍성한 연보를 넘치도록 하게 하였느니라"고 말합니다.

㉠ 고린도교회와 빌립보교회는 다 같이 바울에 의해서 세워졌음에도 다른 점이 나타납니다. 물질적으로 하면 크고 번창한 고린도라는 도시에 있는 교회가 부유했을 것입니다만 고린도교회를 향해서는, "내가 너희에게 있어 용도가 부족하되 아무에게도 누를 끼치지 아니함은"합니다. 왜냐하면 "마게도냐(빌립보)에서 온 형제들이 나의 부족한 것을 보충하였음이라"(고후 11:9)고 말씀하는 것을 대하게 됩니다. 같은 자식이라도 부모를 생각하는 마음은 꼭 같은 것은 아닙니다.

ⓛ 그래서 바울은, "내가 너희 무리를 위하여 이와 같이 생각하는 것이 마땅하니 이는 너희가 내 마음에 있음이며 나의 매임과 복음을 변명함과 확정함에 너희가 다 나와 함께 은혜에 참여한 자가 됨이라"(1:7)합니다.

1:8절에는 더욱 뜨거운 애정을 나타내고 있는데 "마음"으로만이 아니라 "내가 예수 그리스도의 심장(心臟)으로 너희 무리를 얼마나 사모하는지 하나님이 내 증인이시니라"(1:8)합니다. 얼마나 사랑을 하면 "그리스도의 심장"으로 사모한다고까지 표현했겠습니까?

4:1절에서는 "나의 사랑하고 사모하는 형제들, 나의 기쁨이요 면류관인 사랑하는 자들아"하고 부릅니다. 이처럼 빌립보서는 그리스도를 사랑하는 사람들의 "사랑의 서신"입니다.

③ 복음 안에서의 "교제, 사랑"은 필연적으로 "예수 그리스도"가 중심에 있게 마련입니다. 그러므로 빌립보서는 전체가 104절에 불과하고, 또한 교리적인 내용도 아님에도 불구하고 "예수, 그리스도, 주" 등, 우리 주 예수 그리스도를 호칭하는 단어가 73회나 등장하는 것이 이를 말해 줍니다. "주 안에, 그리스도 안에" 라는 말도, 15번이나 등장합니다.

㉠ "그리스도중심"의 정신이 선물을 받은 바울의 반응에도 나타납니다. 바울은 선물을 받고는 곧바로 빌립보 성도들에게 고마움을 표하고 있지 아니합니다. "내가 궁핍하므로 말하는 것이 아니니라 어떠

한 형편에든지 나는 자족하기를 배웠노니"(4:11)합니다. 바울은 이렇게 말할 수도 있었습니다. "나는 몹시 궁핍했다, 그런데 너희가 선물을 보내줘서 고맙다. 나를 생각하는 자가 너희 밖에 없구나".

ⓛ 이렇게 말했다면 빌립보 성도들은 기쁘고 흡족했을 것입니다. 그러나 바울을 부르셔서 증인을 삼으신 주님의 이름과 명예는 어떻게 된단 말입니까? 그래서, "나는 비천에 처할 줄도 알고 풍부에 처할 줄도 알아 모든 일 곧 배부름과 배고픔과 풍부와 궁핍에도 처할 줄 아는 일체의 비결을 배웠노라"하면서, "내게 능력 주시는 자 안에서 내가 모든 것을 할 수 있느니라"(4:12-13)고, 꼿꼿한 자세로 주님을 높여드리고 있는 것입니다.

ⓒ 이처럼 주님의 이름을 높여드린 후에야 "그러나 너희가 내 괴로움에 함께 참여하였으니 잘하였도다"(4:14)고 칭찬을 합니다. 그리고 "나의 하나님이 그리스도 예수 안에서 영광 가운데 그 풍성한 대로 너희 모든 쓸 것을 채우시리라"(4:19)고 축복합니다. 이처럼 빌립보서는 "예수 그리스도 중심의 서신"입니다.

④ 또한 2:17절에 나타난 바울의 감사와 기쁨을 보십시오. "만일 너희 믿음의 제물과 섬김 위에 내가 나를 전제로 드릴지라도 나는 기뻐하고 너희 무리와 함께 기뻐하리니"합니다. "전제(奠祭)란 번제나 화목제를 드린 후에 마지막으로 포도주를 부어 드리는 제사입니다.

㉠ 이런 뜻입니다. 빌립보 성도들이 드린 "믿음의 제물과 섬김"(번제) 위에 마지막으로 자신이 순교의 피를 전제로 부어드려도 나는 기뻐하고 기뻐하리라는 뜻입니다. 그러므로 "이와 같이 너희도 기뻐하고 나와 함께 기뻐하라"(2:18)합니다.

㉡ 3:1절에서는 "끝으로 나의 형제들아 주 안에서 기뻐하라"하면서 "너희에게 같은 말을 쓰는 것이 내게는 수고로움이 없고 너희에게는 안전하니라"합니다. 4:4절에서 또다시 "주 안에서 항상 기뻐하라 내가 다시 말하노니 기뻐하라"합니다.

빌립보서는 넉 장에 불과하고, 더욱이나 옥중서신이면서도, "기쁨"이라는 말이 16번이나 등장합니다. 이런 의미에서 빌립보서는, "기쁨의 서신"이라 불리기도 합니다.

⑤ 또한 바울이 "내가 예수 그리스도의 심장으로 너희 무리를 얼마나 사모하는지 하나님이 내 증인이시니라"(1:8)고 "심장"이라고 말한다는 것은 예사로운 표현이 아닌 것입니다. 바울은 이렇게 말하고 있는 셈입니다. 전에 교회를 박해하던 "사울의 심장"은 떼어버리고 "예수 그리스도의 심장"으로 이식수술을 받은 사람입니다. 내 심장에는 주님의 뜨거운 피가 흐르고 있습니다. 이런 비장한 마음이 없이는 "그리스도의 심장을 가졌다"는 말은 감히 할 수 없는 말인 것입니다.

㉠ 이런 맥락에서 빌립보서에는 "마음"이라는 말이 9번(1:7, 27, 2:2,

2, 3, 5, 5, 4:2, 7)이나 등장합니다. 바울은 빌립보 성도들을 연인(戀人)처럼 "너희가 내 마음에 있다"(1:7)고 말합니다. 그리고 "그리스도의 심장"(1:8)으로 사랑한다고 말씀합니다.

ⓛ 바울은 그리스도의 심장으로 주님께서 빌립보 성도들을 사랑하시듯이 사랑했고, 빌립보 성도들은 "그리스도의 마음"으로 바울을 섬기기를 그리스도에게 하듯 하고 있는 것입니다. 이처럼 빌립보서는 "그리스도의 심장이 고동치는 서신"인 것입니다.

ⓖ "참여의 서신, 사랑의 서신, 기쁨의 서신, 예수 그리스도 중심의 서신, 그리스도의 심장이 고동치는 서신"인 빌립보서에서 제 자신이 본받기를 사모하는 몇 가지 말씀들을 여러분들에게도 함께 본받자고 전하고자 합니다. 첫째는 1:20절입니다. 옥중 바울은 자신의 "간절한 기대와 소망"이 무엇인지를 밝히고 있습니다.

㉠ 그것은 "아무 일에든지 부끄러워하지 아니하고 지금도 전과 같이 온전히 담대하여 살든지 죽든지 내 몸에서 그리스도가 존귀하게 되게 하려 하나니"합니다. 바울의 간절한 소망은 하루 속히 석방되는 것이 아니었습니다. "석방되면--"이라는 조건부가 소원이 아니었습니다. "살든지 죽든지"하는 것을 보면 장엄한 순교를 통해서 그리스도를 최대로 높여드리고 싶은 것이 간절한 소원이었던 것 같습니다.

"주 예수 내 맘에 오심"한 대로 우리 주님은 바울의 마음에만 오신 것이 아니라 여기 모인 우리들의 마음에도 오셨습니다. 문제는 누구의 몸에서 그리스도가 가장 "존귀하게 여기심"을 받으시느냐가 문제인 것입니다. 다메섹에서 주님을 처음 만난 "전과 같이" 옥중에 매여 있는 "이제도"말입니다. 그리고 평안할 때만이 아니라 "살든지 죽든지"라고 말씀합니다.

1:23-24절을 보십시오. 바울은 심지어 "내가 그 둘 사이에 끼었으니"합니다. 개인적으로는 "차라리 세상을 떠나서 그리스도와 함께 있는 것이 훨씬 더 좋은 일이라 그렇게 하고 싶으나"합니다. 하루 속히 순교를 당해서 주님 앞에 가고 싶다는 것입니다. 그러나 성도들을 위해서는 "내가 육신으로 있는 것이 너희를 위하여 더 유익하리라"고 말씀합니다.

한 가지를 덧붙인다면 에녹은 "옮겨지기 전에 하나님을 기쁘시게 하는 자라 하는 증거를 받았다"(히 11:5)는 점입니다. 이 말씀을 대하면서 여러분은 어떤 마음이 드십니까? 저도 이렇게 되는 것이 "간절한 기대와 소망"입니다.

ⓛ 둘째는 "너희 안에 이 마음을 품으라 곧 그리스도 예수의 마음이니"(2:5)한 말씀입니다. 이는 4:2절의 "내가 유오디아를 권하고 순두게를 권하노니 주 안에서 같은 마음을 품으라"한 것과 결부되는 말씀입니다. 앞에서 살펴본 대로 "첫날부터 이제까지 복음을 위한 일에 참여"

하고 있는 빌립보교회에도 마음이 나누어져 있었다는 점을 대한다는 것은 참으로 안타까운 일입니다. 그래서 "마음을 같이하여 같은 사랑을 가지고 뜻을 합하며 한마음을 품어 아무 일에든지 다툼이나 허영으로 하지 말고 오직 겸손한 마음으로 각각 자기보다 남을 낫게 여기라"(2:2-3)고 권면하는 것입니다.

아, 한국교회가, 특히 목회자인 저부터 "그는 근본 하나님의 본체시나 하나님과 동등 됨을 취할 것으로 여기지 아니하시고 오히려 자기를 비워 종의 형체를 가지사 사람들과 같이 되셨고 사람의 모양으로 나타나사 자기를 낮추시고 죽기까지 복종하신(2:6-8), 그리스도 예수의 마음"을 품기만 한다면 무엇을 더 바랄 것이 있겠습니까?

"방언"도 아닙니다. "천사의 말"과 같은 설교도 아닙니다. "능력"도 아닙니다. 성경 "지식"도 아닙니다. 예배당 건물도, 교인 수도 아닙니다. 그 교회 목회자가 그리스도의 심장으로 이식수술을 받았느냐? 그리하여 성도들이 "그리스도의 마음"을 품었느냐가 문제인 것입니다. 저도 이렇게 되기를 사모합니다.

ⓒ 셋째는 "이는 뜻을 같이하여 너희 사정을 진실히 생각할 자가 이 밖에 내게 없음이라 그들이 다 자기 일을 구하고 그리스도 예수의 일을 구하지 아니하되"(2:20-21)한 말씀입니다. 이 말씀은 "내가 여러 번 너희에게 말하였거니와 이제도 눈물을 흘리며 말하노니 여러 사람들이 그리스도의 십자가의 원수로 행하느니라"(3:18)한 것과 결부되는

말씀입니다.

"다 자기 일을 구하고, 십자가의 원수로 행하는"자는 교회 밖에만 있는 것은 아닙니다. 바울이 "눈물을 흘리면서" 말하는 까닭은 교회 안에도 있기 때문일 것입니다. 우리 중에는 "자기 일을 구하고 그리스도 예수의 일을 구하지 아니하는" 이런 사람은 없습니까?

㉣ 마지막으로 "주 안에서 항상 기뻐하라 내가 다시 말하노니 기뻐하라"(4:4)는 말씀입니다. 우리에게 바라시는 하나님의 기대는 어려운 것이 아닙니다. 첫째가 "항상 기뻐하라"(살전 5:16)입니다. 하나님은 "우리를 사랑하사 우리 죄를 속하기 위하여 화목 제물로 그 아들을 보내주신"(요일 4:10) 이 은혜를 입은 자녀들이 기뻐하는 모습을 보시기를 원하시는 것입니다. 그래도 기뻐하지 않는 다면 이는 복음을 모르거나 믿지 않는 "불신앙"인 것입니다.

4:4절에는 "기뻐하라"는 말씀이 있고 4:6절에는 "염려와 감사"가 있습니다. 그러므로 "항상 기뻐하라"는 말은 "아무 것도 염려하지 말고 다만 모든 일에 기도와 간구로, 너희 구할 것을 감사함으로 하나님께 아뢰라"는 말씀과 결부시켜 생각해야 할 말씀입니다.

"염려"가 없기 때문에 "기뻐하라"는 것이 아닙니다. 이 땅에 살아가는 동안 염려할 문제는 산 넘어 산처럼 다가옵니다. 그런데 어떻게 기뻐할 수가 있단 말입니까? 그러나 하나님께서 행해주신 "큰일", 베푸신 "큰 은혜"에 비하면 우리의 "문제"는 아무 것도 아니기 때문에 기뻐하라는 것입니다.

그래서 "너희 구할 것을 감사함으로 하나님께 아뢰라"하는 것입니다. 이렇게 하라는 말씀입니다. "자기 아들을 아끼지 아니하시고 내주신 하나님! 나 같은 죄인을 자녀로 삼아주신 하나님께 감사를 드립니다! 제가 당면한 이 문제도 합력해서 선을 이루어주실 것을 믿습니다" 하는 것이 "감사함으로 아뢰는" 기도인 것입니다.

마지막 장인 4장에는 여러 가지 권면이 있는데 이를 통해서 우리들도 권면을 받고자 합니다.

㉠ "사랑하는 자들아 이와 같이 주 안에 서라"(4:1).

㉡ "주 안에서 같은 마음을 품으라"(2).

㉢ "주 안에서 항상 기뻐하라 내가 다시 말하노니 기뻐하라"(4).

㉣ "아무 것도 염려하지 말고, 감사함으로 하나님께 아뢰라"(6).

㉤ "너희는 내게 배우고 받고 듣고 본 바를 행하라"(9).

㉥ 옥중 사도의 마지막 말씀은 "하나님 곧 우리 아버지께 세세 무궁하도록 영광을 돌릴지어다 아멘"(20)입니다. 이것이 "참여, 사랑, 기쁨, 그리스도의 심장의 서신"인 빌립보서입니다.

주님의 마음을 본받는 자 그 맘에 평강이 찾아옴은

험악한 세상을 이길 힘이 하늘로부터 임함이로다

주님의 마음 본받아 살면서

그 거룩하심 나도 이루리 (455장)

골 2:16-19절

머리를 붙들지 아니하는 자들

설교 본문

16 그러므로 먹고 마시는 것과 절기나 초하루나 안식일을 이유로 누구든지 너희 를 비판하지 못하게 하라

17 이것들은 장래 일의 그림자이나 몸은 그리스도의 것이니라

18 아무도 꾸며낸 겸손과 천사 숭배를 이유로 너희를 정죄하지 못하게 하라 그 가 그 본 것에 의지하여 그 육신의 생각을 따라 헛되이 과장하고

19 머리를 붙들지 아니하는지라 온 몸이 머리로 말미암아 마디와 힘줄로 공급함 을 받고 연합하여 하나님이 자라게 하시므로 자라느니라

강론

　골로새교회는 바울의 선교로 세워진 교회가 아닙니다. 2:1절을 보면 골로새 형제들을 "내 육신의 얼굴을 보지 못한 자들"이라고 말합니다. 그런데 골로새교회는 바울에게 복음을 받은 "에바브라"(1:7)에 의해 세워진 교회입니다. 그러니까 촌수로 하면 바울의 "손자"격인 셈입니다. 그런데 바울은 지금 "내가 매인 것을 생각하라(4:18)한 대로 로마옥중에 있습니다. 그러면 골로새서를 기록하게 된 동기가 무엇인가 하는 점입니다.

　1:8절입니다. 에바브라가 바울을 찾아와서 "성령 안에서 너희 사랑을 우리에게 알린 자니라"합니다. 무엇을 "알렸는가?" 이점을 골로새서의 배경 하에서 보면 골로새교회에 이단이 침투했다는 긴급한 보고였다는 점을 알게 됩니다. 그래서 1:9절에서는 "우리도 듣던 날부터 너희를 위하여 기도하기를 그치지 아니하고"합니다. 이처럼 이단에 미혹된 자들을 바로 세워주기 위해서 보낸 서신이 "골로새서"입니다. 그러므로 골로새서는 이단(異端)이 극성을 부리고 있는 한국교회에도 적실성이 있는 중요한 내용입니다.

　이런 맥락에서 골로새서를 이해하는데 결정적으로 중요한 두 구절이 있습니다. 바울은 이단문제를 두 가지 주제(主題)에 입각해서 치유를 하고 있는 것입니다. 그러므로 두 주제의 의미를 바로 알고 붙잡고 있기만 한다면 이단의 미혹을 넉넉히 물리칠 수가 있다 하겠습니다.

㉠ 첫째 주제는 1:18절입니다. 그리스도는 "몸인 교회의 머리시라" 합니다. 에베소서는 "교회는 그의 몸이라"(엡 1:23)고 강조점이 "몸"에 있습니다. 그래서 에베소서의 중심주제를 "그의 몸이라"한 "교회론"이라고 말합니다.

그런데 골로새서는 "그는 몸인 교회의 머리"라고 강조점이 "머리"에 있습니다. 그래서 골로새서를 "기독론"(基督論)이라고 말합니다. 이단의 오류가 무엇인가? 기독론이 잘못되어 있는 것입니다.

㉡ 둘째 주제는 2:19절입니다. "머리를 붙들지 아니하는지라"합니다. 이단들도 성경을 들어 미혹을 합니다. 그런데 그들은 "머리"되시는 그리스도를 붙잡고 있는 것이 아니라 지엽적인 것을 과장해서 주장하는 것입니다. 왜 이단에 미혹이 되는가? 예수 그리스도께서 "교회의 머리"시라는 점에 확고하지 못하기 때문에 미혹을 당하는 것입니다.

이단에 미혹되지 않는 데는 비법이 있는 것이 아닙니다. 왜 이단에 미혹을 당합니까? 모르기 때문입니다. 오늘의 그리스도인들은 복음의 영광스러움을 너무나 모르고 있다는 것입니다.

요한1서 4:16절에서는 "하나님이 우리를 사랑하시는 사랑을 우리가 알고 믿었노니"합니다. 그런데 모르고 믿는 자들이 많은 것입니다. 바울은 에베소서에서 "능히 모든 성도와 함께 지식에 넘치는 그리스도의 사랑을 알고 그 너비와 길이와 높이와 깊이가 어떠함을 깨달아 하나님의 모든 충만하신 것으로 너희에게 충만하게 하시기를 구하노라"(엡 3:18-19)합니다.

"지식에 넘치는 그리스도의 사랑"을 모르는 원인이 1차적으로는 본인 자신에게 있다 해도 이를 무엇보다 먼저 더 많이 자주자주 전해주지 않은 설교자의 책임이라는 점을 인정해야만 합니다.

① 그러므로 기독론이 중심주제인 골로새서에서 우선적으로 "너희는 나를 누구라 하느냐"고 물으신 "예수"를 어떤 분으로 증언하고 있는가를 살펴보아야만 합니다. 이를 아는 것이 이단에게 미혹을 당하지 않는 첫째 비결이기 때문입니다.

㉠ 1:15절입니다. 바울은 교회의 머리되시는 예수님을 "그는 보이지 아니하는 하나님의 형상이시요 모든 피조물보다 먼저 나신 이", 즉 하나님이시라고 말씀합니다. 이점을 요한복음 1:18절에서는 "본래 하나님을 본 사람이 없으되 아버지 품속에 있는 독생하신 하나님이 나타내셨느니라"고 말씀합니다.

㉡ 1:16절에서는 "만물이 그에게서 창조되되"하고, 창조주라고 말씀합니다. 이점을 요한복음 1:3절에서는 "만물이 그로 말미암아 지은

바 되었으니 지은 것이 하나도 그가 없이는 된 것이 없느니라"고 말씀합니다.

ⓒ 그런 후에 1:18절에서는 "그는 몸인 교회의 머리시라 그가 근본이시요 죽은 자들 가운데서 먼저 나신이시니 이는 친히 만물의 으뜸이 되려 하심이라"고 증언합니다. 우리의 "머리"되시는 예수 그리스도는 "성자 하나님이시고 창조자"이십니다. 이에 확고하게 되시기를 바랍니다.

② 그러면 둘째로, 그런 분이 우리를 위해서 무엇을 행해주셨는가에 확고해야만 이단에 미혹을 당하지 않게 되는 것입니다. 1:20절입니다.

㉠ "그의 십자가의 피로", 즉 십자가에 달려 죽어주셨다는 것입니다. 왜 죽어주셨는가? "화평을 이루사 만물 곧 땅에 있는 것들이나 하늘에 있는 것들이 그로 말미암아 자기와 화목하게 되기를 기뻐하심이라"고 우리의 화목제물이 되어주시기 위해서라고 말씀합니다.

㉡ 1:22절에서도, "이제는 그의 육체의 죽음으로 말미암아 화목하게" 해주셨다고 "죽으심과, 화목"하게 하심이 강조되어 있습니다. 그러면 묻습니다. 우리를 위해서 누가 죽어주셨다는 말씀입니까? 누가 화목제물이 되어주셨다는 것입니까? "창조주시요 하나님의 형상이신 그리스도"께서 죽어주셨다는 말씀입니다. 그러면 어떤 상태에 있는 자들을 위해서 죽어주셨다는 것입니까?

ⓒ 1:21절입니다. "전에 악한 행실로 멀리 떠나 마음으로 원수가 되었던" 우리를 위해서라고 말씀합니다. "하나님 믿으세요, 예수 믿으세요"하면 거부감을 나타내는 것은 "마음으로 원수가 되었기" 때문입니다. 그런 자들을 위해서 하나님은 자기 아들을 화목제물이 되게 하셨다는 것입니다.

로마서 5:10절에서도 "곧 우리가 원수 되었을 때에 그의 아들의 죽으심으로 말미암아 하나님과 화목하게 되었다"고 말씀합니다. 이 은혜와 감격에 확고한 자만이 이단에 미혹을 당하지 않게 되는 것입니다.

③ 이제 "예수"가 어떤 분이신가? 그 분이 우리를 위해서 무엇을 행해주셨는가에 확고해졌으니 다음은 어떻게 하는 것이 "머리를 붙드는 것인가"를 살펴보게 되었습니다. 바울은 먼저 머리를 붙드는 것이 아닌 점을 말씀합니다.

㉠ 2:8절입니다. "누가 철학과 헛된 속임수로 너희를 사로잡을까 주의하라 이것은 사람의 전통과 세상의 초등학문을 따름이요 그리스도를 따름이 아니니라", 즉 머리를 붙드는 것이 아니라고 말씀합니다.

그러면 묻습니다. "철학적인 설교"가 성도들에게 전연 도움이 안 되는 것입니까? 아닙니다. 감화력이 있고 유익을 줄 수가 있는 것입니다. 심리학도 도움을 줍니다. 인문학이나 심지어 삼국지, 춘향전, 불경도 교훈적으로는 도움을 줄 수가 있다는 것입니다. 그래서 설교자나 성도들이 착각을 하게 되는 것입니다.

ⓛ 그러나 바울은 그런 설교는 "헛된 속임수요, 그리스도를 따름이 아니라"고 잘라 말합니다. 왜냐하면 그런 설교를 100번을 전해도 그것은 복음이 아니기 때문입니다. 허물과 죄로 죽은 자를 살리지를 못하기 때문입니다. 결정적인 잘못은 고린도전서 1:17절을 보십시오. "오직 복음을 전하게 하려 하심이로되 말의 지혜로 하지 아니함은 그리스도의 십자가가 헛되지 않게 하려 함이라", 즉 주님께서 대속제물로 죽어주신 십자가를 헛된 것으로 만든다는데 있습니다. 그런데 오늘날에는 심리학적인 설교, 자기계발과 같은 "세상의 초등학문"적인 설교가 인기를 끌고 있습니다.

ⓒ 머리를 붙드는 핵심이 13-15절에 있습니다. "우리의 모든 죄를 사하시고(13), 우리를 거스르고 불리하게 하는 법조문으로 쓴 증서를 지우시고 제하여 버리사 십자가에 못 박으시고(14), 십자가로 그들을 이기셨느니라"(15)합니다.

14절에 "법조문으로 쓴 증서"가 있는데 이는 쉽게 말하면 죄 값에 팔린 우리의 "노비문서"와 같은 것이라 하겠습니다. 그런데 이 증서를,

㉮ "지우시고,

㉯ 제하여 버리사", 즉 찢어버리시고

㉰ "십자가에 못 박으시고,

㉱ 십자가로 그들을 이기셨느니라"합니다.

신약성경 중 주님의 승리를 가장 통쾌하게 묘사하면서 우리의 죄가 남김이 없이 의문의 여지가 없이 완전히 해결이 되었다는 점을 가장 명명백백하게 증언하고 있는 대목인 것입니다. 이를 믿고 확신하는데 거하는 것이 "머리를 붙드는 것"입니다. 이를 붙들기만 하면 구원을 받습니다. 이를 붙들고 있는 자는 이단에게 미혹을 당할 이유가 없는 것입니다.

ㄹ 2:16절입니다. "그러므로 먹고 마시는 것과 절기나 초하루나 안식일을 이유로 누구든지 너희를 비판하지 못하게 하라"합니다. 17절입니다. "이것들은 장래 일의 그림자이나 몸은 그리스도의 것이니라"합니다. 18절입니다. "아무도 꾸며낸 겸손과 천사 숭배를 이유로 너희를 정죄하지 못하게 하라 그가 그 본 것에 의지하여 그 육신의 생각을 따라 헛되이 과장하고", 이처럼 지엽적인 것을 "과장"하는 것은 머리를 붙드는 것이 아닙니다.

19절은 결론인데 "머리를 붙들지 아니하는지라 온 몸이 머리로 말미암아 마디와 힘줄로 공급함을 받고 연합하여 하나님이 자라게 하시므로 자라느니라"고 말씀합니다. 그런 후에 2:20절에서는 "너희가 세상의 초등학문에서 그리스도와 함께 죽었거든 어찌하여 세상에 사는 것과 같이 규례에 순종하느냐", 즉 머리를 붙들지 않느냐고 책망합니다. 이점을 갈라디아서에서는, "이제는 너희가 하나님을 알 뿐 아니라 더욱이 하나님이 아신 바 되었거늘 어찌하여 다시 약하고 천박한 초등 학문으로 돌아가서 다시 그들에게 종노릇 하려 하느냐"(갈 4:9)고 일 깨워주고 있습니다. 이단의 오류가 무엇이며 "머리를 붙드는 것"이 무 엇을 의미하는지 이제 확실합니까?

골로새 교회에 침투한 이단들은 머리되시는 그리스도께서 "죽으시 고 다시 사심"을 통해서 죄가 완결이 되었다는 점과 사망의 세력을 잡 은 사탄을 멸하셨다는 복음의 중심주제를 붙들지 아니하고 "곧 붙잡 지도 말고 맛보지도 말고 만지지도 말라"(2:21)는 등 괴상한 것들을 구 원의 조건인 양 내세웠던 것입니다.

오늘의 이단들이 내세우는 것들도 동일한 수법입니다. 그러므로 머 리를 붙들지 않는다는 말씀은 골로새교회만이 아니라 동서고금을 막 론하고 참 교회냐, 거짓 교회냐를 분별하는 시금석(試金石)이 되는 요 점인 것입니다. 왜냐하면 예수 그리스도가 "교회의 머리"이시기 때문 입니다.

이점에서 성도들로 하여금 "머리를 붙들도록" 견고하게 세워주지 못한 설교자의 책임을 통감하게 됩니다. 그러므로 이단의 본산지와 같이 된 한국교회에 긴급하게 요청되는 점은 성도들에게 "머리를 붙 들도록" 해주어야 한다는 점입니다.

④ 그러면 다음으로 예수 그리스도께서 어떻게 해서 "교회의 머리"가 되셨는가를 말씀드려야만 하겠습니다. 왜냐하면 성도들에게 "머리를 붙들라"고 강조하기에 앞서, 예수 그리스도께서 어떻게 해서 "교회의 머리"가 되셨는지를 확고하게 세워주는 것이 우선하기 때문입니다.

신약성경에서 "머리"라는 주제를 중요하게 다루고 있는 분은 사도 바울 외에는 없습니다. 바울의 서신인 고린도전서에만 "머리"라는 말이 17번 등장하고 에베소서에도 4번, 골로새서에도 4번 등장합니다. 그러면 바울은 어디에 근거해서 그리스도가 "교회의 머리"시라는 점을 깨닫고 힘 있게 증언했는가 하는 점입니다.

㉠ 이점을 에베소서 5:23절에서 "남편이 아내의 머리됨이 그리스도께서 교회의 머리됨과 같음이니"한 증언을 통해서 깨달을 수가 있습니다. "남편이 아내의 머리됨"이라 한 것은 창세기 2장에 근거합니다. 하나님은 "사람이 혼자 사는 것을 좋지 않게"보시고 아담에게 돕는 배필을 지어주셨습니다. 어떤 방도로 지어주셨습니까? "아담을 깊이 잠들게 하시고" 그의 갈빗대 하나를 취하여 지어주셨던 것입니다. 그래서 하와는 아담의 몸이요, 아담은 하와의 머리가 된 것입니다.

㉡ 그러면 하나님은 "사람이 혼자 사는 것이 좋지 않다"는 것을 미처 모르셨단 말입니까? 아닙니다. 이를 통해서 깨닫게 하시려는 중요한 계시가 있었기 때문입니다. 그것이 무엇입니까? 우리가 어떻게 해서 마지막 아담(고전 15:45)의 배필이 되는 것이 가능했는가를 생각해

보시기를 바랍니다. 마지막 아담이신 예수 그리스도를 십자가에 깊이 잠들게 하심으로 가능해진 것입니다. 또한 바울은 이를 통해서 그리스도는 "교회의 머리시오, 교회는 그의 몸"이라는 신령한 의미를 깨달았던 것입니다.

ⓒ 예수 그리스도께서 어떻게 해서 우리의 머리가 되셨는가에 확고해졌으니 그러면 2:9절을 보겠습니다. 머리되시는 "그 안에는 신성의 모든 충만이 육체로 거하시고"합니다. 이어지는 10절이 중요합니다. "너희도 그 안에서 충만하여졌다"고 말씀한다는 점입니다. 어찌하여 이단에 미혹을 당하는가? 많은 그리스도인들은 자신이 빈 깡통인 줄로 생각하고 있습니다. 그래서 가련한 모습을 하고 "주십시오, 주십시오"하다가 이단의 유혹에 넘어가게 되는 것입니다.

바울은 자신의 얼굴을 보지도 못한 골로새 성도들에게 "너희도 그 안에서 충만하여졌다"고 말씀하고 있습니다. 그러면 우리가 "충만"해지는 것이 어떻게 해서 가능하여졌는지 아십니까? 바로 "머리와 몸"이라는 관계성 때문입니다. 머리에만 충만하고 몸은 텅텅 비어있는 것이 아닙니다. 이를 찬양하는 것이 시편 133편입니다.

> 보라 형제가 연합하여 동거함이 어찌 그리 선하고 아름다운고
> 머리에 있는 보배로운 기름이 수염 곧 아론의 수염에 흘러서
> 그의 옷깃까지 내림 같고 (시 133:1-2)

대제사장인 아론의 머리에 기름을 붓습니다. 그 기름이 수염에 흘러서 "그의 옷깃까지", 즉 손끝 발끝까지 흘러내립니다. 이 그림자를 통해서 대제사장이시며 교회의 머리가 되시는 그리스도의 "기름 부으심"이 몸 된 교회의 모든 지체(肢體)들인 그리스도인들에게까지 흘러내림을 바라보고 있는 것입니다. 그래서 "너희도 그 안에서 충만하여졌다"고 말씀하는 것입니다.

머리에게 되어 진 모든 일(죽으심과 다시 사심, 고난과 영광)은 동일하게 몸에도 되어 진 일이라는 것이 연합교리의 핵심입니다. 왜냐하면 "머리와 몸"은 떼었다 붙였다 할 수 있는 것이 아닌 "한 몸"이기 때문입니다.

ㄹ) 2:3절입니다. "그 안에는", 즉 그리스도 안에는 "지혜와 지식의 모든 보화가 감추어져 있느니라"합니다. 그런데, 2:6절에서는 "너희가 (모든 보화이신) 그리스도 예수를 주로 받았다"(2:6)고 말씀합니다. 그러므로 그리스도인들이란 "충만"할 뿐만이 아니라, "모든 보화"를 소유한 자들인 것입니다.

ㅁ) "충만과, 보화"만 가진 것이 아닙니다. 3:3절을 보십시오. "너희 생명이 그리스도와 함께 하나님 안에 감추어졌음이라"합니다. 이점을 에베소서에서는, "그리스도 예수 안에서 함께 하늘에 앉히시니"(엡 2:6)라고 말씀합니다.

머리되시는 그리스도께서 하나님 우편에 앉아 계신다는 것은 몸도

"그와 함께" 하늘에 앉아 있다는 것이 되기 때문입니다. 얼마나 놀랍고도 영광스런 진리입니까? 이것이 "머리를 붙드는 것"입니다. 이 영광스러움을 모르기 때문에 이단에 미혹을 당하는 것입니다.

ⓗ 그리고 여기가 끝이 아닙니다. 3:4절입니다. "우리 생명이신 그리스도께서 나타나실 그 때에 너희도 그와 함께 영광중에 나타나리라"합니다. 주님이 재림하시는 날 지금의 이런 몸으로 맞이하는 것이 아닙니다. 우리의 낮은 몸도 주님의 영광의 몸과 같이 변하게 된다는 말씀입니다. 이것이 "너희도 그와 함께 영광중에 나타나리라"는 뜻입니다. 이보다 더한 영광스러움이란 없습니다.

⑤ 마지막으로 그렇다면 교회가 감당해야 할 사명이 무엇인가 하는 점을 말씀드려야 하겠습니다.

㉠ 1:28절입니다. "우리가 그를 전파하여 각 사람을 권하고 모든 지혜로 각 사람을 가르침은"합니다. "전파하는 것과, 가르치는" 일입니다. 왜 전하고 가르쳐야 합니까? "각 사람을 그리스도 안에서 완전한 자로 세우려 함이니", 즉 환난과 시련에도 흔들리지 않고 이단에 미혹을 당하지 않도록 성숙한 그리스도인으로 세우기 위해서인 것입니다.

㉡ 바울은 이를 자신의 힘으로 하는 것이 아니라, 1:29절입니다. "이를 위하여 나도 내 속에서 능력으로 역사하시는 이의 역사를 따라 힘을 다하여 수고하노라"고 말씀합니다. 허물과 죄로 죽었던 영혼을 거

듭나게 하는 것은 주 성령의 사역입니다. 그런데 성령께서 그리스도인들 안에 계시어 여러분을 도구로, 의의 병기로 사용하여 역사하신다는 것입니다. 그러므로 "힘을 다하여 수고"해야 하는 것은 우리가 할 책임인 것입니다. 이것이 그의 몸 된 지체들이 감당해야 할 사명인 것입니다.

사도 바울은, "때가 이르리니 사람이 바른 교훈을 받지 아니하며 귀가 가려워서 자기의 사욕을 따를 스승을 많이 두고 또 그 귀를 진리에서 돌이켜 허탄한 이야기를 따르리라"(딤후 4:3-4)고 오늘과 같은 날이 이르게 될 것을 경고했습니다. 그 때가 지금이 아닌가 하는 위기의식을 가져야 마땅합니다.

베드로는, "만물의 마지막이 가까이 왔으니 그러므로 너희는 정신을 차리고 근신하여 기도하라"(벧전 4:7)고 권면합니다. 오늘의 시대는 그 어느 때보다도 정신을 차려야 할 혼란한 시대입니다.

말씀을 맺고자 합니다. "머리를 붙들지 아니하는지라"는 말씀은 골로새 교회에 국한된 말씀이 아니라 한국교회가 더욱 그러한 것입니다.

㉠ "십자가의 도"를 미련한 것으로 여기고 철학과 같은 세상 초등학문으로 설득하려 한다면 이는 분명 머리를 붙들고 있지 아니한 설교자인 것입니다.

ⓛ축복을 "십자가의 피"보다 더 많이 말하고 있다면 이는 변명의 여지가 없이 머리를 붙들고 있지 아니한 것입니다.

ⓒ기사와 이적과 방언이나 신유 등을 그리스도의 대속이나 칭의 교리보다 더 강조하고 있다면 이는 머리를 붙들고 있지 아니한 것입니다.

그러므로 성도 여러분, 머리되시는 그리스도를 꽉 붙잡고 계시기를 바랍니다. 그리고 성숙(온전)한 그리스도인이 되도록 열심히 배우십시다. 그리고 전파하고, 가르치고, 자랑하십시다. 그 분 자신을 소유한 것으로 만족하고 항상 기뻐하십시다. 그리하면, "이 모든 일에 우리를 사랑하시는 이로 말미암아 우리가 넉넉히 이기게"(롬 8:37) 될 것입니다. "구주 예수 그리스도의 영원한 나라에 들어감을 넉넉히 너희에게 주실"(벧후 1:11) 것입니다. 아멘.

"머리를 붙들면" 기쁨이 있습니다. 기도하게 됩니다. 감사하게 됩니다. 머리를 붙들면 환난 날에 일어설 수가 있습니다. 머리를 붙들면 넉넉히 승리하게 됩니다. 이것이 "머리를 붙들지 아니하는지라"한 골로새서입니다. 이것이 "머리를 붙들지 아니하다" "신천지 아웃"하는 부끄러운 한국교회입니다.

네 맘과 정성을 다하여서 주 너의 하나님을 사랑하라

네 몸을 아끼고 사랑하듯 형제와 이웃을 사랑하라

주께서 우리게 명하시니 그 명령 따라서 살아가리 (218장)

몬 1:15-19절

그를 영접하기를 내게 하듯 하라

설교 본문

15 아마 그가 잠시 떠나게 된 것은 너로 하여금 그를 영원히 두게 함이리니

16 이 후로는 종과 같이 대하지 아니하고 종 이상으로 곧 사랑 받는 형제로 둘 자라 내게 특별히 그러하거든 하물며 육신과 주 안에서 상관된 네게랴

17 그러므로 네가 나를 동역자로 알진대 그를 영접하기를 내게 하듯 하고

18 그가 만일 네게 불의를 하였거나 네게 빚진 것이 있으면 그것을 내 앞으로 계산하라

19 나 바울이 친필로 쓰노니 내가 갚으려니와 네가 이 외에 네 자신이 내게 빚진 것은 내가 말하지 아니하노라

강론

빌레몬서는 로마 옥중에 있는 바울이 골로새교회 성도인 빌레몬에게 보낸 지극히 개인적인 편지입니다. 그런데 이 편지가 어떻게 성경이 될 수가 있는가? 빌레몬서는 로마서와 불가분의 관계가 있다고 말씀드릴 수가 있습니다. 왜냐하면 진정 "복음"을 받은 자는 "빌레몬서"의 사람들 같이 놀라운 변화를 경험한 사람들이라는 점을 보여주는 서신이기 때문입니다.

바울은 베드로가 "복음의 진리를 따라 바르게 행하지 아니함을 보고 모든 자 앞에서"(갈 2:14) 면책(面責)했습니다. 주 성령께서는 빌레몬서를 통해서 "복음의 진리를 따라 바르게 행하지 아니하는" 현대교회를 면책하고 있는 것입니다. 이점을 본문관찰에서 대하게 될 것입니다. 그리고 우리로 하여금 부끄러워 얼굴을 들지 못하게 할 것입니다.

바울이 빌레몬서를 기록하게 된 동기는 노예 신분인 오네시모를 위해서입니다. 그는 빌레몬의 노예였는데 어떤 동기에서 도망을 쳤습니다. 그런 오네시모가 로마 옥중에 있는 바울을 만나 복음을 듣고 그리스도를 영접하게 된 것입니다. 그리하여 오네시모를 빌레몬에게 돌려보내면서 "빌레몬서"를 기록하게 된 것입니다.

① 우선적으로 생각할 점은 빌레몬서에는 세 인물이 등장한다는 점

입니다.

㉠ 첫째는 빌레몬서를 기록하고 있는 바울입니다. 그는 기독교를 박해하다가 주님을 만나 사도가 되어 복음을 증언하던 중 현재 로마옥 중에 갇혀있는 몸입니다.

㉡ 둘째는 빌레몬서의 수신자(受信者)인 빌레몬입니다. 그는 바울을 통해서 그리스도인이 되었고, 현재는 골로새교회 성도로서 노예들을 거느리고 있는 상전입니다.

㉢ 마지막으로 오네시모입니다. 그는 도망친 빌레몬의 노예인데 바울을 만나서 그리스도인이 되었고, 현재는 바울과 함께 로마에 있습니다.

② 다음으로 생각하게 되는 것은 세 사람의 이전(以前)의 관계성입니다.

㉠ 바울은 유대인이고 빌레몬은 이방인입니다.

㉡ 바울은 바리새인이요, 오네시모는 노예입니다.

㉢ 빌레몬은 상전이고 오네시모는 그의 노예였습니다. 그들은 남남이었고 상호 교제한다는 것은 도저히 불가능한 관계였습니다. 또한 앞으로도 그들을 하나로 묶어줄 아무런 가능성도 없었습니다.

인간 상호관계만이 아니라 하나님과의 관계성도 그러했습니다. 바울은 "전에는 비방자요 박해자요 폭행자"(딤전 1:13)였습니다. 이방인인 빌레몬과 노예인 오네시모는 "그 때에 너희는 그리스도 밖에 있었고 이스라엘 나라 밖의 사람이라 약속의 언약들에 대하여는 외인이요 세상에서 소망이 없고 하나님도 없는 자"(엡 2:12)들이었습니다.

③ 그런데 이전에 그러했던 그들의 관계성에 놀라운 변화가 일어났다는 점입니다.

㉠ 박해자였던 바울은 자신이 박해하던 복음을 증언하다가 지금 "예수 그리스도를 위하여 갇힌 자 되어"(1:9) 로마옥중에 있습니다.

㉡ 빌레몬은 바울이 "네 자신이 내게 빚진 것"(1:19)이 있다고 말하는 것을 보면 바울을 통해서 복음을 듣고 구원받아 그리스도인이 된 것입니다.

㉢ 상품처럼 팔려가는 노예 신세였던 오네시모는 바울을 만나 복음을 듣고 "갇힌 중에서 낳은 아들"(1:10)로 신분이 바뀌게 된 것입니다.

④ 그러면 이처럼 놀라운 변화를 일으키게 한 분이 누구냐 하는 점입니다. 그러므로 빌레몬서에는 세 사람을 하나로 묶어주고 있는 공통분모(共通分母)와 같은 또 한 분이 등장한다는 점을 놓치지 말아야만 합니다. 그 분은 모두가 25절 밖에 안 되는 짧은 서신에서 11번이나 강조되어 있는 "예수 그리스도"이십니다.

㉠ 빌레몬서에는 "그리스도 안에서"가 두 번(8, 20), "주 안에서"가 두 번(16, 20), "그리스도 예수 안에"가 한 번(23), 그리스도 안에가 5

번이나 등장합니다. 세 사람은 모두가 "그리스도 안에, 주 안에"(8, 20, 20, 23) 있는 사람들입니다. 만일 등장(登場)하는 세 사람 중 어느 한 사람이라도 "그리스도 예수 안에" 있지 않았다면 빌레몬서는 기록되지 않았을 것입니다.

ⓒ 1:3절을 보겠습니다. "하나님 우리 아버지와 주 예수 그리스도로부터 은혜와 평강이 너희에게 있을지어다"합니다. 세 사람은 "한 마음과 한 입으로"(롬 15:6) 하나님을 "우리 아버지"라 부르는 사람들입니다. 또한 "예수"를 "그리스도"로 고백하는 사람들입니다. 특히 "주 예수 그리스도"라 한 "주"(主)라고 고백하는 자들이라는 점을 유념하시기를 바랍니다. 왜냐하면 이는 "너희는 너희 자신의 것이 아니라 값으로 산 것이 되었다"(고전 6:19-20)는 고백이기 때문입니다. 그리고 이런 변화는, "은혜와 평강이 너희에게 있을지어다"한 "은혜"를 입었기 때문이라는 점을 잊지 마시기를 바랍니다.

만일 "바울, 빌레몬, 오네시모" 세 사람 중 어느 한 사람이라도 그리스도의 은혜를 입지 않았다면, 그리하여 예수님을 "주와 그리스도"로 고백하고 있지 않다면, 그리고 하나님을 "우리 아버지"라고 부르는 자들이 아니었다면, 빌레몬서는 성립이 될 수가 없는 것입니다. 그리고 바울이 오네시모를 돌려보내면서 "이 후로는 사랑 받는 형제로 둘 자라"(16)고 부탁하지도 아니했을 것이요, 빌레몬도 이를 용납하지 않았을 것이요, 도망친 노예 오네시모도 빌레몬에게로 돌아가지도 않았을 것입니다.

⑤ 그러면 세 사람의 변화된 이제의 관계는 어떠한가 하는 점입니다.

㉠ 1:1절을 보십시오. 바울과 빌레몬은 "사랑을 받는 자요 동역자"라 합니다.

㉡ 다음은 1:10절입니다. 바울과 오네시모는 "갇힌 중에서 낳은 아들"이라 합니다. 12절에서는 "내 심복이라"합니다. "심복"이란 "내 목숨을 위하여 자기들의 목까지도 내놓는"(롬 16:4) 그런 자라는 뜻입니다.

㉢ 그러면 묻습니다. 빌레몬과 오네시모의 관계는 어떤 관계여야 합니까? 그대로 "상전과, 노예"관계입니까? 아니면 어떤 변화가 일어나야 마땅한 것입니까? 그렇습니다. "형제"가 되었다는 점입니다. 이를 통해서 우리 상호간의 이전관계는 어떤 관계였는데 이제는 어떤 관계로 변화되었는가를 점검하게 합니다. 우리의 관계도 분명 이처럼 변화가 일어난 것입니까?

⑥ 1:5절에는 그리스도인의 신분증과 같은 요소가 있습니다. 바울은 빌레몬에게, "주 예수와 및 모든 성도에 대한 사랑과 믿음이 있음을 들었다"(1:5)고 말씀합니다. "믿음과, 사랑"이 그리스도인 됨의 증명서와 같은 요소인 것입니다. 왜냐하면 "믿음"은 하나님과의 관계를 회복시켜주고, "사랑"은 형제 상호간의 유대를 이어주는 연결고리이기 때문입니다. 그러므로 "믿음과 사랑"이 없다면 하나님과의 관계성도, 성도와의 관계성도 성립이 되지 않는 것입니다. 엄격히 말해서 그리스

도인이 아닌 것입니다.

　바울은 에베소 형제들을 향해서도, "너희 믿음과 모든 성도를 향한 사랑을 듣고"(엡 1:15) 하나님께 감사를 드리고, 골로새서에서도 "이는 그리스도 예수 안에 너희의 믿음과 모든 성도에 대한 사랑"(골 1:4)이 있다는 점을 들었다고 말씀합니다. 바울은 빌레몬에게 "믿음과 사랑"이 있음을 믿기에 오네시모를 돌려보내고 있는 것입니다.

　⑦ 이점에서 3가지 물음을 제기하게 됩니다. 첫째는 바울은 왜 오네시모를 돌려보내야만 합니까? 둘째로 오네시모는 어찌하여 빌레몬에게 돌아가야만 합니까? 셋째로 빌레몬은 어떤 이유에서 도망친 노예인 오네시모를 형제로 영접해야만 합니까?

　빌레몬서는 이 3가지 물음을 통해서 오늘의 그리스도인들이 "복음의 진리를 따라 바르게 행하고"(갈 2:14) 있는가를 점검하게 합니다. 그러므로 빌레몬서는 우리에게 "너는 이럴 경우 어떻게 하고 있느냐"고 외면할 수도 없고 피할 수도 없도록 심각하게 도전해 오고 있는 것입니다.

　㉠ 만일 빌레몬이, "그를 영접하기를 내게 하듯 하라"(17)는 바울의 간구를 거절한다면 어떻게 되는가? 그의 "믿음"은 거짓이요, 만일, "이후로는 종과 같이 대하지 아니하고 종 이상으로 곧 사랑 받는 형제로 둘 자라"(16)는 요청을 거부한다면 그의 "사랑"은 헛것임이 판명이 되고 마는 것입니다. 그렇다면 우리 중에 오네시모를 받아줄 "빌레몬"은

있는가 하고 묻게 됩니다.

ⓛ 또한 오네시모가 두려워하여 가다가 다른 길로 도망을 쳤다면 어떻게 되는가? 그의 "회개"(悔改)는 진정한 회개가 아니요 그의 신앙고백이 거짓이라는 것이 입증이 되고 마는 것입니다. 그러면 우리 중에 이런 경우 돌아갈 "오네시모"가 있는가 하고 자문하게 합니다.

ⓒ 반면 바울이 노예 신분으로 주인의 물건을 도적하여 도망친 명백한 범인을 자신의 편의를 위해서 돌려보내지 않는다면 바울에게 걸려 있는 하나님의 의로우신 이름과 그가 증언하는 복음의 빛을 가리고 누를 끼치게 되었을 것이 분명합니다.

이점이 "그를 내게 머물러 있게 하여 내 복음을 위하여 갇힌 중에서 네 대신 나를 섬기게 하고자 하나 다만 네 승낙이 없이는 내가 아무 것도 하기를 원하지 아니하노니"(13-14)한 언급에 분명히 나타납니다. 이런 의미에서 빌레몬서는 "복음진리 대로 바로 행하지 않는" 우리에게 내미는 고발장인 것입니다.

⑧ 이런 맥락에서 빌레몬서는 개인에게 보낸 사신(私信)이 아닙니다. 2절을 보십시오. "네 집에 있는 교회에 편지하노니"(2)한 교회(敎會)에 보내진 서신이라는 점을 명심해야만 합니다. 또한 빌레몬서도 성령의 감동으로 기록된 하나님의 말씀입니다. 그러므로 빌레몬서도 우리를 예수 그리스도에게로 인도해줍니다.

㉠ 바울은 오네시모를 돌려보내기만 하는 것이 아니라, "친필로 쓰노니"한 빌레몬서를 그에게 주어 이를 가지고 돌아가게 했습니다.

㉡ 그러면 친필로 쓴 내용이 무엇입니까? "그가 만일 네게 불의를 하였거나 네게 빚진 것이 있으면 그것을 내 앞으로 계산하라 나 바울이 친필로 쓰노니 내가 갚겠다"는 보증입니다. 그렇습니다. 우리에게도 "이 말은 신실하고 참되니 기록하라"(계 21:5)하신 친필로 쓴 성경을 주셔서 하나님께로 돌아가게 해주신 것입니다. 그러면 성령의 감동으로 기록이 된 성경의 중심주제가 무엇입니까? "그가 모든 사람을 위하여 자기를 대속물(속전贖錢)로 주셨다"(딤전 2:6)는 복음입니다.

㉢ 만일 빌레몬서에 "내가 갚겠다"는 말씀이 없다면 이는 "울리는 꽹과리"가 되고 말았을 것이요, 성경에 "그들의 죄를 그들에게 돌리지 아니하시고, 죄를 알지도 못하신 이를 우리를 대신하여 죄로 삼으셨다"(고후 5:19, 21)는 말씀이 없다면 우리는 하나님께로 돌아갈 수가 없는 것입니다.

이런 맥락에서 빌레몬서에서 바울은 우리 죄를 대신 담당하신 예수 그리스도의 대변자로 등장하고, 빌레몬은 모든 사람을 받아주어야 하는 교회(教會)를 예표하고, 오네시모는 하나님께로 돌아가야 할 모든 죄인(罪人)의 모형으로 등장을 합니다.

㉣ 그러므로 사형에 처해져야 마땅한 도망친 노예 오네시모를 "네가 나를 동역자로 알진대 그를 영접하기를 내게 하듯 하라"(17)고 오

네시모와 자신을 일체화(一體化)하고 있는 것을 보게 됩니다. 그러므로 오네시모를 영접하는 것이 바울을 영접하는 것만이 아니라, "그리스도를 영접하는 것"이라는 사실입니다. 주님은, "내가 진실로 너희에게 이르노니 너희가 여기 내 형제 중에 지극히 작은 자 하나에게 한 것이 곧 내게 한 것이니라"(마 25:40)고 말씀하십니다.

ㅁ 바울이 빌레몬에게, "네 자신이 내게 빚진 것"이 있다고 말하는 "빚"이 물질적인 빚을 가리키는 것이겠습니까? 이렇게 말씀하는 바울 자신도, "헬라인이나 야만인이나 지혜 있는 자나 어리석은 자에게 다 내가 빚진 자"(롬 1:14)라고 고백하고 있습니다. 주님은 "악한 종아 네가 빌기에 내가 네 빚을 전부 탕감하여 주었거늘 내가 너를 불쌍히 여김과 같이 너도 네 동료를 불쌍히 여김이 마땅하지 아니하냐"(마 18:32-33)하십니다. 우리 모두는 갚을 길이 없는 빚을 탕감 받은 자들인 것입니다.

ㅂ 1:20절입니다. "오 형제여 나로 주 안에서 너로 말미암아 기쁨을 얻게 하고 내 마음이 그리스도 안에서 평안(平安)하게 하라"고 말씀합니다. 그리고 "나는 네가 순종할 것을 확신하므로 네게 썼노니 네가 내가 말한 것보다 더 행할 줄을 아노라"(1:21)고 신임을 나타냅니다.

⑨ 추측하건대 빌레몬은 오네시모를 용납하고 자기 대신 바울을 섬기도록 되 돌려보냈을 것입니다. 이렇게 함으로 어떤 점이 치유가 되

었는지를 보십시오. 바울은 "내 마음이 그리스도 안에서 평안(平安)하게 하라"고 말씀하는데 ⊙ "첫째는 "빌레몬" 속에 용암처럼 끓어오르던 오네시모에 대한 분노(憤怒)가 치유가 되어 빌레몬의 마음이 "그리스도 안에서 평안(平安)하게" 되었을 것입니다.

ⓛ 둘째는 오네시모를 사로잡고 있던 공포와 두려움이 치유되어 "그리스도 안에서 평안(平安)하게" 되었을 것입니다.

ⓒ 셋째는 바울의 마음에 숙제로 남아 있던 문제가 해결이 되어 기쁨을 얻고 바울의 마음이 "그리스도 안에서 평안(平安)하게"되었을 것입니다. 이것이 복음이 주는 "은혜와 평강"인 것입니다. 성도 여러분, 우리도 말씀하신 것보다 더욱 순종함으로 주님의 마음을 "기쁘시고, 평안하시게"해드리지 않으시렵니까?

이제 말씀을 마쳐야 하겠습니다. 성도 여러분, 빌레몬서를 통해서 나 자신이 하나님의 영광을 도적질해 가지고 도망쳤던 오네시모라는 점을 깨닫게 되셨습니까? 회개하고 돌아가고 있는 오네시모의 모습은 탕자의 모습이요, 바로 나 자신의 모습인 것입니다.

그런가 하면 누군가를 받아주지 못하고 괴로워하고 있는 또 다른 나 자신의 모습을 보게 됩니다. 그리스도의 사랑으로 용서해주고 받아주어야 할 형제의 오네시모는 누구입니까? 주님은 "그를 영접하기를 내게 하듯 하라"(17)고 빌레몬서를 통해서 간곡히 부탁하십니다.

그러므로 빌레몬서는 모든 죄인들을 하나님께로 돌려보내면서 우리의 죄 값을 "내 앞으로 계산하라 내가 갚겠다"고 말씀하시는 주님의 보증서인 셈입니다.

⑨ 마지막으로 전해야 할 말씀이 남았습니다. 그것은 바울이 "오직 너는 나를 위하여 숙소를 마련하라"(22)한 부탁입니다. 얼른 보면 중심주제와는 동떨어진 부탁처럼 여겨질 수도 있습니다. 그렇지가 않습니다. 이는 빌레몬서의 주제(主題)와 심각하게 연계가 되는 말씀인 것입니다.

만일 빌레몬이 사도 바울의 간곡한 부탁을 거절한다면 훗날 골로새 교회를 방문한 바울을 그 날에 무슨 면목으로 만날 수가 있단 말입니까? 이런 뜻에서 "나를 위하여 숙소를 마련하라"는 말씀은 우리에게 주님의 부탁으로 다가오는 것입니다. "너의 오네시모에게 한 것이 곧 내게 한 것이니라"(마 25:40)하시는 주님의 분부를 이행하지 않는다면 주님 다시 오시는 날 어떻게 만나 뵐 수가 있단 말입니까? 이것이 "그를 영접하기를 내게 하듯 하라"는 빌레몬서입니다.

> 죄 짐 맡은 우리 구주 어찌 좋은 친군지
>
> 걱정 근심 무거운 짐 우리 주께 맡기세
>
> 주께 고함 없는 고로 복을 받지 못하네
>
> 사람들이 어찌하여 아뢸 줄을 모를까 (369장)

딤전 3:14-16절

하나님의 집에서 행해야 할 것들

설교 본문

14 내가 속히 네게 가기를 바라나 이것을 네게 쓰는 것은

15 만일 내가 지체하면 너로 하여금 하나님의 집에서 어떻게 행하여야 할지를
알게 하려 함이니 이 집은 살아 계신 하나님의 교회요 진리의 기둥과 터니라

16 크도다 경건의 비밀이여, 그렇지 않다 하는 이 없도다 그는 육신으로 나타난
바 되시고 영으로 의롭다 하심을 받으시고 천사들에게 보이시고 만국에서 전
파되시고 세상에서 믿은 바 되시고 영광 가운데서 올려지셨느니라

강론

디모데전서와 후서, 디도서를 가리켜 목회서신이라고 말합니다. 왜냐하면 이 서신들이 늙은 사도인 바울이 젊은 제자들인 디모데와, 디도의 목회를 돕기 위해서 보내진 서신들이기 때문입니다. 디모데전서와 디도서는 같은 시기에 기록되었고, 디모데후서는 약 2년 쯤 뒤 로마 옥중에서 순교직전에 기록한 바울의 마지막 서신입니다.

이런 배경에서 디모데전서와 디도서가 목회서신 적인 성격이 뚜렷한 반면, 디모데후서는 보다 자신의 사역을 정리하고 결산하면서, 믿음의 아들인 디모데에게 마지막으로 당부하는 유언과 같은 성격을 띠고 있습니다.

그러면 목회서신의 기록목적이 무엇인가? 3:14-15절입니다. "내가 속히 네게 가기를 바라나 이것을 네게 쓰는 것은 만일 내가 지체하면 너로 하여금 하나님의 집에서 어떻게 행하여야 할지를 알게 하려 함이니"라고 말씀합니다.

이처럼 목회서신의 중심은, "하나님의 교회"입니다. 교회를 가리켜 "이 집은 살아 계신 하나님의 교회요 진리의 기둥과 터"라고 말씀합니다. 그러면 하나님의 교회를 어떻게 섬겨야 하는가? 그러므로 디모데전서는 오늘의 목회자들에게도 "하나님의 교회"는 이렇게 섬기라고 말씀하시는 목회서신인 것입니다. 그러면 각 장의 중심 주제를 살펴보도록 하겠습니다.

① 1장의 중심점은 18절의 "아들 디모데야 내가 네게 이 교훈으로써 명하노니 전에 너를 지도한 예언을 따라 그것으로 선한 싸움을 싸우라"는데 있습니다. 목회서신에는 "명령"하는 것이 여러 번 등장합니다. 바울 자신도 "그리스도 예수의 명령을 따라 그리스도 예수의 사도된 바울은"(1:1)합니다. 그런데 첫 명령이 "선한 싸움을 싸우라"는 명령입니다.

㉠ 문제는 누구를 상대하여 어떻게 하는 것이 "선한 싸움을 싸우는 것"인가 하는 점입니다. 이럴 경우 우리는 불신자들에게 복음을 전하라는 것으로 여깁니다만 목회서신의 명령은 그것이 전부도 우선도 아닙니다.

바울은 2차 선교여행 때 마게도냐로 가면서 디모데를 에베소에 머물게 했습니다. 왜냐하면, "다른 교훈"을 가르쳐 성도들의 "믿음을 무너뜨리는"(딤후 2:18) 자들이 있었기 때문입니다. 1:20절에서는 "그 가운데 후메내오와 알렉산더가 있다"고 이름까지 밝히고 있는데 디모데후서 2:17절에서는 "그들의 말은 악성 종양이 퍼져나감과 같다"고 말씀합니다.

㉡ 그러므로 1장의 구조는 후메내오가 퍼뜨리는 "다른 교훈"(3)과 바

울이 디모데에게 "지도한 예언"(18), 즉 복음진리가 대결하는 구조입니다. 바울이 디모데에게 지도한 예언을 1:11절에서는 "내게 맡기신바 복되신 하나님의 영광의 복음"이라고 말씀합니다. 이런 맥락에서 디모데에게 "선한 싸움을 싸우라"고 명한다면 어떤 의미가 되겠습니까?

그것은 복음을 전하라는 것보다 우선적으로 "악성 종양"같이 퍼져나가는 다른 교훈을 막는 일이 "선한 싸움"인 것입니다. 바울은 마지막 장인 6:12절에서도 "믿음의 선한 싸움을 싸우라 영생을 취하라 이를 위하여 네가 부르심을 받았다"고 거듭 당부합니다. 이렇게 명하는 바울 자신도, "내가 선한 싸움을 싸우고 나의 달려갈 길을 마치고 믿음을 지켰다"(딤후 4:7)고 말씀합니다.

ⓒ 그러므로 오늘의 목회자들도 복음을 전하는 것도 중요합니다만 복음을 보수(保守)하는 일이 우선한다는 점을 명심해야만 합니다. 복음이 아닌 "다른 복음"을 전한다면 차라리 전하지 않는 것이 "하나님의 교회"를 위해서 유익하기 때문입니다. 그렇습니다. 교회가 세워지는 것이 중요한 것이 아닙니다. 바른 교회가 세워지는 것이 중요한 것입니다. 목회자가 많이 배출되는 것이 좋은 것이 아닙니다. 어떤 목회자가 세워지느냐가 중요한 것입니다.

여기에 교인 머릿수보다, 예배당 건물보다 중요하고 우선하는 일이 있는 것입니다. 한국교회가 어찌하여 오늘의 상황에 이르게 되었는가? "모로 가도 서울만 가면 된다"는 식으로 성장에 정신이 팔려 복음을 보수하는 일을 등한히 하다가 복음이 "다른 교훈"으로 둔갑을 했기 때문입니다. "선한 싸움을 싸워라", 이것이 1장의 요점이요, 한국교회를 향한 첫째 명령인 것입니다.

② 2장의 중심점은 5-6절에 있습니다. 먼저 5절에서는, "하나님은 한 분이시요 또 하나님과 사람 사이에 중보자도 한 분이시니 곧 사람이신 그리스도 예수라"고 주님이 "중보자"라 말씀하고, 6절에서는 예수 그리스도께서 "모든 사람을 위하여 자기를 대속물로 주셨으니"라고 말씀합니다.

㉠ 그러니까 2장의 중심점은 주님께서 "중보자와, 대속물"이 되셨다는데 있습니다. 그러면 그의 제자인 우리가 하나님의 교회에서 행해야 할 일이 무엇인가 하는 점은 분명해집니다. 2:1절입니다. 중보자이신 주님의 이름으로 "모든 사람을 위하여 간구와 기도와 도고와 감사를 하라"합니다.

㉡ 그리고 2:7절입니다. "대속제물"이 되셔서 이루어주신 복음을 "내가 전파하는 자와 사도로 세움을 입은 것은 참말이요 거짓말이 아니라"고 말씀합니다. "기도"하는 것과 "전파"하는 것이 하나님의 교회가 감당해야 할 또 다른 "선한 싸움"인 것입니다. 이것이 2장의 요점입니다.

③ 3장은 "미쁘다 이 말이여, 곧 사람이 감독의 직분을 얻으려 함이로다"하고 시작이 됩니다. 3장은 "하나님의 교회"를 섬기는 제직들을 어떻게 세워야 하는가를 말씀하는 내용입니다. 이점이 왜 중요하냐 하면 "장로, 집사" 등은 영적 싸움을 싸워야 하는 하나님의 군대의 지도자들이기 때문입니다.

㉠ 교회가 1장의 복음진리를 보수하는 "선한 싸움"과, 2장의 "기도와, 전파"하는 사명을 감당하기 위해서는 지도자들이 필요하고, 그것도 자격을 구비한 잘 훈련된 제직들이 필요한 것입니다.

㉡ 그러므로 제직의 기준이 엄격한 것을 보게 됩니다. 나라를 섬길 장관들도 청문회를 통해 검증을 합니다. 그렇다면 목회서신의 잣대로 한국교회의 제직들을 청문회를 한다면 통과할 자가 얼마나 될 것인가를 생각하게 합니다.

한국교회가 맛을 잃은 소금같이 밟히게 된 원인 중 하나가 "목사, 장로, 권사, 집사"와 같은 하나님의 교회를 섬기는 지도자들의 영적 수준을 목회서신의 기준(基準)보다 형편없이 낮춘데 원인이 있는 것이 아닌가? 깊은 반성이 요청되는 대목입니다. 이것이 하나님의 교회에서 행해야 할 3장의 요점입니다.

④ 4장의 중심점은 13절의 "내가 이를 때까지 읽는 것과 권하는 것과 가르치는 것에 전념하라"는 말씀에 있습니다. 어찌하여 "가르치는

것에 전념"(專念)해야만 하는가? 가르침을 통해서 신앙이 성숙해지기 때문입니다. 그러면 제일 먼저 누가 성숙해져야 합니까?

㉠ 첫째는 4:15절입니다. "이 모든 일에 전심전력하여 너의 성숙(成熟)함을 모든 사람에게 나타나게 하라"고 우선적으로 목회자 자신이 성숙해져야 한다고 말씀합니다. 목회자도 평생을 "배우고 가르치면서" 성숙해져 가는 것입니다.

㉡ 둘째는 4:16절입니다. "네가 네 자신과 가르침을 살펴 이 일을 계속하라 이것을 행함으로 네 자신과 네게 듣는 자를 구원하리라"합니다. 성도들이 성숙해져야 합니다. "네게 듣는 자를 구원하리라"하는데 베드로 사도도 "갓난아기들 같이 순전하고 신령한 젖을 사모하라 이는 그로 말미암아 너희로 구원에 이르도록 자라게 하려 함이라"(벧전 2:2)고 말씀합니다. 이것이 성화(聖化)의 과정입니다. 명심할 점은 성도들은 목회자가 자라는 만큼 자란다는 점입니다.

㉢ 셋째로 어찌하여 "가르치는 일"에 전념해야만 하는가? 4:1절을 보십시오. 성령이 밝히 말씀하시기를 후일에 "어떤 사람들이 믿음에서 떠나 미혹하는 영과 귀신의 가르침을 따르리라"한 "이단의 미혹"이 있기 때문입니다.

영적 싸움은 "진리와 비 진리"의 싸움입니다. 문제는 누가 더 "가르치는 일에 전념"하느냐에 달렸다 하겠습니다. "가르치는 것에 전념"하는 것이 하나님의 교회에서 행해야 할 4장의 요점입니다.

⑤ 5장은, "늙은이를 꾸짖지 말고 권하되 아버지에게 하듯 하며 젊은이에게는 형제에게 하듯 하라"고 시작이 됩니다. 그러니까 교회내의 다양한 계층을 어떻게 돌볼 것인가에 대한 교훈입니다. 핵심은, "아버지에게 하듯, 형제에게 하듯, 어머니에게 하듯, 자매에게 하듯"(1-2), 즉 가족처럼 섬기라는 말씀입니다.

㉠ 왜냐하면 교회는 큰 가정이요, 가정은 작은 교회이기 때문입니다. 이처럼 "교회와, 가정"은 몸과 지체처럼 불가분의 관계인 "하나"인 것입니다. 건강한 가정들이 모여 건강한 교회가 됩니다. 왜 교회를 가족처럼 섬겨야만 합니까?

㉡ 5:15절을 보십시오. "이미 사탄에게 돌아간 자들도 있도다"한 파괴하려는 사탄의 공격이 있기 때문입니다. 성경에 등장하는 가정들을 보십시오. 사탄의 공격을 당하지 않은 가정이 있습니까? 그 어느 시대보다도 오늘날은 더욱 가정들이 파괴를 당하고 있습니다. 이는 궁극적으로 하나님의 나라건설에 대한 사탄의 도발인 것입니다.

사탄의 공격을 분쇄하기 위해서 각계각층의 성도들을 "아버지에게 하듯, 형제에게 하듯, 어머니에게 하듯, 자매에게 하듯" 사랑으로 대하라는 것입니다. 가정이 건강해야 교회가 건강하고, 영적 전쟁에서 승리할 수 있기 때문입니다. 이것이 하나님의 교회에서 행해야 할 5장의 요점입니다.

ⓕ 6장의 핵심은 11절의 "오직 너 하나님의 사람아"하는 칭호에 있다 하겠습니다. 열왕기상 13장에는 "하나님의 사람"이라는 호칭이 16번이나 등장합니다.

구약시대는 선지자들을 "하나님의 사람"이라고 불렀습니다. 그런데 신약시대는 모든 성도들이 "왕 같은 제사장"들인 하나님의 사람이 된 것입니다. "오직 너 하나님의 사람아"!! 듣기만 해도 뻗었던 다리를 오므리게 되고 옷깃을 여미게 합니다.

㉠ 그런데 목회서신에서는 하나님의 말씀을 대언할 디모데를 "하나님의 사람"으로 부르면서 "이것들을 피하고 의와 경건과 믿음과 사랑과 인내와 온유를 따르라"(6:11)고 말씀합니다. 그러면 피해야 할 것들은 무엇인가? 첫째로 3절의 "다른 교훈"입니다. 둘째로 4절의 "교만"입니다.

이단의 특성은 "다른 교훈"을 말하면서 자신이 "어머니 하나님이다, 보혜사라"고 머리끝까지 교만해집니다. 그리고 그들의 정체는 필연적으로 "마음이 부패하여지고 진리를 잃어 버려 경건을 이익의 방도"(6:5), 즉 돈벌이로 전락하게 된다는 것입니다. 이런 것들은 하나님의 사람이 피해야 할 것들입니다.

㉡ 그러면 "따라야 할 것"은 무엇인가? 첫째로 "의와 경건과 믿음과 사랑과 인내와 온유"(11하)등 6가지를 말씀합니다. 둘씩 짝을 이루는데 "믿음과 사랑"이 모든 그리스도인들이 갖추어야 할 기본적인 요소

라면, "인내와 온유"는 특히 목회자가 갖추어야 할 기본적인 요소인 것입니다.

바울은 자신이 사도라는 증거로 첫째로 "참음"(고후 12:12)을 들고 있습니다. "하나님의 사람들이여"! 선을 행하다가 낙심하지 말고 첫째도 둘째도 셋째도 "인내와 온유"를 간직하시기 바랍니다.

둘째로 따라야 할 점은 6:12절입니다. "믿음의 선한 싸움을 싸우라 영생을 취하라"고 또다시 "선한 싸움"을 언급합니다. 그리고 셋째로 "우리 주 예수 그리스도께서 나타나실 때까지 흠도 없고 책망 받을 것도 없이 이 명령을 지키라"(14)합니다.

이상 "피해야 할 것과, 따라야 할 것"은 디모데에 한정된 것이 아닙니다. 주님께서 재림하실 때까지 세움을 받을 모든 목회자들에게 적용이 되는 목회서신인 것입니다.

⑦ 마지막으로 몇 가지 명심해야 할 점을 말씀드려야 하겠습니다. 첫째로, 디모데전서에는 "경건"이라는 말이 9번이나 등장하고 있다는 점입니다.

"경건"을 영문에서는 하나님을 닮는다는 뜻인 "Godliness"라 하는데 경건은 무엇을 행해야 하는 이전에, 어떠한 사람이 되어야 마땅한가 하는 신앙인격을 나타냅니다. 이것은 자동적으로 되는 것이 아니라, "경건에 이르도록 네 자신을 연단하라"(4:7)한 훈련으로 이루어지는 고된 싸움인 것입니다. 그러므로 경건은 자신을 쳐서 복종시키는 자기와의 싸움입니다. 목회자가 자신과의 싸움, 즉 경건에 실패하게 되면 하나님의 교회를 섬길 수가 없기 때문입니다.

⑧ 둘째로 목회서신에는 "명령"이 10번 정도 등장한다는 점입니다. 왜냐하면 십자가군병들은 "명령에 살고, 명령에 죽는다"는 것이 목회서신의 정신(精神)이기 때문입니다. 민수기 9:23절에서는 "곧 그들이 여호와의 명령을 따라 진을 치며 여호와의 명령을 따라 행진하고 또 모세를 통하여 이르신 여호와의 명령을 따라 여호와의 직임을 지켰더라"고 말씀합니다.

㉠ "하나님과 그리스도 예수와 택하심을 받은 천사들 앞에서 내가 엄히 명하노니"(5:21)합니다. "만물을 살게 하신 하나님 앞과 본디오 빌라도를 향하여 선한 증언을 하신 그리스도 예수 앞에서 내가 너를 명하노니"(6:13)합니다.

㉡ 문제는 각 교회에 "명령에 살고, 명령에 죽을, 이십 세 이상으로 싸움에 나갈만한 자"(민 1:3)가 몇 명이 있느냐가 중요합니다. 이는 시간만 흐르면 저절로 세워지는 것이 아니라 "가르치는 것에 전념"함을 통해서만 가능해진다는 점을 명심하십시다.

⑨ 셋째는, 대적자 사탄에 대한 경계입니다. 바울은 디모데전서 3:7절에서 "마귀의 올무에 빠질까 염려하라"고 경계하고, 디모데후서 2:26절에서도 "그들로 깨어 마귀의 올무에서 벗어나 하나님께 사로잡힌바 되어 그 뜻을 따르게 하실까 함이라"고 경계합니다. 마귀에 대한 경계를 바울이 제일 많이 강조하고 있습니다. 왜냐하면 바울 자신이 마귀에게 속은 뼈아픈 과거가 있기 때문입니다.

㉠ 그런데 마귀와 결부하여 주목할 점은 두 번 다 "올무"라고 표현하고 있다는 점입니다. 6:9절에서도 "부(富)하려 하는 자들은 시험과 올무와 여러 가지 어리석고 해로운 욕심에 떨어지나니 곧 사람으로 파멸과 멸망에 빠지게 하는 것이라"고 역시 "올무"라고 말합니다.

㉡ 동역자 여러분, 낚시의 원리를 늘 기억하시기를 바랍니다. 사탄의 최초의 "올무"에 걸려든 자는 "먹음직한" 선악과를 덥석 물은 아담하와였습니다. 사탄의 "올무"는 낚시 바늘같이 도처에 깔려 있습니다. 첫째로 목회자가 올무에 걸려들지 말아야 합니다. 그리고 목회는 성도들을 "마귀의 올무에 빠지지 않게" 돌보는 일이라는 점도 명심하십시다.

⑩ 마지막으로, 영적 싸움의 무기(武器)가 무엇인가 하는 점입니다. "권능의 사자, 불의 사자"가 아닙니다. 계시록 16:13절에서는 "또 내가 보매 개구리 같은 세 더러운 영(靈)이 용의 입과 짐승의 입과 거짓 선

지자의 입에서 나온다"고 말씀합니다.

㉠ 영적 전쟁은 "입"으로 싸우는 전쟁입니다.

㉡ 입에서 나오는 "진리와, 비 진리"의 싸움입니다.

㉢ 진리와 비 진리와 함께 역사하는 "성령과, 악령"의 싸움이라는 점을 명심하시기 바랍니다.

그러므로 가르치기를 게을리 하는 목회자는 성도들을 무장해제(武裝解除)를 시키는 것과 같고, 반면 배우기를 게을리 하는 성도는 사탄의 포로가 되기로 자청(自請)하는 것과 같다는 점을 명심하십시다.

㉣ 그래서 "잘 다스리는 장로들은 배나 존경할 자로 알라"(5:17)고 말씀합니다. 그리고 교회 제직들은 목회자가 "기도하는 것과 말씀 전하는 것을 전무"(행 6:4)하도록 보필을 잘 해야만 합니다. 주님의 이름으로 다시 부탁합니다. 배우면서 가르치십시다. 목회에 지름길은 없습니다.

마지막으로 목회자들에게 하시는 말씀은 "하나님 아버지와 그리스도 예수 우리 주께로부터 은혜와 긍휼과 평강이 네게 있을지어다"(1:2)한 "긍휼"입니다. 다른 서신에서는 "은혜와 평강"만을 축복했으나 "긍휼"은 목회서신에만 있는 배려입니다. 그만큼 목회가 고난의 길이기 때문입니다.

"긍휼"을 첨부하는 사도의 마음은 곧 목회자들에게 향한 주님의 마음인 것입니다. 저도 주님의 이름으로 기원합니다. "하나님 아버지와 그리스도 예수 우리 주께로부터 은혜와 긍휼과 평강이 동역자들에게 있을지어다." 이것이 "하나님의 집에서 행해야 할 것들"인 디모데전서입니다.

> 내 주의 나라와 주 계신 성전과
> 피 흘려 사신 교회를 늘 사랑합니다.
> 이 교회 위하여 눈물과 기도로
> 내 생명 다 하기까지 늘 봉사합니다. (208장)

딤후 4:1-5절

너는 복음을 지키고, 가르치고, 전파하라

설교 본문

1 하나님 앞과 살아 있는 자와 죽은 자를 심판하실 그리스도 예수 앞에서 그가 나타나실 것과 그의 나라를 두고 엄히 명하노니

2 너는 말씀을 전파하라 때를 얻든지 못 얻든지 항상 힘쓰라 범사에 오래 참음과 가르침으로 경책하며 경계하며 권하라

3 때가 이르리니 사람이 바른 교훈을 받지 아니하며 귀가 가려워서 자기의 사욕을 따를 스승을 많이 두고

4 또 그 귀를 진리에서 돌이켜 허탄한 이야기를 따르리라

5 그러나 너는 모든 일에 신중하여 고난을 받으며 전도자의 일을 하며 네 직무를 다하라

강론

디모데후서는 "전제와 같이 내가 벌써 부어지고 나의 떠날 시각이 가까웠도다"(4:6)한 순교를 목전에 둔 바울이 믿음의 아들 디모데에게 보낸 유언과 같은 최후서신입니다.

당시 상황은 계시록에서 짐승(적그리스도)으로 묘사된 네로의 불 같은 시험이 다가오고 있는 때였고, 성도들의 "믿음을 무너뜨리는, 악성 종양과 같은 다른 복음"(2:17-18)은 기승을 부리고 있던 때였습니다. 그리하여 "데마는 이 세상을 사랑하여 나를 버리고 데살로니가로 갔고(4:10), 내가 처음 변명할 때에 나와 함께 한 자가 하나도 없고 다 나를 버렸으나"(4:16)한 복음이 위기를 만난 상황이었습니다.

이런 상황을 뒤로 한 체 떠나야 하는 바울의 관심사는 자신의 죽음에 있는 것이 아니었습니다. 주님의 죽으시고 다시 사심을 통해서 이루어주신 "복음"을, 그리고 주님의 피로 사신 "성도들"을 누구에게 부탁할 것인가에 집중되어 있었던 것입니다.

바울의 옥중 서신인 빌립보서에서도, "내가 그 둘 사이에 끼었으니 차라리 세상을 떠나서 그리스도와 함께 있는 것이 훨씬 더 좋은 일이라 그렇게 하고 싶으나 내가 육신으로 있는 것이 너희를 위하여 더 유익하리라"(빌 1:23-24)고 진술합니다.

개인적인 바람은 빨리 주님에게 가기를 원하나, 성도들을 생각한다면 좀 더 머물러 있는 것이 유익하리라는 말씀입니다.

디모데후서를 가리켜 핸들리 모울은 "눈물 없이는 읽을 수 없는 서신이라" 말하고 존 칼빈은, "성경의 어떤 책보다도 나에게 지대한 영향을 주었다"고 말합니다. 그렇다면 우리들(특히 목회자들)에게도 지대한 영향을 줄 수 있는 서신임이 분명합니다. 어떤 의미에서 그러할까요?

먼저 디모데후서의 전체주제를 파악하도록 하겠습니다. 사도 바울이 유언과 같은 서신을 통해서 말씀하고자 하는바가 무엇이겠습니까? 참으로 눈물 없이는 읽을 수 없는 많은 말씀이 있습니다만 두 마디로 요약할 수가 있습니다.

㉠ 첫째는 1:13-14절인데 "내게 들은바 바른 말을 본받아 지키고, 성령으로 말미암아 네게 부탁한 아름다운 것을 지키라"고 말씀합니다. 무엇을 "지키라"는 것입니까? 바울이 전해주고 성령께서 부탁한 복음을 "보수"(保守)하라는 말씀입니다.

㉡ 둘째는 4:1-2절입니다. "하나님 앞과 살아 있는 자와 죽은 자를 심판하실 그리스도 예수 앞에서 그가 나타나실 것과 그의 나라를 두고 엄히 명하노니 너는 말씀을 전파하라"는 명령입니다. 때를 얻든지 못 얻든지 복음을 전파하기를 "항상 힘쓰라"합니다.

"복음을 보수하면서, 전파하라"는 이 두 주제가 디모데후서의 중심주제요, 디모데후서를 대하는 오늘의 "디모데"에게 하시는 주 성령의 명령인 것입니다. 전체 주제를 파악했으니 각 장의 중심점을 살펴보도록 하겠습니다.

① 1장의 중심점은 1:10절이라 할 수가 있습니다. 왜냐하면 우리에게 전하라 하신 "복음"이 어떤 방도로 이루어진 것인가 하는 복음의 귀중성을 말씀하는 대목이기 때문입니다.

㉠ "이제는 우리 구주 그리스도 예수의 나타나심으로 말미암아 나타났으니 그는 사망을 폐하시고 복음으로써 생명과 썩지 아니할 것을 드러내신지라"합니다. 이점에서 "나타나셔서, 드러내셨다"는 점을 주목하시기를 바랍니다.

"말씀"이 육신을 입으시고 "나타나셨다"는 것입니다. 이것이 임마누엘 사건입니다. 그런데 나타나심이 끝이 아니라 "사망을 폐하시고" 썩지 아니할 생명을 "드러내신지라"합니다. 어떻게 드러내셨는가? 죽으시고 다시 사심을 통해서입니다. 핵심은 "나타나셔서, 드러내신" 이것이 "복음"이라고 말씀한다는 점입니다.

㉡ 이렇게 증언한 후에 1:11절입니다. "내가 이 복음을 위하여 선포자와 사도와 교사로 세우심을 입었노라"합니다. 이점에서 11절의 순서를 주목하시기를 바랍니다. 우리 생각에는 세 가지 직분 중에 "사도"를 먼저 언급할 것 같은데 "선포자"를 맨 앞에 놓고 있다는 점입니다.

이렇게 하는 바울의 마음이 무엇이겠습니까? 복음의 영광스러움을 알았기에 "선포자"의 중요성을 인식했기 때문일 것입니다. 또한 "나타나셔서, 드러내신" 복음을 누가 바르게 선포하느냐 하는 책임을 느꼈기 때문일 것입니다. 이것이 1장의 요점입니다.

② 2장의 중심점은 2:2절입니다. "네가 많은 증인 앞에서 내게 들은 바를 충성된 사람들에게 부탁하라 그들이 또 다른 사람들을 가르칠 수 있으리라"합니다.

㉠ 복음은 "예수 그리스도의 계시--바울--디모데--충성된 사람--또 다른 사람", 이렇게 확장되어 나가야 한다는 말씀입니다.

사도행전 16:1절에 보면 바울이 제2차 선교여행 당시 루스드라에서 "디모데"를 만나는 장면이 있습니다. "바울과, 디모데"의 만남은 역사적인 만남이었습니다. 이처럼 "충성스런 사람"을 만나 복음을 계승시킨다는 것은 전도자에게는 중요한 직무인 것입니다.

㉡ 2:9절입니다. "복음으로 말미암아 내가 죄인과 같이 매이는 데까지 고난을 받았으나 하나님의 말씀은 매이지 아니하니라"합니다. 어찌하여 복음이 "매이지 않는다"고 말하는지 바로 앞 절인 2:8절을 보십시오. "죽은 자 가운데서 다시 살아나신 예수 그리스도", 즉 사망이 우리 주님을 매어 둘 수 없었기 때문에 복음도 "매이지 아니 하니라"(행 2:24)하는 것입니다. 이것이 2장의 요점입니다.

③ 3장은 "너는 이것을 알라 말세에 고통하는 때가 이르리니"하고 시작이 됩니다. 무슨 뜻인가? 디모데는 루스드라 출신인데 바울이 1차 선교 당시, "그들이 돌로 바울을 쳐서 죽은 줄로 알고 시외로 끌어 내 치니라"(행 14:19)한 곳이 루스드라입니다. 아마 디모데는 바울이 복음을 전하다가 돌에 맞는 장면을 목격했을 것입니다. 이점이 3:11절에서 "루스드라에서 당한 일과 어떠한 박해를 받은 것을 네가 과연 보고 알았거니와"한 언급에 나타납니다.

㉠ 그 후 디모데는 2차 선교여행에 합류하여 바울과 함께 많은 고난을 당했습니다. 바울은 디모데에게 "나는 복음과 함께 많은 고난을 받았으나 너의 때는 순탄할 것이라"고 말하고 있는 것이 아닙니다.

㉡ 오히려 "너는 이것을 알라 말세에 고통하는 때가 이르리니", 즉 말세가 될수록 더욱더 고통하는 때가 될 것이니 단단히 각오하라는 뜻입니다. 오늘 이 시대가 바울이 예견한 대로 더욱 "고통하는 때"요, 주님의 재림이 가까워 올수록 복음을 보수하며 전파하기가 더욱더 어려운 고통하는 때가 될 것입니다.

④ 4장에서는 "때가 이르리니 사람이 바른 교훈을 받지 아니하며 귀가 가려워서 자기의 사욕을 따를 스승을 많이 두고 또 그 귀를 진리에서 돌이켜 허탄한 이야기를 따르리라"(4:3-4)는 예언적인 말씀을 합니다.

㉠ 3장에서 "말세에 고통하는 때가 이르리니"한 것이 사회상(社會

相)을 가리키는 말이라면, 4장의 "때가 이르리니"한 것은 교회의 타락(墮落)상을 가리킨다 하겠습니다.

ⓒ "그러나 너는 모든 일에 신중하여 고난을 받으며 전도자의 일을 하며 네 직무를 다하라"(4:5)고 격려합니다. 이 말씀을 대하면서 나 자신은 "나타나셔서, 드러내신" 복음을 바르게 선포하고 있는가? 아니면 "사욕(私慾)을 따를 스승"노릇을 하고 있는 것은 아닌가 하고 자신을 돌아보게 합니다. 이것이 4장의 요점입니다.

각 장의 요점을 파악했으니 마지막으로 디모데후서에 등장하는, "나, 너, 그들, 우리"라는 인칭에 대해 살펴보도록 하겠습니다. 왜냐하면 여기에 디모데후서가 우리에게 적용이 되는 바가 있기 때문입니다. 그러므로 자신은 "나, 너, 그들, 우리" 중 어느 누구의 입장인가를 살펴보게 됩니다.

⑤ 첫째로 디모데후서에 등장하는 "나"가 누구입니까?

㉠ 1:11절에서 "내가 이 복음을 위하여 선포자와 사도와 교사로 세우심을 입었노라"한 바울입니다. 다시 상기시킵니다만 "사도"보다 "선포자"를 맨 앞에 내세우는 바울의 마음이 무엇이겠습니까? 박해자였던 자신을 복음 전도자로 택하신 목적을 생각했기 때문일 것입니다. 이를 대하면서 나 자신도 "복음"을 바로 "선포"하는 이 시대의 "바울"이

되겠다고 다짐하게 합니다.

ⓛ 4:7절에서는 "나는 선한 싸움을 싸우고 나의 달려갈 길을 마치고 믿음을 지켰다"고 진술합니다. 이점에서도 "달려갈 길을 마치고" 보다 "믿음을 지켰다"는 말을 맨 마지막에 언급하는 바울의 마음을 생각하게 합니다. 시간적인 순서로 말한다면 "믿음을 지키면서 선한 싸움을 싸우고 나의 달려갈 길을 마쳤다"고 말해야 할 것입니다.

이렇게 진술하는 의도는 1:9절에서 "그 믿음에 관하여는 파선(破船)하였느니라"를 생각했기 때문일 것입니다. 그렇습니다. "선한 싸움을 싸우고 달려갈 길을 마치는" 사람은 많지만 끝까지 "믿음을 지키는" 사람은 많지가 않은 것입니다. 이점을 명심하십시다.

⑥ 그러면 둘째로 "너"는 누구입니까? 디모데후서를 받는 디모데입니다. 1장 안에는 디모데를 가리키는 "너"가 14번이나 나옵니다. "쉬지 않고 너를 생각하여(1:3), 네 눈물을 생각하여(1:4), 네 속에 거짓이 없는 믿음이 있음을 생각함이라"(1:5)합니다.

㉠ 이처럼 사랑하는 아들 디모데에게 1:8절에서는 어떤 축복이 아니라 "너는, 복음과 함께 고난을 받으라"합니다. 2:3절에서도 "너는 그리스도 예수의 좋은 병사로 나와 함께 고난을 받으라"고 거듭 "고난"을 말합니다.

㉡ 그리고 "너"와 결부해서 명심해야 할 점은 "그러나 너는"하는 말

입니다. 3:14절입니다. "그러나 너는 배우고 확신한 일에 거하라"합니다. 그리고 "너는 네가 누구에게서 배운 것을 알며"합니다. 무슨 뜻입니까? "그러나 너는" 달라야 한다는 차별성입니다.

ⓒ 4:5절에서도 "그러나 너는 모든 일에 신중하여 고난을 받으며 전도자의 일을 하며 네·직무를 다하라"합니다. 어떤 문맥에서 "그러나 너는"하는가? "자기의 사욕을 따를 스승을 많이 두고 또 그 귀를 진리에서 돌이켜 허탄한 이야기를 따르리라"(4:3-4)한 문맥에서 "그러나 너는" 달라야 한다고 정체성을 일깨워줍니다.

ⓔ 그러므로 3:5절에서는 "경건의 모양은 있으나 경건의 능력은 부인하니 이 같은 자들에게서 네가 돌아서라"합니다. "돌아서서" 가야 하는 길은 좁은 길이요, 주님께서 가신 고난의 길인 것입니다.

⑦ 그러면 디모데후서에서 언급하는 "그들"은 누군가 하는 점입니다.

㉠ 2:17절입니다. "그들의 말은 악성 종양이 퍼져나감과 같다"고 말합니다. 2:18절에서는 "진리에 관하여는 그들이 그릇되었도다, 어떤 사람들의 믿음을 무너뜨리느니라"합니다. 그러니까 "그들"은 교회 밖에 있는 자들이 아니라 교회 안에 있는, 그것도 다른 사람을 가르치는 선생이라는 점을 명심하십시다.

㉡ 그러면 "너와, 그들"이 무엇에 의하여 분별(分別)이 되느냐 하는 점입니다. 2:15절입니다. "너는 진리의 말씀을 옳게 분별(分別)하라"

고 말씀합니다. "그들"을 양성하는 신학교가 따로 있는 것이 아닙니다. 참 교회와 거짓교회는 강단에서 "말씀"이 바르게 선포되느냐 여부에 있다는 점을 명심하십시다.

ⓒ 그런데 심각한 언급이 2:26절에 있습니다. "그들로 깨어 마귀의 올무에서 벗어나 하나님께 사로잡힌바 되어 그 뜻을 따르게 하실까 함이라"고 말씀한다는 점입니다. "그들로 깨어 마귀의 올무에서 벗어나"라는 묘사는 그들이 사탄에게 속고 있으며 지배를 당하고 있다는 점을 나타냅니다. 그래서 "깨어"라고 말씀하는 것입니다.

이렇게 경계하는 바울 자신도 "열심으로는 교회를 박해하고(빌 3:6), 우리도 전에는, 속은 자요"(딛 3:3)라고 실토합니다. 무슨 뜻입니까? 하나님께 충성하는 줄 알고 열심히 교회를 박해했는데 이것이 사탄에게 속은 것이라는 말입니다. 그래서 고린도후서 2:11절에서는 "이는 우리로 사탄에게 속지 않게 하려 함이라 우리는 그 계책을 알지 못하는 바가 아니로라"고 말씀하는 것입니다.

사탄에게 속아보지 않은 그리스도인은 한 사람도 없을 것입니다. 문제는 이를 모르고 있다는데 있습니다. 이단은 자신이 "이단"이라는 것을 알고 있을까요? 모르고 있을 것입니다. 그러므로 "깨어 마귀의 올무에서 벗어나는" 일이 중요합니다. 이 말씀은 나 자신은 사탄의 계책에 속고 있는 것은 아닌지 심각하게 고민하게 합니다.

⑧ 끝으로 "우리"라는 대명사에도 관심을 기울이게 합니다. 이 "우리"는 바울과, 디모데, 그리고 이 말씀을 듣는 우리 모두를 일컫는 말씀이기 때문입니다.

㉠ 1:7절에서는 "하나님이 우리에게 주신 것은 두려워하는 마음이 아니요 오직 능력과 사랑과 절제하는 마음이라"합니다. 이렇게 말씀하는 의도가 무엇인가? "네 눈물을 생각하여"(1:4)한 디모데가 울고 있기 때문입니다. 바울은 이렇게 말씀하고 있는 셈입니다. "주의 종은 울어서는 안 된다. 우리에게 주신 것은 두려워하는 마음이 아니다. 오직 능력과 사랑과 절제하는 마음이다."

㉡ 1:9절에서 "하나님이 우리를 구원하사 거룩하신 소명으로 부르심은 우리의 행위대로 하심이 아니요 오직 자기의 뜻과 영원 전부터 그리스도 예수 안에서 우리에게 주신 은혜대로 하심이라"합니다. "우리"는 이 은혜를 입어 "구원"을 얻었으며 이 복음을 증언하라고 부르심을 받은 자들인 것입니다.

㉢ 순교를 목전에 둔 바울은 "이제 후로는 나를 위하여 의의 면류관이 예비되었으므로 주 곧 의로우신 재판장이 그 날에 내게 주실 것이라"(4:8)고 확신합니다. 그런데 "내게만 아니라 주의 나타나심을 사모하는 모든 자" 곧 여러분에게도 주실 것이라고 말씀합니다.

⑨ 마지막으로 힘 있게 붙들어야 할 말씀은 목회서신의 중심단어 중 하나인 "미쁘다 이 말이여"라는 말씀입니다. 바울은 디모데 전후서에서 5번(딤전 1:15, 3:1, 4:9, 딤후 2:11, 2:13)이나 "미쁘다 이 말이여" 합니다. 이는 믿을만한 진실한 말씀이라는 뜻입니다. 그러면 미쁘신 말씀이 무엇입니까?

2:11-12절을 보겠습니다. 세 마디로 되어 있는데 ㉠ "미쁘다 이 말이여 우리가 주와 함께 죽었으면 또한 함께 살 것이요"합니다. ㉡ "참으면 또한 함께 왕 노릇 할 것이요"합니다. 그리고 ㉢ "우리가 주를 부인하면 주도 우리를 부인하실 것이라"고 말씀합니다.

그러면 어디에 근거해서 "미쁘다 이 말이여"하고 확신을 나타내는지 아시겠습니까? 2:13절은 이에 대한 답변입니다. "우리는 미쁨이 없을지라도 주는 항상 미쁘시니 자기를 부인하실 수 없으시리라"(11-13)고 대답합니다. 무슨 뜻이냐 하면 성경은 하나님의 약속의 말씀입니다. 그런데 약속을 지키시지 않는다면 "의로우신 하나님, 진실하신 하나님"이라는 자신을 부인하는 것이 되기 때문에 하나님의 약속은 "미쁘다 이 말이여"하는 것입니다.

"은사도, 능력도, 축복도, 기사와 이적"도 폐할 날이 옵니다. 그렇습니다. "풀은 마르고 꽃은 떨어지되 오직 주의 말씀은 세세토록 있도다 하였으니 너희에게 전한 복음이 곧 이 말씀이니라"(벧전 1:24-25)합니다.

죽도록 충성한 노 사도가 순교를 목전에 두고 의지할 주님은 "미쁘신 주님"이요, 붙들어야 할 말씀은 "미쁘신 말씀"이었던 것입니다. "이로 말미암아 내가 또 이 고난을 받되 부끄러워하지 아니함은 내가 믿는 자(미쁘신 주님)를 내가 알고 또한 내가 의탁한 것을 그 날까지 그가 능히 지키실 줄을 확신"(1:12)한다고 말씀합니다.

바울은 참수대로 걸어가면서 무엇을 생각했을까요? "미쁘다 이 말이여", 이 말씀을 붙잡고 이 말씀을 묵상하면서 이 미쁘신 말씀 위에 굳게 서서 자신이 전한 복음의 진실성을 죽음으로 입증을 했던 것입니다.

바울의 마지막 말은 "…갔고, …갔고, 하나도 없고 다 나를 버렸으나"(4:10, 16), "주께서 내 곁에 서서 나에게 힘을 주심은"(4:17)하고, 주님만은 자신을 떠나시지 않았다는 고백입니다. 그리고 우리에게 부탁하는 말씀은, "그러나 너는"(3:14, 4:5)한, 너는 달라야 한다는 말씀입니다.

여러분에게도 디모데후서가, "지대한 영향을 주는 말씀"이 되시기를 바랍니다. 이것이 "너는 복음을 지키고, 가르치고, 전파하라"는 디모데후서입니다.

세상 풍조는 나날이 변하여도 나는 내 믿음 지키리니

인생 살다가 죽음이 꿈같으나 오직 내 꿈은 참되리라

나의 놀라운 꿈 정녕 나 믿기는 장차 큰 은혜 받을 표니

나의 놀라운 꿈 정녕 이루어져 주님 얼굴을 뵈오리라 (490장)

딛 3:4-8절

굳세게 말하고 권면하라

설교 본문

4 우리 구주 하나님의 자비와 사람 사랑하심이 나타날 때에

5 우리를 구원하시되 우리가 행한 바 의로운 행위로 말미암지 아니하고 오직 그의 긍휼하심을 따라 중생의 씻음과 성령의 새롭게 하심으로 하셨나니

6 우리 구주 예수 그리스도로 말미암아 우리에게 그 성령을 풍성히 부어 주사

7 우리로 그의 은혜를 힘입어 의롭다 하심을 얻어 영생의 소망을 따라 상속자가 되게 하려 하심이라

8 이 말이 미쁘도다 원하건대 너는 이 여러 것에 대하여 굳세게 말하라 이는 하나님을 믿는 자들로 하여금 조심하여 선한 일을 힘쓰게 하려 함이라 이것은 아름다우며 사람들에게 유익하니라

강론

디도서와 디모데전서는 바울에 의하여 거의 같은 시기에 믿음의 아들들에게 보내진 목회서신입니다. 바울은 디모데를 에베소에 머물게 하고, 디도는 그레데에 머물게 했습니다. 이렇게 한 가장 중요한 이유는 거짓 선생들을, "명하여 다른 교훈을 가르치지"(딤전 1:3)못하게 하기 위해서였습니다. 디도서 1:10-11절을 보겠습니다. "불순종하고 헛된 말을 하며 속이는 자가 많은 중 할례파 가운데 특히 그러하니 그들의 입을 막을 것이라 이런 자들이 더러운 이득을 취하려고 마땅하지 아니한 것을 가르쳐 가정들을 온통 무너뜨리는도다"합니다.

"내 증인이 되라"하신 그리스도의 증언들의 우선적인 사명은 복음을 전파하는 것입니다. 그런데 진정한 증인들은 주님께서 죽으시고 다시 사심을 통해서 이루어 놓으신 복음을 전파할 뿐만이 아니라 보수하며 변증하는 자들이라는 점을 잊지 말아야만 합니다. 그런데 오늘날은 복음전도자도, 복음을 보수하려는 변증자도 많지 않은 듯이 여겨집니다.

디도서는 디모데전서의 절반 분량입니다. 그래서 디모데전서의 요약이라고 말합니다. 그런데 디도서의 특징은 이처럼 짧은 목회서신임에도 불구하고 복음의 핵심적인 교리들을 담고 있다는 점입니다. 그러면 목회서신에서 이처럼 "교리"를 증언하는 의도가 무엇일까요? 목회서신의 목적은 "하나님의 집에서 어떻게 행하여야 할지를 알게"하기 위한 것입니다. 그런데 "이 집은 살아 계신 하나님의 교회요 진리(眞理)의 기둥과 터"(딤전 3:15)라는 점입니다. 그러므로 목회는 기술이 아니라 "진리"의 기초와 기둥에 입각해서 수행해야 하기 때문입니다.

① 디도서에는 핵심적인 교리부분이 두 곳(2:11-14, 3:4-7)에 있습니다. 먼저 첫 번 교리부분인 2:11-14절을 살펴보겠습니다. 여기에 "나타나심"이 2번(2:11, 13) 등장하는데 이 "나타나심"이 교리부분을 해석하는 열쇠라 할 수가 있습니다.

㉠ 첫 번째 "나타나심"은 2:11절입니다. "모든 사람에게 구원을 주시는 하나님의 은혜가 나타나"합니다. 구원을 주시는 "하나님의 은혜가 나타났다"는 이 짧은 진술은 임마누엘의 탄생으로부터 십자가상에서 "다 이루었다"고 선언하신 "복음서"를 한 마디로 요약한 것이 "구원을 주시는 하나님의 은혜가 나타났다"는 뜻입니다.

㉡ 두 번째 "나타나심"은 2:13절입니다. "복스러운 소망과 우리의 크신 하나님 구주 예수 그리스도의 영광이 나타나심을 기다리게 하셨으니"합니다. "영광이 나타나심"을 기다리게 하셨다는 뜻은 주님께서 잡히시던 날 밤 제자들에게 "가서 너희를 위하여 거처를 예비하면 내가 다시 와서 너희를 내게로 영접하여 나 있는 곳에 너희도 있게 하리라"(요 14:3)고 약속하신 주님의 재림을 가리킵니다.

② 그러면 "은혜의 나타남과(2:11), 영광의 나타남"(2:13) 사이를 살아가고 있는 우리는 어떤 삶을 살아야만 마땅합니까? 이점이 2:12절 말씀입니다. "우리를 양육하시되 경건하지 않은 것과 이 세상 정욕을 다 버리고 신중함과 의로움과 경건함으로 이 세상에 살고"합니다.

"이 세상에 살고"하는데 우리는 지금 "은혜의 나타남"으로 구원을 얻어, "영광이 나타날", 즉 주님의 재림을 기다리면서 "이 세상"을 살아가고 있는 것입니다. 그러면 "은혜의 나타남과, 영광의 나타남" 사이의 기간(期間)을 어떻게 살아야 하는가? 사도는 "신중함과 의로움과 경건함으로 이 세상에 살라"고, 3가지를 꼽고 있습니다.

㉠ 첫째는 "신중함"인데 이점이 개역에는 "근신"(謹愼)으로 되어 있습니다. "근신"은 자기 자신과의 관계입니다. 이점을 바울은 "내가 내 몸을 쳐 복종하게 함은 내가 남에게 전파한 후에 자신이 도리어 버림을 당할까 두려워함이로다"(고전 9:27)고 진술합니다. 이처럼 자기 자신과의 싸움이 "근신"인 것입니다.

㉡ 둘째는 "의로움"인데 이는 이웃과의 관계입니다. 이점을 바울은 로마서에서 "간음하지 말라, 살인하지 말라, 도둑질하지 말라, 탐내지 말라 한 것과 그 외에 다른 계명이 있을지라도 네 이웃을 네 자신과 같이 사랑하라 하신 그 말씀 가운데 다 들었느니라"(롬 13:9)합니다. 이것이 "의로움"입니다.

㉢ 셋째는 "경건"인데 이는 하나님과의 관계입니다. "경건"을 영문

에서는 하나님을 닮는다는 뜻인 "Godliness"라 합니다. 바울의 소원이 무엇인지 아십니까? 옥중서신인 빌립보서에서 "나의 간절한 기대와 소망을 따라 아무 일에든지 부끄러워하지 아니하고 지금도 전과 같이 온전히 담대하여 살든지 죽든지 내 몸에서 그리스도가 존귀하게 되게 하려 하나니"(빌 1:20)합니다. 이것이 경건인 것입니다.

예를 들어보겠습니다. 100명이 모이는 교회라 합시다. 바울은 "내 몸에서 그리스도가 존귀하게 되게 하려 하나니"하는데 100명 중 주님은 어느 성도의 "몸에서 가장 존귀함을 받으실까"를 생각해보시기를 바랍니다. 이것이 "경건"입니다. 근래에 "영성"(靈性)이라는 말을 자주 듣게 되는데 "영성"은 신비주의적인 것이 아닙니다. "안으로의 영성(근신), 밖으로의 영성(의로움), 위로의 영성"(경건)이 우리가 사모할 영성이라는 점을 유념하시기 바랍니다.

㉣ 첫 번째 교리부분은 2:14절로 마치고 있는데 4마디로 되어 있습니다. ㉮ "그가", 즉 하나님의 아들 예수 그리스도께서, ㉯ "우리를 대신하여 자신을 주심은", 즉 우리 대신 십자가를 지심은, ㉰ "모든 불법에서 우리를 속량하시고 우리를 깨끗하게 하사", ㉱ "선한 일을 열심히 하는 자기 백성이 되게 하려 하심이라"고 말씀합니다.

㉫ 그런 후에 2:15절입니다. "너는 이것을", 즉 하나님께서 행해주신 교리를 "말하고 권면하며 모든 권위로 책망하여 누구에게서든지 업신여김을 받지 말라"합니다. 이처럼 윤리는 교리에 입각해서, "왜냐

하면--그러므로"하고 권면해야 옳고 또한 실천할 수 있는 능력이 주어지는 것입니다. 이것이 주님께서 우리를 영접하러 오시는 그날까지의 우리 삶의 기준인 것입니다.

③ 다음으로 디도서에 두 번째로 등장하는 교리부분인 3:4-7절을 살펴보도록 하겠습니다. 여기에도 또 "나타나심"이 있다는 점을 주목하시기를 바랍니다. 왜냐하면 "나타내심"이 계시(啓示)이기 때문입니다. "나타내심"으로만이 하나님의 마음을 알 수가 있고 우리의 구원도 가능하여지는 것입니다.

㉠ 그러면 무엇을 나타내셨습니까? 3:4절입니다. "우리 구주 하나님의 자비와 사람 사랑하심이 나타날 때에"합니다. 2:11절에서는 "구원을 주시는 하나님의 은혜가 나타났다"고 말씀했는데 여기서는 "하나님의 사랑이 나타났다"고 표현을 달리하고 있습니다. 그러면 "하나님의 사랑"을 어떻게 나타내셨습니까? 그렇습니다. "하나님의 사랑이 우리에게 이렇게 나타난바 되었으니 하나님이 자기의 독생자를 세상에 보내심은 그로 말미암아 우리를 살리려 하심이라"(요일 4:9)한 임마누엘로부터 십자가사건까지를 가리키는 말씀입니다.

④ 그러면 "하나님의 자비와 사랑"을 나타내심으로 우리에게 무엇을 이루어주셨는가 하는 점입니다. 3:5절입니다. "우리를 구원하시되

우리가 행한 바 의로운 행위로 말미암지 아니하고 오직 그의 긍휼하심을 따라 중생의 씻음과 성령의 새롭게 하심으로 하셨나니"합니다.

㉠ 첫째는, "중생" 곧 거듭나게 해주셨다고 말씀합니다. 그리스도인이 된다는 것은 나쁜 사람을 좋은 사람으로 개선(改善)시키는 것이 아닙니다. 허물과 죄로 죽었던 심령이 새로 태어나는 이것이 "중생"(重生)인 것입니다. 이는 한 알의 밀이 땅에 떨어져 죽음으로 많은 열매를 맺음같이 그리스도의 죽으심으로 가능해진 것입니다.

㉡ 또 있습니다. 3:7절을 보시겠습니다. "우리로 그의 은혜를 힘입어 의롭다 하심을 얻었다"고 말씀합니다. "의롭다함"은 우리가 의롭게 되었다는 뜻이 아닙니다. 하나님께서 우리를 보실 때 "의롭다고 여겨주신다"는 뜻입니다. 하나님께서 우리를 율법을 통해 보시게 되면 모든 사람이 죄 아래 있고, 심판 아래 있게 됩니다.

그러면 나 같은 죄인을 어떻게 의롭다고 여겨주신단 말입니까? 2:14절에서 말씀한 예수 그리스도께서 "우리를 대신하여 자신을 주신 속량"으로 말미암아 가능해진 것입니다. 주님께서 우리 대신 정죄를 받으신 십자가의 피를 통해서 보실 때에 의롭다고 여겨주실 수가 있으신 것입니다. 이처럼 예수 그리스도를 믿는 자에게 주어지는 두 가지 축복이 "중생과, 칭의"입니다. "거듭남"으로 하나님의 자녀로 태어나고, "의롭다하심"으로 의로우신 하나님과 화목하게 된 것입니다. 이것이 "우리를 구원하시되"(3:5)한 구원(救援)인 것입니다.

ⓒ 그런데 또 있습니다. 3:7절을 보십시오. "상속자가 되게 하려 하심이라"고 말씀합니다. "상속자"란 대를 이을 자입니다. 탕자의 비유에서 "내게는 염소 새끼도"주지 않았다고 불평하는 큰아들에게 아버지는, "내 것이 다 네 것이로되"(눅 15:29, 31)한 이것이 상속자란 뜻입니다. 주님은 "내 아버지께 복 받을 자들이여 나아와 창세로부터 너희를 위하여 예비된 나라를 상속받으라"(마 25:34)고 말씀하십니다. 우리가 하나님의 자녀(子女)이면 하나님의 영광에 참여할 "상속자"들인 것입니다. 그래도 부족합니까! 하나님께서 우리를 "속량하시고, 거듭나게 하시고, 의롭다고 여겨주신" 궁극적인 목적은 "상속자", 즉 "보라 하나님의 장막이 사람들과 함께 있으매 하나님이 그들과 함께 계시리니 그들은 하나님의 백성이 되고 하나님은 친히 그들과 함께 계신다"(계 21:3)는 하나님의 나라를 이루시기 위해서인 것입니다. 이것이 "상속자"들이 누릴 영광인 것입니다.

⑤ 이처럼 영광스런 교리를 말씀한 후에 3:8절입니다. "이 말이 미쁘도다 원하건대 너는 이 여러 것에 대하여 굳세게 말하라"고 명합니다. 여러분 참으로 "굳세게" 말하십시다. 그러면 그리스도의 증인들이 "굳세게" 증언해야 할 말씀들이 무엇인가를 정리해보도록 하겠습니다.

ⓖ 첫째는 "불법에서 우리를 속량"(2:14)하여 주셨다는 점을 굳세게 증언하십니다. ⓛ 둘째는 "자기 백성"(2:14) 곧 하나님의 백성이 되게 해주셨다는 점을 굳세게 선포하십시다. ⓒ 셋째는 "중생"(3:5) 곧 허물과

죄로 죽었던 우리를 거듭나게 해주셨습니다. ㉣ 넷째는 "의롭다"(3:7)고 여겨주셨습니다. ㉤ 다섯째로 "상속자가 되게 하셨다"(3:7)는 점을 굳세게 증언하십시다. ㉥ 여섯째로 우리 몸을 "영화"롭게 해주십니다. 2:13절을 보십시오. "예수 그리스도의 영광이 나타나심을 기다리게 하셨다"(2:13)고 말씀합니다. 주님이 재림하실 때 우리는 지금과 같은 몸으로 맞이하는 것이 아닙니다. 주님의 재림을 알리는 "마지막 나팔에 순식간에 홀연히 다 변화되리니"(고전 15:51)합니다. 이것이 "영화"입니다.

이 모든 축복이 "우리가 행한바 의로운 행위로 말미암지 아니하고 오직 그의 긍휼하심을 따라"(3:5), 그의 은혜를 힘입어"(3:7) 값없이 주신 것입니다. 이것이 설교자들이 "굳세게" 말해야 할 복음의 요소인 것입니다.

⑥ 우리가 "굳세게" 증언해야 할 것들은 다 하나님께서 자기 아들을 통해서 이루어주신 은혜요, 복음입니다. 그렇다면 우리가 행해야 할 일이 무엇인가 하는 점입니다. 3:8절입니다. "이는 하나님을 믿는 자들로 하여금 조심하여 선한 일을 힘쓰게 하려 함이라"(3:8하)고 말씀합니다.

㉠ 그러면 우선적인 선한 일이 무엇입니까? 하나님께서는 우리와 영원토록 함께 거하시려는 "하나님의 나라"를 이루어나가시는 데 우리도 "먼저 그의 나라와 그의 의"를 구하는 것, 이것이 우선순위의 선한 일인 것입니다.

㉡ 좀 더 구체적으로 말씀을 드리면 우리는 "중생의 씻음과 성령의

새롭게 하심을"(3:5) 받았기 때문에 거룩한 삶을 살아야만 합니다.

ⓒ 우리는 "그의 은혜를 힘입어 의롭다 하심"(3:7)을 얻었기 때문에 의로운 삶을 살아야만 합니다.

ⓔ 그리하여 2:5절입니다. "신중하며 순전하며 집안 일을 하며 선하며 자기 남편에게 복종하게 하라 이는 하나님의 말씀이 비방을 받지 않게 하려 함이라"합니다. "상속자"되어 하나님과 영원히 함께 거하게 될 자녀들로 말미암아 아버지 하나님의 이름이 욕을 받으시게 할 수가 있단 말입니까?

ⓜ 적극적으로 2:10절입니다. "이는 범사에 우리 구주 하나님의 교훈을 빛나게 하려 함이라"하십니다. "범사"(凡事)에 예수 믿는 자는 과연 다르다는 말을 듣도록 하십시다. 이제부터라도 "범사에 우리 구주 하나님의 교훈을 빛나게"해야 한다는 점이 한국교회의 첫째 과제인 것입니다.

우리는 지금 "은혜의 나타남"으로 구원을 얻어 우리를 영접하러 오실 "영광이 나타남"을 기다리는 사람들입니다. 오늘이라 일컫는 동안을 "신중함과 의로움과 경건함으로" 살아가십시다. 이것이 "굳세게 말하고 권면하라"는 디도서입니다.

주님 약속하신 말씀 위에서 영원하신 주의 사랑 힘입고

성령으로 힘써 싸워 이기며 약속 믿고 굳게 서리라

굳게 서리 영원하신 말씀 위에 굳게 서리

굳게 서리 그 말씀 위에 굳게 서리라 (546장)

요일 1:5-10절

하나님은 빛이시라
하나님은 사랑이시라

설교 본문

5 우리가 그에게서 듣고 너희에게 전하는 소식은 이것이니 곧 하나님은 빛이시라 그에게는 어둠이 조금도 없으시다는 것이니라

6 만일 우리가 하나님과 사귐이 있다 하고 어둠에 행하면 거짓말을 하고 진리를 행하지 아니함이거니와

7 그가 빛 가운데 계신 것 같이 우리도 빛 가운데 행하면 우리가 서로 사귐이 있고 그 아들 예수의 피가 우리를 모든 죄에서 깨끗하게 하실 것이요

8 만일 우리가 죄가 없다고 말하면 스스로 속이고 또 진리가 우리 속에 있지 아니할 것이요

9 만일 우리가 우리 죄를 자백하면 그는 미쁘시고 의로우사 우리 죄를 사하시며 우리를 모든 불의에서 깨끗하게 하실 것이요

10 만일 우리가 범죄하지 아니하였다 하면 하나님을 거짓말하는 이로 만드는 것이니 또한 그의 말씀이 우리 속에 있지 아니하니라

강론

요한1, 2, 3서는 사도 요한에 의하여 기록된 서신들입니다. 아마 요한이 서신을 기록할 당시는 사도 중 유일한 생존자였을 것입니다. 그러면 이처럼 늙은 사도가 요한일서를 기록한 목적이 무엇인가 하는 점입니다.

요한1서에는 다른 서신서에서는 볼 수 없는 우리의 마음을 찌르는 직설적인 경구(警句)들이 많이 있습니다. 그런 중에 요한일서의 기록 목적을 "영생, 사랑, 계명, 이단"이라는 4가지 주제를 말씀하기 위해서 기록했다고 간추릴 수가 있습니다.

① 그러면 첫째 주제인 "영생"에 대해서 살펴보겠습니다. 5:13절입니다. "내가 하나님의 아들의 이름을 믿는 너희에게 이것을 쓰는 것은 너희로 하여금 너희에게 영생이 있음을 알게 하려 함이라"합니다.

㉠ 5:11절에서도 "하나님이 우리에게 영생을 주신 것과 이 생명이 그의 아들 안에 있는 그것이니라"고 말씀합니다. 영생은 하나님의 "아

들 안에" 있습니다. 그래서 5:12절에서는 "아들이 있는 자에게는 생명이 있고 하나님의 아들이 없는 자에게는 생명이 없느니라"고 말씀합니다. 2:25절을 다 같이 읽겠습니다. "그가 우리에게 약속하신 것은 이것이니 곧 영원한 생명이니라"합니다.

ⓛ 이점에서 "영생"을 얻기 위해서는 두 가지 질문에 확고한 대답을 해야만 한다는 점입니다. 첫째는 "예수"를 누구로 고백하느냐는 질문입니다. 1:1-2절을 같이 읽겠습니다. "태초부터 있는 생명의 말씀에 관하여는 우리가 들은 바요 눈으로 본 바요 자세히 보고 우리의 손으로 만진 바라 이 생명이 나타내신바 된지라 이 영원한 생명을 우리가 보았고 증언하여 너희에게 전하노니 이는 아버지와 함께 계시다가 우리에게 나타내신바 된 이시니라"고 증언합니다.

요한은 복음서의 서두(序頭)에서도 "태초에 말씀이 계시니라 이 말씀이 하나님과 함께 계셨으니 이 말씀은 곧 하나님이시니라"(요 1:1)고 "예수"가 어떤 분이신가를 증언하는 것으로 시작하고 있습니다. 이처럼 "너희는 나를 누구라 하느냐"하신 질문은 영생과 결부된 중요한 질문인 것입니다.

예수님은 "아버지와 함께 계시다가 우리에게 나타나신" 그리스도시오 하나님의 아들이시라는 것이 여러분의 고백입니까?

ⓒ 영생과 결부된 두 번째 질문은 그런 분이 우리를 위해서 무엇을 행해주셨는가 하는 질문입니다. 2:2절입니다. "그는 우리 죄를 위한 화목제물"이 되셨다고 말씀합니다. 4:10절에서도 "하나님이 우리를 사랑하사 우리 죄를 속하기 위하여 화목제물로 그 아들을 보내셨음이라"고 말씀합니다.

그러면 "화목제물"의 의미가 무엇입니까? 하나님과 우리와의 관계는 "오직 너희 죄악이 너희와 너희 하나님 사이를 갈라놓았고"(사 59:2)한 "죄"로 말미암아 단절이 되어 있었습니다. 그런데 주님께서 십자가상에서 "다 이루었다"고 선언하시자 "이에 성소 휘장이 위로부터 아래까지 찢어져 둘이 되었다"(마 27:51)는 것은 무엇을 의미합니까? 우리의 죄가 다 해결이 되었다는 증거였던 것입니다.

그러므로 주님께서 "화목제물"이 되셨다는 뜻은 "죄 값은 사망이라"한 "죽음"을 대신 담당하셨다는 뜻입니다. 그래서 3:16절에서는 "그가 우리를 위하여 목숨을 버리셨으니"하는 것입니다. 이처럼 그리스도께서 화목제물이 되어주심으로 우리가 하나님과 "화목"하게 된 것입니다. "예수가 누구신가? 우리를 위해서 무엇을 행해주셨는가" 이 두 가지 요점에 확고한 자만이 영생도 확신할 수가 있는 것입니다.

ⓓ 구원의 확신과 결부해서 한 가지 부언해야 할 점이 남았습니다. 왜냐하면 성도들 중 많은 분들이 지금은 구원을 얻었으나 앞으로 구원

을 잃게 되지 않을까 하는 불안감을 가지고 있기 때문입니다. 또한 그렇게 가르치기도 합니다. 그러면 2:1절을 보겠습니다. "나의 자녀들아 내가 이것을 너희에게 씀은 너희로 죄를 범하지 않게 하려 함이라 만일 누가 죄를 범하여도 아버지 앞에서 우리에게 대언자가 있으니 곧 의로우신 예수 그리스도시라"합니다.

그러니까 먼저는 "죄를 범하지 않게 하려 함이라"합니다. 그런데 "만일 죄를 범하면", 즉 실수하고 넘어지면 어떻게 되는가? "아버지 앞에서 우리에게 대언(代言)자가 있으니 곧 의로우신 예수 그리스도시라"합니다. 아! 우리에게 대언자, 즉 변호사, Helper와 같은 분이 계시다는 것입니다.

그러면 주님은 무엇이라고 대언을 하실까요? 1:7절입니다. "그 아들 예수의 피가 우리를 모든 죄에서 깨끗하게 하실 것이요"합니다. 무슨 뜻이냐 하면 우리가 지은 죄를 주님께서 "대신 책임을 지겠다"고 대언을 하신다는 뜻입니다. 이것이 주님께서 "대속제물, 화목제물"이 되셨다는 의미이기도 합니다.

㉤ 그러면 죄를 범한 우리는 어떻게 해야 마땅합니까? 1:9절입니다. "만일 우리가 우리 죄를 자백하면"한 하나님 앞에 자백(自白)을 해야 합니다. 그러면 "그는 미쁘시고 의로우사 우리 죄를 사하시며 우리를 모든 불의에서 깨끗하게 하실 것이요"하십니다.

"예수"를 하나님의 아들로 고백하고 나의 죄를 위한 화목제물이 되셨다는 것을 믿는 여러분은 "영생이 있고(요 3:36), 영생을 얻었고(요 5:24), 영생을 가졌다"(요 6:47)는 점을 확신하시기 바랍니다. 이제 구원을 확신하게 되었습니까? 이것이 "너희에게 영생이 있음을 알게 하려 함이라"한 첫 번째 주제입니다.

② 둘째 주제인 "형제 사랑"에 관해서 살펴보겠습니다. 짧은 요한일서에 "사랑"이 53번이나 등장합니다. 그래서 사도 요한을 "사랑의 사도"라고 말합니다. 결론부터 말씀을 드리면 하나님의 선수적이고 무조건적인 그리고 측량 못할 사랑을 받았기 때문에 "사랑하는 자들아 우리가 서로 사랑하자"(4:7)하는 것입니다.

그러므로 사도는 덮어놓고 "형제를 사랑하라"고 권면하는 것이 아닙니다. 왜 사랑해야만 하는지? 사랑하지 않으면 아니 될 필연성과 당위성을 먼저 말씀한 후에 "서로 사랑하자"하는 것입니다. 본문에는 "사랑"이 무엇인가를 깨닫게 하는 중요한 3구절이 있습니다.

㉠ 첫째는 3:16절입니다. "그가 우리를 위하여 목숨을 버리셨으니 우리가 이로써 사랑을 알고"합니다. "이로써 사랑을 알고"하는데 우리는 "사랑"이 무엇인지 알기나 하고 "사랑, 사랑"하는 것입니까? 하나님의 아들이 나 같은 죄인을 위해서 "목숨을 버리셨다"(3:16)는 이것이

"사랑"이라는 것입니다.

그러니까 무가치한 자에게 값없이 베푸는 것이 사랑이요, 희생하는 것이 사랑이라는 것입니다. 주님은 "사람이 친구를 위하여 자기 목숨을 버리면 이보다 더 큰 사랑이 없나니"(요 15:13)하시고 우리를 위해 목숨을 버리셨습니다. "이로써 사랑을 알고" 형제를 사랑하는 것이 마땅하지 않느냐는 것입니다.

ⓒ 둘째는 4:9절입니다. "하나님의 사랑이 우리에게 이렇게 나타난 바 되었으니"하고 "사랑이 나타났다"고 말씀합니다. "사랑"이 어떻게 나타났습니까? 그렇습니다. "하나님이 자기의 독생자를 세상에 보내시는 것"으로 나타났던 것입니다.

하나님은 우리를 말로만 사랑하신 것이 아닙니다. "독생자"를 주시는 것으로 사랑을 나타내셨던 것입니다. 그러므로 우리도 "자녀들아 우리가 말과 혀로만 사랑하지 말고 행함과 진실함으로 하자"(3:18), 즉 사랑을 나타내자고 호소합니다. 사랑은 입으로만 하는 것이 아닙니다. 구체적으로 "나타내야"한다는 것입니다.

ⓒ 셋째는 4:10절입니다. "사랑은 여기 있으니"합니다. 그러면 "여기 있다"는 사랑이 어떤 사랑입니까? "우리가 하나님을 사랑한 것이 아니요 하나님이 우리를 사랑하사"합니다. 무슨 뜻인가 하면 먼저 주는

것이 사랑이라는 말씀입니다. 신세를 졌으니까 갚는 그런 것이 사랑이 아니라 먼저 조건 없이 주는 것이 사랑이라는 말씀입니다.

4:19절에서도 "우리가 사랑함은 그가 먼저 우리를 사랑하셨음이라"고 "먼저"를 강조하고 있습니다.

주님은 "너희가 너희를 사랑하는 자를 사랑하면 무슨 상이 있으리요, 남보다 더하는 것이 무엇이냐"(마 5:46-47)하십니다. 그리스도인들은 불신자들보다 "더 하는 자"들인 것입니다.

이처럼 우리가 사랑하지 않을 수 없는 필연성과 당위성을 말씀한 후에 4:11절은 결론입니다. "사랑하는 자들아 하나님이 이같이 우리를 사랑하셨은즉 우리도 서로 사랑하는 것이 마땅하도다"합니다. 만일 이런 하나님의 사랑을 받았다 하면서도 형제를 사랑하지 않는다면 무엇이 판명(判明)이 되는가?

4:20절을 보겠습니다. "누구든지 하나님을 사랑하노라 하고 그 형제를 미워하면 이는 거짓말하는 자라", 즉 그의 신앙고백은 입으로만 "하나님 사랑합니다"하는 가짜라는 것입니다. 왜냐하면 "보는 바 그 형제를 사랑하지 아니하는 자는 보지 못하는바 하나님을 사랑할 수 없기" 때문이라 합니다. 그러면 우리의 실상은 어떠하냐고 묻지 않을 수 없습니다. 이것이 두 번째 주제인 "서로 사랑하자"입니다.

③ 다음은 셋째 주제인 "계명"에 대해서 살펴보겠습니다. 계명이 14

번 등장합니다. 5:3절입니다. "하나님을 사랑하는 것은 이것이니 우리가 그의 계명들을 지키는 것이라"(5:3)합니다. 여러분은 "계명"하니까 "십계명"을 연상하실 것입니다. 그러면 질문입니다. 구약교회에는 10계명을 주셨는데 우리에게는 몇 가지 계명을 주셨습니까?

㉠ 요한복음 13:34절을 보겠습니다. "새 계명을 너희에게 주노니 서로 사랑하라 내가 너희를 사랑한 것 같이 너희도 서로 사랑하라"하십니다. 우리에게는 "사랑하라"는 한 계명을 주신 것입니다. 왜냐하면 "그 외에 다른 계명이 있을지라도 네 이웃을 네 자신과 같이 사랑하라 하신 그 말씀 가운데 다 들었기"(롬 13:9) 때문입니다.

㉡ 3:23절을 보십시오. "그의 계명은 이것이니"합니다. 그러면 우리에게 주신 계명이 무엇인가? "곧 그 아들 예수 그리스도의 이름을 믿고 그가 우리에게 주신 계명대로 서로 사랑할 것이니라"합니다.

그리고 5:3절에서는 "그의 계명들은 무거운 것이 아니로다"합니다. 그러면 "서로 사랑하라"하신 계명이 어찌하여 무거운 것이 아니라고 말씀하실까요? 말로 다할 수 없는 "하나님의 사랑(롬 8:39), 예수 그리스도의 사랑(롬 8:35), 성령님의 사랑"(롬 15:30)을 받았기 때문입니다. 사랑하기가 어려운 것은 하나님의 사랑을 알지 못하고 받지도 못했다는 증거입니다.

ⓒ 그러므로 2:4절에서는 "그를 아노라 하고 그의 계명을 지키지 아니하는 자는 거짓말하는 자요 진리가 그 속에 있지 아니하되"합니다. "진리가 그 속에 있지 않다"는 뜻은 엄격한 말씀입니다. 왜냐하면 그런 사람은 하나님의 사랑도, 복음(진리)도 모르는 사람이라는 뜻이기 때문입니다. 그러므로 사도가 말씀하는 계명은 "계명=사랑하라"는 점임을 명심하십시다. 이것이 요한1서가 말씀하는 "계명"입니다.

④ 다음은 넷째 주제인 이단에 대한 경계를 살펴보겠습니다. 4:1절입니다. "사랑하는 자들아 영을 다 믿지 말고 오직 영들이 하나님께 속하였나 분별하라"합니다.

이단(異端)과 결부한 요점은 "분별"입니다. 왜냐하면 아담 하와는 이를 분별하지 못하고 마치 물고기가 낚시를 물 듯 해서 죽게 되었기 때문입니다. 그러므로 "진리와 비 진리, 악령과 성령의 역사"를 "분별"한다는 것이 중요한 것입니다. 왜냐하면 사활이 걸려 있는 문제이기 때문입니다.

㉠ 우선적으로 주목하게 되는 것은 "영을 다 믿지 말라"고 경계한다는 점입니다. 이는 "이단"에 속한 자는 비진리만을 말하는 자들이 아니라 말과 함께 "악령"(惡靈)이 활동한다는 점을 나타냅니다. 4:6절에서도 "진리의 영과 미혹의 영을 이로써 아느니라"합니다. 그러므로 영적

싸움은 성령과 악령의 대결인 것입니다.

ⓛ 2:18절입니다. "적그리스도가 오리라는 말을 너희가 들은 것과 같이 지금도 많은 적그리스도가 일어났으니"합니다. 사도는 이단을 "적그리스도"와 동일시하고 있는 것입니다. 왜냐하면 사탄은 "박해와, 미혹"으로 하나님의 교회를 대적하고 있기 때문입니다. 어느 시대나 교회는 "적그리스도와 거짓선지자"라는 두 세력의 위험에 직면하게 됩니다.

ⓒ 그러면 거짓선지자나 적그리스도를 조정하는 악한 영을 무엇으로 분별하는가 하는 점입니다. 4:2-3절을 보겠습니다. "예수 그리스도께서 육체로 오신 것을 시인하는 영마다 하나님께 속한 것이요 예수를 시인하지 아니하는 영마다 하나님께 속한 것이 아니니 이것이 곧 적그리스도의 영이니라"합니다.

예나 이제나 그리고 앞으로도 사활(死活)을 좌우하는 논쟁은 "예수가 누구신가"하는 기독론에 의하여 분별이 된다는 점을 명심하시기 바랍니다.

초대교회 당시 영지주의자들은 "예수"가 하나님의 아들이라는 점을 시인했습니다. 그러나 "육체로 오신 것"은 부인했습니다. "하나님의 아들이 어떻게 육신을 입고 오실 수가 있단 말이냐 아니다 육신의 모양으로 나타났을 뿐이라"는 가현(假現)설을 주장했습니다. 그러면서 자신들만이 깊은 비밀을 아는 신령한 자로 자처했던 것입니다. 얼마나 그럴 듯한 말입니까? 그러면 여러분은 하나님의 아들이 "육체로 오신 것"을 부인하는 것이 어째서 적그리스도의 영인지 분별할 수가 있습니까?

만일 하나님의 아들 그리스도께서 "육체로 오시지 않았다"면 어떻게 되는가? 주님께서 "우리를 위하여 목숨을 버리셨다"(3:16)는 대신 죽으셨다는 대속교리가 무너지게 되는 것입니다. "우리 죄를 위한 화목 제물"(2:2)이 되셨다는 진리를 무력화시키기 때문입니다. "그가 찔림은 우리의 허물 때문이요 그가 상함은 우리의 죄악 때문이라"(사 53:5)한 선지자의 예언을 부인하는 것이기 때문에 적그리스도의 영이라 하는 것입니다.

그런데 오늘날은 반대로 "예수"가 우리와 같은 사람이라는 점은 시인을 하나 예수님이 하나님의 아들이라는 점을 부인합니다. 그래서 동정녀 탄생도 부인합니다. 이를 신화(神話)라고 말합니다. 이런 신학자들이 주님의 부활이나 재림을 믿겠습니까? 결과적으로는 영지주의자와 동일하게 예수 그리스도께서 우리의 화목제물이 되셨다는 대속교리를 부인하는 결과에 이르게 되는 것입니다. 이것이 오늘의 적그리스도의 영이라 할 것입니다. 이것이 네 번째 주제인 이단에 대한 경계입니다.

⑤ 이상 살펴본 4가지 주제는 "구원의 확신, 서로 사랑하라, 계명을 지키라, 영을 분별하라"는 말씀입니다. 그런데 4가지 중 요한일서의 강조점은 53번이나 등장하는 "사랑"에 있습니다. 그러면 요한복음의 강조점은 무엇일까요? "믿음"입니다. 요한복음은 복음을 "믿어라"고 말씀하고 요한1서는 복음을 믿는 자는 "서로 사랑하자"하는 것입니다. 그래서 마지막으로 "사랑"이라는 주제를 좀 더 구체적으로 말씀드려야만 안전할 것 같습니다.

사도 요한은 "하나님의 사랑이 우리에게 이렇게 나타난바 되었다"(4:9)고 말씀했습니다. 그러면 중요한 질문을 하겠습니다. "나타난 하나님의 사랑"이 지금 어디에 있습니까? 다시 말하면 "나타난 사랑"이 우리에게 어떻게 적용이 되는가 하는 점입니다.

㉠ 4:17절입니다. "이로써 사랑이 우리에게 온전히 이루어진 것은" 하고, 우리에게 "이루어졌다"고 말씀합니다. 이점에서 "하나님이 우리를 사랑하시는 사랑을 우리가 〈알고 믿었노니〉"하는 4:16절을 음미해 보아야만 합니다. 왜냐하면 "아는 것"은 머리로 아는 지적(知的)인 작용이요, "믿는 것"은 마음으로 믿는 정서적(情緒的)인 작용이기 때문입니다.

ⓛ 그러므로 믿는다는 것은 하나님의 사랑이 마음에 "이루어진 것"을 의미합니다. 이점을 사도 바울은 "우리에게 주신 성령으로 말미암아 하나님의 사랑이 우리 마음에 부은바 됨이니"(롬 5:5)라고 말씀합니다. 예수님이 우리의 화목제물이 되셨다는 점을 믿는 사람은 어떤 사람들인가?

㈎ 그 마음에 하나님의 사랑이 "온전히 이루어진"(4:17) 사람들이라는 것입니다.

㈏ 그 마음에 하나님의 사랑이 "부어진"(롬 5:5) 사람들이라 합니다.

㈐ 그리하여 하나님의 "사랑 안에 거하는 자"(4:16)라고 말씀합니다.

ⓜ 그러면 어찌하여 하나님의 사랑이 "마음에 이루어지고, 부어지고, 사랑 안에 거해야만"합니까? 4:17절을 보겠습니다. "우리로 심판 날에 담대함을 가지게 하려 함이니"라고 말씀합니다. "땅의 임금들과 왕족들과 장군들과 부자들과 강한 자들이, 산들과 바위에게 말하되 우리 위에 떨어져 보좌에 앉으신 이의 얼굴에서와 그 어린 양의 진노에서 우리를 가리라"(계 6:15-16)하는 두려운 "심판 날에 담대함을 가지기" 위해서는 하나님의 사랑이 마음에 부어지고 사랑 안에 거해야만 한다는 것입니다.

⑥ 이 말씀을 대하면서 여러분은 어떤 생각이 드십니까? 그런데 우

리는 두려운 "심판 날"이 아닌 보다 작은 시험의 날에도 어찌하여 "두려워하고 염려하고 있는가"하고 자문하게 됩니다.

㉠ 첫째 원인은 거듭나지 못했기 때문이라고 말할 수가 있습니다. 그래서 요한일서에는 "하나님께로부터 난 자", 즉 거듭난 자라는 말이 6번(3:9, 9, 5:1, 1, 4, 18)이나 강조되어 있습니다. 그러므로 태어나는 것이 최우선적인 문제입니다. 태어나야 영생도 있고, 사랑할 것이 아닙니까?

㉡ 작은 시험에도 두려워하고 넘어지는 둘째 원인은 거듭났어도 어린아이 상태에 머물러 있기 때문이라고 말할 수가 있습니다. 2:14절에는 "아이들, 아비들, 청년들"이 있습니다. 이는 육적인 의미가 아닙니다. 영적으로 어린아이와 같기 때문에 작은 시련에도 우는 어린애 같이 두려워하는 것입니다.

㉢ 결정적인 원인은 하나님의 사랑이 성도들의 "마음에 부어지지" 않았기 때문인 것입니다. 그리하여 환난 날에 "하나님의 사랑 안에 거하지"를 못하기 때문에 불안하고 염려하게 되는 것입니다. 비행기가 추락하려 해도 어머니 품에 안긴 아기는 평온한 것입니다. 이를 아는 설교자라면 "구원의 복음"을 그 무엇보다도 "먼저, 더 많이, 자주자주"

전하게 될 것입니다. 그리하여 성도들의 마음에 하나님의 사랑이 부어지게 하기를 열망하게 될 것입니다.

이런 맥락에서 사도가 말씀하는 "형제 사랑"은 윤리적인 차원이 아니라 구원과 결부되는 신학적인 차원임을 명심해야만 합니다. 3:14절을 보겠습니다. "우리는 형제를 사랑함으로 사망에서 옮겨 생명으로 들어간 줄을 알거니와"합니다. 무슨 뜻입니까?

구원을 얻었다는 것은 "사망에서 생명으로 옮겨짐"을 의미합니다. 그런데 형제를 사랑함으로 옮겨진다는 것입니까? 아닙니다. 형제를 사랑하는 것을 보아서 "그는 진실로 사망에서 생명으로 옮겨진 자"임을 "알게 된다"는 뜻입니다.

반면 "사랑하지 아니하는 자는 사망에 머물러 있느니라", 즉 그는 옮겨진 자가 아니요 아직 사망(死亡)의 진영에 속(屬)해 있는 자라는 것입니다. 다시 말하면 아직 거듭나지 못한 자라는 것입니다. 그래서 4:20절에서는 "누구든지 하나님을 사랑하노라 하고 그 형제를 미워하면 이는 거짓말하는 자라", 즉 그의 믿음은 가짜 믿음이라 하는 것입니다.

⑦ 마지막으로 전할 말씀이 남았습니다. 그것은 5:4절입니다. "무릇 하나님께로부터 난 자마다 세상을 이기느니라"한 "승리"하는 삶입니다.

㉠ 그러면 무엇으로 이길 수가 있는가? "세상을 이기는 승리는 이것이니 우리의 믿음이니라"고 대답합니다. 그러면 무엇을 믿는 믿음인가라고 묻게 되는데 "예수께서 하나님의 아들이심을 믿는 자가 아니면 세상을 이기는 자가 누구냐"(5:5)고 말씀합니다.

㉡ 승리의 비결은 "믿음"인데 여러분이 가진 "믿음" 안에는 무엇이 들어 있는지 아십니까? 하나님의 아들이 우리의 화목제물이 되셨다는 "복음"이 들어 있습니다. "자기 아들을 아끼지 아니하시고 우리 모든 사람을 위하여 내주신"(롬 8:32) 하나님의 "사랑"이 들어 있습니다. 이 믿음을 가졌기에 세상을 이길 수가 있는 것입니다.

어떤 분은 요한일서에는 "백(白)과 흑(黑)만이 있을 뿐 회색(灰色)이 없다"고 말합니다. 3:10절을 보십시오. "이러므로 하나님의 자녀들과 마귀의 자녀들이 드러나나니"하고 두 부류로 갈라놓습니다. 하나님의 자녀이든지 마귀의 자녀이든지 둘 중 하나라는 것입니다. 회색빛 같은 중간은 없습니다. 그래서 "거짓말 하는 자", 즉 거짓 믿음이라는 말이 4번(1:6, 2:4, 22, 4:20)이나 등장합니다.

그러면 한국교회의 실상은 어떻습니까? 백(白)입니까? 흑(黑)입니까? 아니면 거짓말하는 자들입니까? 이런 맥락에서 요한일서는 하나님도 사랑하고 세상도 사랑하는 회색빛과 같은 우리의 신앙을 냉엄하게 검증합니다. 어떤 기준에 의해서인가?

㉠ "하나님은 빛이시라"(1:5),

㉡ 하나님은 사랑이시라"(4:8)한 "빛과, 사랑"에 의해서입니다. 이 두 주제는 요한일서 내지는 성경 전체를 지탱하는 두 기둥과 같은 주제입니다. 1:6절에서는 "만일 우리가 (빛이신) 하나님과 사귐이 있다 하고 어둠에 행하면 거짓말을 하는 자"라 합니다. 그리고 4:20절에서는 "누구든지 하나님을 사랑하노라 하고 그 형제를 미워하면 이는 거짓말하는 자라"합니다. 이 잣대로 한국교회를 검증을 한다면 어떤 결과에 이르게 될 것인가를 생각하면 마음이 무겁습니다. 이 말씀을 듣는 우리들은 어떠합니까?

바라기는 요한일서를 통해서 ㉠ 구원의 확신을 가지고, ㉡ 서로 사랑하며, ㉢ 세상을 이기는 그리스도인들이 되시기를 기원합니다. 이것이 "하나님은 빛이시라 하나님은 사랑이시라"한 요한1서입니다.

> 그 크신 하나님의 사랑 말로다 형용 못하네
>
> 저 높고 높은 별을 넘어 이 낮고 낮은 땅 위에
>
> 죄 범한 영혼 구하려 그 아들 보내사
>
> 화목제물 삼으시고 죄 용서 하셨네
>
> 하나님 크신 사랑은 측량 다 못하네
>
> 영원히 변치 않는 사랑 성도여 찬양하세 (304장)

요이 1:4-5절

진리와 사랑 가운데서 행하는 자

설교 본문

4 너의 자녀들 중에 우리가 아버지께 받은 계명대로 진리를 행하는 자를 내가 보니 심히 기쁘도다

5 부녀여, 내가 이제 네게 구하노니 서로 사랑하자 이는 새 계명 같이 네게 쓰는 것이 아니요 처음부터 우리가 가진 것이라

강론

　요한2서는 사도 요한이 "택하심을 입은 부녀와 그의 자녀"(1:1)에게 보낸 서신입니다. 성경은 "택하심을 입은 부녀와 그의 자녀"가 누군지 밝히고 있지를 않습니다. 그러나 분명한 것은 요한2서도 성령의 감동

으로 기록된 하나님의 말씀이라는 점입니다. 그러므로 "택하심을 입은 부녀"를 교회로, "그의 자녀"를 성도로 적용을 시킨다 해도 잘못은 아닌 것입니다. 요한2서는 오늘 성령께서 우리들의 가정에게 하시는 말씀으로 받아야 하는 것입니다.

요한2서의 중심주제는 "진리와, 사랑"입니다. 전체가 13절에 불과한 짧은 서신 안에 "진리"가 4번, "사랑"도 4번 강조되어 있습니다. "진리와 사랑"은 요한2서뿐만이 아니라 요한1, 2, 3서의 공통적인 주제요, 이는 교회의 두 기둥과 같은 요소입니다. 그리고 "행함"이 3번 강조되어 있습니다. 그렇다면 요한2서를 통해서 한국교회와 가정과 우리들에게 말씀하시려는 말씀은 분명한 것입니다.

㉠ 첫째는 4절입니다. "진리를 행하는 자를 내가 보니 심히 기쁘도다"(4)한 진리를 실천하라는 말씀입니다.

㉡ 둘째는 6절입니다. "또 사랑은 이것이니 우리가 그 계명을 따라 행하는 것이요"(6)한 사랑을 실천하라는 말씀인 것입니다. 그러므로 요한2서는 "진리" 가운데 행하지도 못하고 "사랑"도 잃어버린 한국교회에 어느 서신 못지않게 적실성이 있는 것입니다.

① 요한2서는 "장로인 나는 택하심을 받은 부녀와 그의 자녀들에게 편지하노니"(1:1)하고 시작이 됩니다. 최우선적으로 주목하게 되는 것

은 "택하심을 받은 부녀"라고 말씀한다는 점입니다. 여러분들은 예수 믿기로 결심한 사람들이 아니라, 하나님의 택하신 사람들이라니 얼마나 놀라운 말씀입니까? 그러므로 하나님의 택하심, 이는 최고의 사랑이요 은혜요, 축복이요, 출발점인 것입니다.

㉠ 말라기서의 첫 말씀은 하나님께서 "내가 너희를 사랑하였노라"(말 1:2)하는 말씀입니다. 그러자 그들은 "주께서 어떻게 우리를 사랑하셨나이까"고 퉁명스럽게 대꾸를 합니다. 이런 뜻입니다. "하나님이 사랑하시면 우리가 이 모양 이 꼴입니까"하고 자신들의 처지와 형편에 대한 불평인 것입니다. 그들은, 그리고 우리들도 하나님의 사랑을 물질적으로 측정하려 합니다. 그러니까 사업이 잘되면 하나님이 사랑하시는 것이고 시련이 닥치면 사랑하시지 않는 것으로 여기는 것입니다. 아닙니다. "내가 너를 사랑하노라", 이것이 우리에게 하시는 하나님의 첫 말씀인 것입니다.

㉡ 저들이 "주께서 어떻게 우리를 사랑하셨나이까"하자 하나님은 "에서는 야곱의 형이 아니냐 그러나 내가 야곱을 사랑하였고", 즉 에서가 아니라 야곱을 택하셨다는 것이 최고의 사랑임을 말씀하십니다. 그러면 여러분을 언제 택하셨는지 아십니까? 사도 바울은 "창세 전에 그리스도 안에서 우리를 택하사"(엡 1:4)라고 말씀합니다.

어찌하여 "창세 전"이라 하는가? 하나님의 구원계획이 창세전에 세워졌기 때문이요, 여러분을 그 구원계획에 포함시켜주셨기 때문입니다. 얼마나 놀라운 사랑이요 상상도 할 수 없는 은혜입니까? 나 같은 죄인이 하나님의 "택하심을 받았다"는 것은 무엇에도 비할 수 없는 무엇과도 바꿀 수 없는 축복임을 확신하시기 바랍니다.

ⓒ 하나님의 "택하심"을 증언한 후에 "내가 참으로 사랑하는 자"라고 말씀합니다. 1절을 우리에게 적용을 시키면 여러분은, "하나님의 택하심을 입은 자들이요, 참으로 사랑하심을 받는 자들"(1)이라는 것이 됩니다. 이것이 요한2서의 말씀을 받는 우리들의 신분인 것입니다.

② "택하심을 받은 부녀, 참으로 사랑하는 자"라고 말한 요한은 "나뿐 아니라 진리를 아는 모든 자도 그리하는 것은"(1하)하고 "진리"(眞理)를 말씀합니다. 그러면 "진리를 아는 모든 자"란 누구들이겠습니까? 주님은 요한복음 8:32절에서 "진리를 알지니"하십니다. 그리스도인들은 다름 아닌 "진리"를 아는 사람들인 것입니다.

ⓐ 그러면 묻습니다. "진리"가 무엇입니까? 그런데 요한2서만으로는 알 길이 없습니다. 왜냐하면 설명하고 있지 않기 때문입니다. 왜 설명하고 있지 않을까요? 사랑하는 "부녀"가 "진리가 무엇인지"를 이미 알고 그 가운데 거하고 있기 때문입니다.

그러므로 "진리"를 알기 위해서는 사도 요한이 먼저 기록한 요한복음으로 가보아야만합니다. 요한복음에는 "진리"가 24번이나 등장합니다. 그리고 빌라도는 "진리가 무엇이냐"(요 18:38)고 묻는데 이는 단순한 질문이 아닙니다. 세상이 말하는 성현들이란 "진리가 무엇인가"를 탐구한 사람들입니다. 그리고 "이것이 진리다, 저 것이 진리다"라고 말했던 것입니다.

ⓛ 그런데 우리 주님은 "내가 곧 길이요 진리요 생명이라"(요 14:6)고 선언하셨습니다. 이처럼 "내가 진리다"라고 말한 사람은 유사이래(有史以來) 아무도 없습니다. 그러면 예수 그리스도가 어떻게 해서 "진리"가 되시는지 말해줄 수가 있습니까?

주님은 유대인들을 향해 "진리를 알지니 진리가 너희를 자유롭게 하리라"(8:32)고 말씀하셨습니다. 그러자 그들은 "우리가 남의 종이 된 적이 없거늘 어찌하여 우리가 자유롭게 되리라 하느냐"고 반문했습니다. 주님은 "진실로 진실로 너희에게 이르노니 죄를 범하는 자마다 죄의 종이라"(8:33-34)하십니다. 주님은 철학적인 "진리"를 말씀하시는 것이 아닙니다. 우리를 "자유롭게"하는 구원과 결부되는 신학적인 진리를 말씀하시는 것입니다.

사도 바울도 자신이 "죄의 종"이라는 점을 모르고 있던 때가 있었습니다. 그러다가 십계명의 마지막 계명인 "탐내지 말라"를 통해서 율법이 말하는 죄가 "탐심"(貪心)이라는 마음의 문제임을 깨닫게 됩니다. 그래서 마음과 생각으로도 죄를 범하지 않으려고 몸부림을 칩니다. 가능했겠습니까?

로마서 7:19절에서는 "내가 원하는 바 선은 행하지 아니하고 도리어 원하지 아니하는바 악을 행하는도다"합니다. 왜 그런가? "죄의 종"이 되었기 때문입니다. 그래서 바울은 "나는 육신에 속하여 죄 아래에 팔렸도다"(롬 7:14)고 자백을 합니다. 이런 자들을 향해 주님은 "아들이 너희를 자유롭게 하면 너희가 참으로 자유로우리라"(요 8:36)고 말씀하시는 것입니다.

ⓒ 그러면 어떻게 자유롭게 해주셨는가? 애굽 바로의 노예였던 이스라엘 백성들이 어떤 방도로 자유롭게 되었는가를 생각해보시기를 바랍니다. 예수 그리스도께서 우리의 유월절 양이 되셔서 우리의 죄를 대속해주심으로 자유롭게 해주신 것입니다. 이점을 로마서 8:2절에서는 "그리스도 예수 안에 있는 생명의 성령의 법이 죄와 사망의 법에서 너를 해방하였음이라"고 선언합니다.

우리를 구원하심은 비 진리로 하신 것이 아닙니다. 시편 111편에서는 "그(하나님)의 손이 하는 일은 진실과 정의이며 그의 법도는 다 확실하니 영원무궁토록 정하신 바요 진실과 정의로 행하신 바로다"합니다. 무엇을 말입니까? "그의 백성을 속량"(시 111:7-9)하신 일입니다.

그러므로 복음 안에 "길이 있고 진리가 있고 생명이 있는" 것입니다. 이를 알고 믿는 자들이 사도 요한이 말하는바 "진리를 아는 모든 자"(1:1) 곧 그리스도인들인 것입니다. 그래서 1:2절에서는 이 복음이 "우리 안에 거하여 영원히 우리와 함께 할 진리"라고 말씀하는 것입니다.

③ 그런데 이어지는 1:4절이 중요합니다. "너의 자녀들 중에 우리가

아버지께 받은 계명대로 진리를 행하는 자를 내가 보니 심히 기쁘도다" 합니다. 첫 절에서는 "진리를 아는 모든 자"라고 말씀했는데 4절에서는 "진리를 행하는 자"라고 말씀한다는 점을 유념하시기를 바랍니다.

㉠ 먼저는 "진리를 알아야"합니다. 다음은 "진리를 행하는 자"가 되어야 하는 것입니다. 바울이 어찌하여 베드로를 대면하여 책망했는지 아십니까? 베드로는 "진리를 알고" 있었습니다. 그러나 "그들이 〈복음의 진리〉를 따라 바르게 행하지 아니했기"(갈 2:14)때문입니다. 사도 요한은 "진리에 행하는 자를 내가 보니 심히 기쁘도다"(4)고 말씀하는데 "심히 기뻐하실" 분은 우리를 피로 값을 주고 사신 우리 주 예수 그리스도시라는 점을 명심하십시다.

㉡ "진리"와 결부한 결론은 분명해졌습니다. "진리를 알고, 진리를 행하는 자"가 됨으로 우리 주님을 "심히 기쁘시게"해 드릴 것인가? 아니면 진리를 안다 하면서도 "복음의 진리를 따라 바르게 행하지 아니함"으로 책망을 받을 것인가? 둘 중에 하나입니다. 진리를 아는 것도 귀합니다만 "진리를 행하는 자"가 더욱 중요하고 어려운 것입니다. 한국교회의 실상은 어떠합니까? 나 자신은 어떠합니까?

④ 다음은 5절입니다. "부녀여, 내가 이제 네게 구하노니 서로 사랑하자"하고 "사랑"을 말씀합니다. 사도는 먼저 "진리"(眞理)를 증언했습니다. 그런데 "진리를 알고, 진리를 행하면" 다음엔 무엇이 와야 하겠

습니까? "서로 사랑하자"하는 "사랑"이 와야 하는 것은 필연적인 것입니다. 3절을 보시면 "진리와 사랑"이 짝이라는 점을 확인하게 될 것입니다. 왜냐하면 "진리와 사랑"은 교회의 두 기둥이요, 그리스도인의 신분증과 같기 때문입니다.

계시록 2장에 등장하는 에베소 교회는 "진리"는 보수했으나 "사랑"을 잃어버림으로 책망을 받았습니다. 반면 두아디라교회는 "사랑"은 있는데 "진리"를 잃어버렸기 때문에 책망을 받았습니다.

㉠ 사도는 "서로 사랑하자"하고는 "이는 새 계명 같이 네게 쓰는 것이 아니요 처음부터 우리가 가진 것이라"(5)합니다. "서로 사랑하자"는 것은 새삼스런 말이 아니라 "처음부터 우리가 가진" 기독교의 기본적인 진리라는 뜻입니다. 그런데 레위기 19:18절에 보면 "네 이웃 사랑하기를 네 자신과 같이 사랑하라"고 말씀합니다. 그러니까 "이웃을 사랑하라"는 것은 옛 계명인 셈입니다. 그런데 주님은 "새 계명을 너희에게 주노니 서로 사랑하라"(요 13:34)하십니다. 어찌하여 "새 계명"이라 하시는지 아십니까?

㉡ "내가 너희를 사랑한 것 같이"라는 조건(條件) 때문입니다. 그러면 주님이 우리를 어떻게 사랑하셨습니까? 대신 죽어주셨던 것입니다. 그래서 "새 계명"이라 하신 것입니다. 양을 제물로 드리던 구약의 사랑과, 하나님의 아들 예수 그리스도께서 죄인이요, 원수였던 우리를 위하여 화목제물이 되어주신 신약의 "사랑"은 차원이 다른 "새 계

명"인 것입니다.

그러므로 "사람이 친구를 위하여 자기 목숨을 버리면 이보다 더 큰 사랑이 없나니"(요 15:13)하신 사랑을 받은 우리들에게 "서로 사랑하라"하심은 선택사항이 아니라 그리스도인의 필수적인 요소인 것입니다. 바울은 에베소교회, 골로새교회, 데살로니가교회 등에 "믿음과, 사랑"(엡 1:15, 골 1:4, 살전 3:6)이 있음을 듣고 하나님께 감사하는 것을 대하게 됩니다. 왜냐하면 "믿음"은 하나님과의 관계를 회복시켜주고, "사랑"은 형제 상호간의 유대를 이어주는 연결고리이기 때문입니다.

ⓒ 1:6절입니다. "또 사랑은 이것이니"하고 설명을 합니다. 그러면 "사랑"이 무엇인가? "우리가 그 계명을 따라 행하는 것이요 계명은 이것이니 너희가 처음부터 들은 바와 같이 그 가운데서 행하라 하심이라"합니다. 6절 안에 "행하는 것이요, 행하라 하심이라"고 "행함"이 반복적으로 강조되어 있습니다. 사랑은 "행하는 것"이라는 말씀입니다. 이점을 요한1서에서는 "자녀들아 우리가 말과 혀로만 사랑하지 말고 행함과 진실함으로 하자"(3:18)고 말씀합니다.

⑤ 이처럼 "진리와 사랑"을 굳게 세운 후에 1:7절입니다. "미혹하는 자가 세상에 많이 나왔나니"하고 이단에 대한 경계를 합니다. 아가서 2:15절에서도 "우리를 위하여 여우 곧 포도원을 허는 작은 여우를 잡으라 우리의 포도원에 꽃이 피었음이라"합니다. 그러면 미혹하는 자

는 어떤 자들인가?

㉠ "이는 예수 그리스도께서 육체로 오심을 부인하는 자라 이런 자가 미혹하는 자요 적그리스도니"(7하)합니다. 요한1서 4장에서도 "예수 그리스도께서 육체로 오신 것을 시인하는 영마다 하나님께 속한 것이요 예수를 시인하지 아니하는 영마다 하나님께 속한 것이 아니니 이것이 곧 적그리스도의 영이니라"(요일 4:2-3)고 말씀했습니다. 예나 이제나 그리고 앞으로도 "예수가 누구신가"하는 기독론에 의하여 참과 거짓이 구별이 될 것입니다.

만일 하나님의 아들 그리스도께서 "육체로 오시지 않았다"면 어떻게 되는지 아십니까? 주님께서 "우리를 위하여 목숨을 버리셨다"는 대속교리가 무너지게 되는 것입니다. "그가 찔림은 우리의 허물 때문이요 그가 상함은 우리의 죄악 때문이라"(사 53:5)한 선지자의 예언을 부인하는 것이기 때문에 적그리스도의 영이라 하는 것입니다.

당시의 이단인 영지주의자들은 자신들만이 아는 "영적인 지식"(靈知)이 있다고 주장하면서 "하나님의 아들이 어떻게 육신을 입고 오실 수가 있단 말이냐 아니다 육신의 모양으로 나타났을 뿐이라"는 가현(假現)설을 주장했던 것입니다. 어찌하여 이런 잘못을 범하게 되었는가?

㉡ 1:9절입니다. "지나쳐 그리스도의 교훈 안에 거하지 아니하기" 때문이라 합니다. "지나치다"는 말은 앞질러간다는 뜻입니다. 그래서 개혁자들은 성경이 말씀하는 것을 말하고 멈추는 데서 멈춘다고 말했

던 것입니다. 또한 성경을 구속사라는 전체적인 맥락으로 보는 것이 아니라 어느 한 부분을 확대하여 원래의 의미와는 다르게 곡해하는 데서 이단이 생겨납니다.

ⓒ 1:9절 안에는 "지나쳐 그리스도의 교훈 안에 거하지 아니하는 자와, 교훈 안에 거하는 자"가 있습니다. 이단은 "그리스도의 교훈 안에 거하지 아니하는 자"요, 진리를 아는 자는 "교훈 안에 거하는 사람"이라는 것입니다. 그래서 사도는 "거하다"는 말을 강조하고 있습니다. "거하다"의 반대는 "지나쳐"라는 말입니다. 어찌하여 이단이 되는가? "진리" 안에 거하지를 않고 "지나쳐" 옆길로 빠지기 때문입니다.

그래서 요한1서 2:24절에서는 "너희는 처음부터 들은 것을 너희 안에 거하게 하라 처음부터 들은 것이 너희 안에 거하면 너희가 아들과 아버지 안에 거하리라"고 말씀하는 것입니다. "처음부터 들은 것"이 무엇입니까? 복음진리인 것입니다. 그런데 복음 안에 거하지 않고 새롭고 신비스러운 것을 찾다가 미혹을 당하게 되는 것입니다.

ⓓ 1:10절을 보겠습니다. "누구든지 이 교훈을 가지지 않고 너희에게 나아가거든 그를 집에 들이지도 말고 인사도 하지 말라"합니다. 11절에서는 "그에게 인사하는 자는 그 악한 일에 참여하는 자임이라"고 단호합니다. 여러분은 이 말씀을 대하면서 "사랑하라"하더니 어떻게 "그를 집에 들이지도 말고 인사도 하지 말라"한단 말인가 하고 의아한 생각이 들지는 않습니까?

이는 이단사상이 그만큼 전염성이 강하다는 점을 나타냅니다. 이것이 사랑의 사도라는 요한이 한 경계임을 유념하시기 바랍니다. 그러므로 이것저것 다 좋다는 식이 "사랑"은 아닌 것입니다. 왜냐하면 하나님은 "사랑을 진리를 통해서" 나타내셨기 때문입니다. 그래서 사랑은 "진리와 함께 기뻐한다"(고전 13:6)고 말씀하는 것입니다.

오늘날은 이런 말을 하는 사람들을 "편협한 자, 독선자, 근본주의자"라고 매도합니다. 그러면서 다른 종교에도 구원이 있다고 말합니다. 길은 여럿이나 목적지는 하나라고 말합니다. 이것이 현대판 영지주의자들입니다.

우리는 극단주의자들이 아니라 "복음주의자"들입니다. 오른편 뺨을 때리면 왼편도 돌려댈 용의가 있습니다. 그러나 하나님의 아들 그리스도께서 죽으심으로 이루어주신 복음을 훼손하는 일만은 용납할 수가 없는 것입니다. 그들은 "진리를 아는 자도(1), 진리로 말미암음도(2), 진리와 사랑 가운데서 우리와 함께"(3)하는 자들도 아닌 것입니다.

그런데 1:8절에서 "너희는 스스로 삼가 우리가 일한 것을 잃지 말고 오직 온전한 상을 받으라"하는 것이 아닌가? 그렇다면 사랑하는 "부녀"가 이단의 위험성에 노출되어 있는 것은 아닌가 여겨집니다.

⑥ 끝으로 1:12절입니다. "내가 너희에게 쓸 것이 많으나 종이와 먹으로 쓰기를 원하지 아니하고 오히려 너희에게 가서 대면하여 말하려

하니 이는 너희 기쁨을 충만하게 하려 함이라"합니다.

㉠ 이점에서 주목할 점은 "너희에게 가서 대면하여 말하려 한다"는 말씀입니다. 이것이 1차적으로는 사도 요한이 사랑하는 "부녀"에게 하는 말이지만 기록된 말씀이 선포될 때는 주님께서 우리에게 하시는 말씀으로 받아야 하는 것입니다. 빌레몬서에도 "오직 너는 나를 위하여 숙소를 마련하라"(몬 1:22)는 말씀이 있습니다. 이것도 바울이 빌레몬에게 한 말이지만 주님께서 우리에게 하시는 말씀으로 받아야 하는 것입니다. 그러면 이 말씀을 대하면서 어떤 장면을 연상하게 됩니까? 찬송가에 이런 가사가 있습니다.

주 오늘에 다시 오신다면 부끄러움 없을까
잘 하였다 주님 칭찬하며 우리 맞아 주실까

재림하시는 주님을 "대면"(對面)하게 될 장면을 연상하게 합니다.

㉡ 요한2서는 "택하심을 받은 네 자매의 자녀들이 네게 문안하느니라"(13)는 말씀으로 마치고 있습니다. 문안하는 "택하심을 받은 네 자매의 자녀들"을 성도들로 볼 수도 있습니다. 중요한 점은 사도는 "택하심"(1)으로 시작하여, "택하심"(13)으로 마치고 있다는 점입니다. 그러므로 우리는 하나님의 택하심을 입은 자요, 참으로 사랑하는 자들이라는 점을 잊지 마시기 바랍니다. 이런 우리의 정체성을 망각하지 않는

점이 중요합니다. 요한2서는 우리들에게 많은 것으로 부탁하고 있지 아니합니다.

㉮ "진리에 행하는 자를 내가 보니 심히 기쁘도다"(4)하십니다.

㉯ "서로 사랑하자"(5)하십니다.

㉰ "교훈 안에 거하라"(9)하십니다.

㉱ "너희에게 가서 대면하여 말하려 한다"(12)하십니다. 왜 이렇게 권면하시는가?

㉢ 마지막 말은 "너희 기쁨을 충만하게 하려 함이라"(12하)는 말씀입니다. 그렇습니다. 우리를 영접하러 오시는 주님을 대면하여 뵙게 되는 날, 우리의 기쁨이 얼마나 충만할 것입니까! 이 소망을 가진 우리는 주님이 재림하시는 그 날까지 "진리를 알고, 진리를 행하고, 진리에 거하면서, 서로 사랑"하기만 한다면 더 바랄 것이 무엇이 있겠습니까? 이것이 요한2서를 통하여 택하심을 받고 참으로 사랑하심을 받은 우리에게 하시는 말씀입니다.

> 진리와 생명 되신 주 이 몸을 바치옵니다
>
> 믿음과 소망 사랑에 한 마음 되게 하소서 아멘 (630장)

요삼 1:1–6절

진리를 위하여 함께 수고하는 자

설교 본문

1 장로인 나는 사랑하는 가이오 곧 내가 참으로 사랑하는 자에게 편지하노라

2 사랑하는 자여 네 영혼이 잘됨 같이 네가 범사에 잘되고 강건하기를 내가 간구
  하노라

3 형제들이 와서 네게 있는 진리를 증언하되 네가 진리 안에서 행한다 하니 내가
  심히 기뻐하노라

4 내가 내 자녀들이 진리 안에서 행한다 함을 듣는 것보다 더 기쁜 일이 없도다

5 사랑하는 자여 네가 무엇이든지 형제 곧 나그네 된 자들에게 행하는 것은 신실
  한 일이니

6 그들이 교회 앞에서 너의 사랑을 증언하였느니라 네가 하나님께 합당하게 그
  들을 전송하면 좋으리로다

강론

    요한3서는 "장로인 나는 사랑하는 가이오 곧 내가 참으로 사랑하는 자에게 편지하노라"(1:1)고 시작이 됩니다. 이처럼 요한3서는 사도 요한이 "사랑하는 가이오"에게 보낸 서신입니다.

    그러면 편지를 기록한 목적이 무엇인가? 1:5절입니다. "사랑하는 자여 네가 무엇이든지 형제 곧 나그네 된 자들에게 행하는 것은 신실한 일이니"합니다. 여기서 "나그네 된 자들"이란 순회전도자들을 가리키는 말입니다. 그 대표적인 전도자가 바울일 것입니다. 당시는 무명의 순회전도자들이 많이 있었습니다.

    그런데 가이오가 이 순회전도자들을 극진히 후원을 했던 것입니다. 6절에서 "그들이 교회 앞에서 너의 사랑을 증언하였느니라"한 것을 보면, 순회전도자들이 요한과 교회 앞에서 가이오의 선교후원을 증언한 것으로 여겨집니다. 이를 듣고 "가이오"를 격려하기 위해서 편지를 쓰고 있는 것입니다.

    여기에 요한2서와 3서의 특성이 나타납니다. 요한2서는 "택하심을 받은 부녀와 그의 자녀들에게, 진리와 사랑을 행하라"는 개인적인 신앙을 격려하기 위한 것이라면, 요한3서는 "이는 우리로 진리를 위하여 함께 일하는 자가 되게 하려 함이라"(8)는 동력(同役)을 격려하기 위한 서신이기 때문입니다.

이런 특성이 인사에도 나타나는데 요한2서에서는 "택하심"(1)을 강조한 반면 요한3서에서는 "사랑하는 가이오, 참으로 사랑하는 자"(1)라고 "사랑"을 강조하는 데서도 드러납니다. 짧은 요한3서에 "사랑하는 자"라는 언급이 3번(2, 5, 11)이나 강조되어 있습니다. 가이오의 선교동참이 얼마나 고마웠으면 이처럼 극진한 애정을 나타냈겠습니까?

그러면 2절입니다. "사랑하는 자여 네 영혼이 잘됨 같이 네가 범사에 잘되고 강건하기를 내가 간구하노라"고 마음껏 축복을 합니다. "영혼, 범사, 강건"이라 하기 때문에 "3박자 축복"이라 하는데 모든 성도들이 받기를 원하는 축복입니다.

그런데 이 축복은 내용상으로 하면 8절 다음에 놓여있어야 하는 것입니다. 왜냐하면 이런 축복은 아무나 받을 수 있는 복이 아니라 "진리를 위하여 함께 일하는 자"(8)에게 한 축복이기 때문입니다. 우리가 착각하고 있는 것 중 하나가 목회자가 모든 좋은 말을 다 동원하여 축복을 하면 그대로 임할 줄로 여기는 것입니다.

그 믿음은 가상하지만 주님은 제자들을 파송하실 때에 "그 집에 들어가면서 평안하기를 빌라"하시면서 "그 집이 이에 합당(合當)하면 너희 빈 평안이 거기 임할 것이요"(마 10:13)라고 말씀하셨습니다. 사도가 가이오에게 "네 영혼이 잘됨 같이 네가 범사에 잘되고 강건하기를 내가 간구하노라"고 아낌없이 축복한 것은 가이오가 이런 축복을 받기에 합당하게 행했기 때문인 것입니다. 요한3서는 내용상으로 4부분으로 되어 있습니다.

① 첫째 부분은 1-4절인데 중심점은 "진리 안에서 행하는 자"입니다. 3절을 보겠습니다. "형제들이 와서 네게 있는 진리를 증언하되 네가 진리 안에서 행한다 하니 내가 심히 기뻐하노라"합니다. 두 마디로 되어 있는데 첫째는 "네게 있는 진리를 증언"했다 합니다. 이는 가이오 안에 복음진리가 있었다는 것을 가리킵니다. 둘째는 "네가 진리 안에서 행한다"는 말입니다. 이는 가이오가 복음진리를 받은 것만이 아니라 실천했다는 점을 나타냅니다.

㉠ 그래서 4절에서는 "내가 내 자녀들이 진리 안에서 행한다 함을 듣는 것보다 더 기쁜 일이 없도다"하는 것입니다. 우리들도 "복음진리"를 받은 자들입니다.

중요한 점은 우리가 "진리 안에서 행하고 있느냐"하는 점입니다. 진리를 실천함으로 사도 요한이 아니라 우리 주님께서 "내 자녀들이 진리 안에서 행한다 함을 듣는 것보다 더 기쁜 일이 없도다"하시도록 해 드려야 마땅하지 않겠습니까?

② 둘째 부분은 5-8절인데 중심점은 "진리를 위하여 함께 수고하는 자"입니다. 5절입니다. "사랑하는 자여 네가 무엇이든지 형제 곧 나그네 된 자들에게 행하는 것은 신실한 일이니"(1:5)하고 가이오의 봉사를 칭찬합니다.

요한3서의 중심점이 여기에 있습니다. 가이오는 진리 가운데 거한 것만이 아니라, 적극적으로 복음진리를 전파하는 일에 동역(同役)했던 것입니다.

예레미야 선지자는 애가(哀歌)에서 "지나가는 모든 사람들이여 너희에게는 관계가 없는가 나의 고통과 같은 고통이 있는가"(애 1:12)하고 "지나가는 사람들이여"합니다. 무슨 뜻이냐 하면 예루살렘이 멸망하고 백성들이 포로로 끌려갔는데도 자신과는 상관이 없는 "지나가는" 아웃사이더(Outsider)처럼 여긴 자들이 있었기 때문입니다. 우리 교회에는 이런 구경꾼들과 같은 사람들이 있어서는 아니 되겠습니다.

㉠ 6절입니다. "그들이 교회 앞에서 너의 사랑을 증언하였느니라" 합니다. 주목해보셨습니까? 3-4절에서 "진리"를 언급한 사도는 진리에다 "사랑"을 짝을 지어주고 있는 것입니다.

그렇습니다. "진리와, 사랑"은 요한서신의 두 기둥과 같은 것입니다. 이로 보건대 가이오는 "진리" 위에 서서 "사랑"을 실천하는 성도임을 알게 됩니다. 가이오는 복음전도자들을 주님의 사랑으로 영접하고 필요한 선교 비를 주님의 이름으로 지원해주었던 것입니다.

ⓛ 그러므로 "네가 하나님께 합당하게 그들을 전송하면 좋으리로다"(6하)합니다. 순회전도자들은 또다시 복음을 전하기 위해서 떠나게 될 것입니다. "합당하게 전송하라"는 것은 전에도 그러했지만 앞으로도 필요한 것을 공급해주라는 부탁입니다.

ⓒ 왜냐하면 1:7절을 보십시오. "이는 그들이 주의 이름을 위하여 나가서 이방인에게 아무 것도 받지 아니함이라"(1:7)합니다. 여기 중요한 요점이 등장하는데 그것은 "주의 이름을 위하여"라는 말씀입니다. 주님은 바울을 부르실 때에, "그가 내 이름을 위하여 얼마나 고난을 받아야 할 것을 내가 그에게 보이리라"(행 9:16)하셨고, 바울은 "주의 이름을 위하여"(롬 1:5) 그 많은 고난을 받으면서 이방인들에게 복음을 전했던 것입니다. 전도자들은 "주의 이름을 위하여" 싸우러 나가는 십자가군병들인 것입니다.

그렇다면 "주의 이름을 위하여" 수고하는 주의 종들을 주의 이름으로 영접하는 것은 곧 주님을 영접하는 것이 되는 것입니다. 그들이 "나가서 이방인에게 아무 것도 받지 아니함이라"하는데 받지 않은 것은 대접이었지 가는 곳마다 배척과 박해를 받았던 것입니다. "주의 이름을 위해서" 말입니다.

ⓔ 8절입니다. "그러므로 우리가 이 같은 자들을 영접하는 것이 마땅하니 이는 우리로 진리를 위하여 함께 일하는 자가 되게 하려 함이라"합니다. "함께 일하는" 참여한다는 점이 중요합니다. 방관자가 되

어서는 아니 됩니다. 여러분도 "진리를 위하여 함께 일하는 자"가 되시기를 바랍니다.

③ 요한3서의 세 번째 부분은 9-12절인데 중심점은 "진리를 위하여 함께 일하지 않는 자"입니다. 교회 내에는 가이오와 같은 신실한 성도만 있는 것은 아닙니다. 9절에 보면 "내가 두어 자를 교회에 썼으나 그들 중에 으뜸 되기를 좋아하는 디오드레베가 우리를 맞아들이지 아니"했다고 말합니다. 사도는 순회전도자를 후원하라는 요청을 한 것으로 여겨집니다.

㉠ 그런데 교회 중진으로 여겨지는 디오드레베가 이를 거절한 것입니다. 그는 거절만 한 것이 아니라 "악한 말로 우리를 비방하고도 오히려 부족하여 형제들을 맞아들이지도 아니하고 맞아들이고자 하는 자를 금하여 교회에서 내쫓았다"합니다. 그래서 "내가 가면 그 행한 일을 잊지 아니하리라"합니다. 누가 가면 그 행한 일을 잊지 않겠다는 것입니까?

㉡ 서신서를 보면 사도들이 "내가 가면, 또는 갈 때에"라고 말하는 것이 자주 등장합니다. "내가 가면"한 "나"라는 분이 1차적으로는 사도 요한이지만 우리에게는 재림하시는 주님으로 적용이 되는 것입니다. 주님은 말씀하십니다. "보라 내가 속히 오리니 내가 줄 상이 내게 있어 각 사람에게 그가 행한 대로 갚아 주리라"(계 22:12).

ⓒ 11절입니다. "사랑하는 자여 악한 것을 본받지 말고 선한 것을 본받으라 선을 행하는 자는 하나님께 속하고 악을 행하는 자는 하나님을 뵈옵지 못하였느니라"고 격려합니다. 여기 요한1서에서 여러 번 언급한 "속(屬)하다"는 말이 또 등장합니다. 소속(所屬)이 없는 자는 한 사람도 없습니다. "하나님께 속한"자와 "하나님을 뵈옵지 못할"자 둘 중 하나입니다. "진리를 위하여 함께 수고하는 자"는 "하나님께 속한" 자인 것입니다.

여기서도 요한 3서의 특성이 나타나는데 요한2서는 교회 밖에서 침투하려는 이단을 경계하기 위해서 기록이 된 반면, 요한3서는 교회내부에 도사리고 있는 교권주의 자를 경계하고, 신실한 성도들을 격려하기 위해서 기록이 되었던 것입니다.

ⓓ 12절에 보면 또 한 사람이 등장하는데 "데메드리오"입니다. "뭇 사람에게도, 진리에게서도 증거를 받은"자라합니다. 그를 언급하는 의도가 무엇인가? 그러니까 "디오드레베"는 본받지 말아야 할 사람으로, "데메드리오"는 본받아야 할 사람으로 대조해서 보여주기 위해서입니다. 이들이 누군지 우리는 알 길이 없으나 분명한 것은 현대교회 내에도 "가이오, 디오드레베, 데메드리오"는 있다는 사실입니다.

④ 요한3서의 마지막 부분은 13-15절인데 중심점은 "내가 네게 쓸 것이 많으나 먹과 붓으로 쓰기를 원하지 아니하고 속히 보기를 바라노

니 또한 우리가 대면하여 말하리라"(13-14)는 말씀입니다. 신기하게도 이 말씀은 요한2서 1:12절과 동일합니다.

그렇다고 우리는 지금 사도 요한을 만나기를 바라고 있는 것이 아닙니다. 주님은 면대(面對), 즉 얼굴과 얼굴을 대면하여 말씀하기를 원하십니다.

성령께서 요한3서를 통해서 교회들에게 하시고자 하는 말씀은 분명합니다. 3서에 등장하는 "가이오, 디오드레베, 데메드리오" 등을 예표적인 인물로 사용하셔서 교회를 격려하며 교훈하며 경고하고 있는 것입니다. 그러므로 3서에 8번 등장하는 "나"라는 송신자(送信者)가 1차적으로는 사도 요한이라 해도 예수 그리스도께서 교회들에게 하시는 말씀으로 받는다면 이 작은 서신은 현대교회에 없어서는 아니 될 중요한 말씀으로 다가오게 되는 것입니다.

마지막 말은 "평강이 네게 있을지어다"(15)한 "평강"입니다. 그리고 "여러 친구가 네게 문안하느니라 너는 친구들의 이름을 들어 문안하라"합니다. 한 사람 한 사람에게 일일이 문안하라는 뜻입니다. 이것이 여러분에게 향하신 우리 주님의 마음이기도 합니다.

으뜸 되기를 좋아하는 디오드레베가 있는가 하면 이런 신실한 성도들은 어느 시대 어느 교회에나 있는 것입니다. 저도 주님의 이름으로 문안을 합니다.

"평강이 여러분의 교회와 가정과 심령에 있을지어다". 이것이 "진리를 위하여 함께 수고하는" 요한3서입니다.

나 받은 달란트 얼마런가 나 힘써 그것을 남기어서

갑절로 주님께 바치오면 충성된 종이라 상주시리 (597장)

유 1:3-4절

하나님의 사랑 안에서
자신을 지키라

설교 본문

3 사랑하는 자들아 우리가 일반으로 받은 구원에 관하여 내가 너희에게 편지하려는 생각이 간절하던 차에 성도에게 단번에 주신 믿음의 도를 위하여 힘써 싸우라는 편지로 너희를 권하여야 할 필요를 느꼈노니

4 이는 가만히 들어온 사람 몇이 있음이라 그들은 옛적부터 이 판결을 받기로 미리 기록된 자니 경건하지 아니하여 우리 하나님의 은혜를 도리어 방탕한 것으로 바꾸고 홀로 하나이신 주재 곧 우리 주 예수 그리스도를 부인하는 자니라

강론

유다서는 "예수 그리스도의 종이요 야고보의 형제인 유다는"(1:1)
하고 시작이 됩니다. 그렇다면 이 유다는 예수님의 육신의 동생인 유
다인 것이 확인이 됩니다. 그러면 유다서를 기록한 목적이 무엇인가
하는 점입니다. 이점에서 신약성경 27권 중 21권이 서신서인데 서신
서들의 기록목적이 무엇인가를 간략하게나마 말씀드리는 것이 도움
이 될 것입니다.

㉠ 첫째는 복음을 증언하여 성도들을 견고하게 세워주기 위해서입
니다. 로마서는 "이 복음으로 너희를 능히 견고하게"16:26)하기 위해
서 기록이 된 것입니다.

㉡ 둘째는 하나님의 자녀답게 살아가라고 권면하기 위해서입니다.
이점을 에베소서 5:1절에서는 "그러므로 사랑을 받는 자녀 같이 너희
는 하나님을 본받는 자가 되라"고 말씀합니다.

㉢ 셋째는 거짓 선생인 이단을 경계하기 위해서입니다. 이것이 본
문이 말씀하는 "단번에 주신 믿음의 도를 위하여 힘써 싸우라"는 영적
전투인 것입니다. 이 세 가지 요점은 불가분의 관계입니다. 복음에 굳

게 서지 못하면 자녀답게 살아가야 할 실천윤리에도 실패하게 되고, 복음과 윤리에 실패하게 되면 영적 싸움에서도 패배하게 되기 때문입니다.

1:3절입니다. "우리가 일반으로 받은 구원에 관하여 내가 너희에게 편지하려는 생각이 간절하던 차에"라고 진술합니다. 그러니까 유다는 로마서와 같은 "구원의 복음"을 증언하려 했다는 것입니다. 그러면 어찌하여 복음을 "일반으로 받은 구원"이라할까요?

첫째는 누구든지 차별이 없이 "오직 믿음"으로 받기 때문에 일반으로 받은 구원이라 하는 것입니다. 둘째는 "오직 은혜"이기 때문입니다. 그리하여 "값없이 거저 주시는"(엡 1:6) 것이기 때문에 "일반으로 받은 구원"이라 하는 것입니다.

그런데 "성도에게 단번에 주신 믿음의 도를 위하여 힘써 싸우라는 편지로 너희를 권하여야 할 필요를 느꼈노니"합니다. 왜냐하면 "이는 가만히 들어온 사람 몇이 있음이라"(4), 즉 이단이 침투했다는 보고를 접하고는 복음을 증언하려다가 "힘써 싸우라"는 전투적인 내용으로 바뀌게 되었다는 것입니다.

그러므로 유다서만이 전투적인 서신은 아닙니다. 앞에서 상고한 베드로후서도 "그러나 백성 가운데 또한 거짓 선지자들이 일어났었나니 이와 같이 너희 중에도 거짓 선생들이 있으리라"(벧후 2:1)하고 이단을 경계하기 위해서 기록이 된 것입니다. 이런 배경에서 베드로후서와 유다서 간에는 유사한 말씀이 여러 번 등장합니다.

이점에서 또 주목하게 되는 것은 복음을 "단번에 주신 믿음의 도"라고 말씀한다는 점입니다. 이는 구약시대에 드려진 반복적인 제사와 대조되는 것으로 "예수 그리스도의 몸을 단번에 드리심으로 말미암아 우리가 거룩함을 얻었다"(히 10:10)는 점을 드러내기 위해서인 것입니다. 이 "단번"이 히브리서에서는 6번(히 7:27, 9:12, 26, 28, 10:2, 10)이나 강조되어 있습니다.

그런데 이단들은 "일반"이 아닌 자신들에게는 "특별함"이 있다고 하면서 "단번"이 아닌 무엇인가 첨부해야 구원을 얻는 양 미혹했던 것입니다. 이단이란 머리에 뿔이 난 사람들이 아닙니다. 이처럼 복음에다 "더하고, 빼버리고, 바꿈"으로 복음을 변질시키는 것을 의미합니다. 이런 일은 "가만히 들어온", 즉 알지 못하는 사이에 침투를 합니다.

명심하십시다. "첨부하는 것"만이 이단이 아닙니다. "빼버리는 것", 즉 말하지 않는 것도 동일하게 "복음을 변하게"(갈 1:7)함이라는 점을 인식해야만 합니다.

오늘날 강단에서 가만히 일어난 일이 무엇인지 아십니까? 알지 못하는 사이에 십자가복음이 사라지고 있다는 사실입니다. 형제가 "구속, 중생, 칭의, 지옥, 천당"에 대한 설교를 들은 최근의 기억이 언제입니까? 이런 맥락에서 유다서는 한국교회를 향해서도, "믿음의 도를 위하여 힘써 싸우라"고 촉구하고 있는 셈입니다.

유다서는 크게 1-4, 5-19, 20-25절, 이렇게 세 부분으로 나누어 살펴보는 것이 도움이 됩니다. 첫째 부분(1-4)의 중심점은 3절의 "단번에 주신 믿음의 도를 위하여 힘써 싸우라"는 말씀입니다. 둘째 부분(5-19)의 중심점은 19절의 "이 사람들(이단)은 분열을 일으키는 자며 육에 속한 자며 성령이 없는 자니라"한 이단의 특성을 진술하는 내용이고, 셋째 부분(20-25)의 중심점은 21절의 "하나님의 사랑 안에서 자신을 지키라"는 권면입니다.

짧은 유다서 안에는 "사랑하는 자들아"하는 말이 3번(3, 17, 20), 이단을 가리키는 "이 사람들"이라는 말이 5번(8, 10, 11, 16, 19)이나 등장합니다. 그러니까 유다는 "사랑하는 자들"을 이리와 같은 이단에게 빼앗기지 않기 위해서 "단번에 주신 믿음의 도"를 위하여 "힘써 싸워라(3), 자신을 지키라"(21)는 권면을 하기 위해서 유다서를 기록하고 있는 것입니다.

① 그러면 첫째 부분인 1-4절을 살펴보겠습니다. 1절입니다. "예수

그리스도의 종이요 야고보의 형제인 유다는 부르심을 받은 자 곧 하나님 아버지 안에서 사랑을 얻고 예수 그리스도를 위하여 지키심을 받은 자들에게 편지하노라"합니다.

유다서를 받는 우리를 어떤 사람들이라고 부르고 있는가를 주목해 보시기를 바랍니다. "부르심을 받은 자"라고 말씀합니다. "하나님 아버지 안에서 사랑을 얻은"자라고 말씀합니다. 그리고 "예수 그리스도를 위하여 지키심을 받은 자들"이라고 말씀합니다.

㉠ 우리는 "부르심을 받은 자"들인 것입니다. 이 땅에 태어날 때에도 선택권이 우리에게 있었던 것이 아니듯이, 하나님의 자녀로 태어난다는 것도 자원함으로 되는 것이 아니라 택하시고 부르심으로 되는 것입니다.

㉡ 그러므로 "부르심"을 받았다는 것은, "곧 하나님 아버지 안에서 사랑을 얻었다"(1중)는 증거인 것입니다. 그런데 "부르시고, 사랑"만 하시는 것이 아니라,

㉢ "지키심을 받은 자들"(1하)이라고 말씀합니다. 그렇습니다. 주님은 자기 피로 사신 성도들을 끝까지 보존(保存)하여주십니다.

이들을 향해 "단번에 주신 믿음의 도를 위하여 힘써 싸우라"(1:3)고 격려하는 것입니다. 사랑노래인 아가서에도 "우리를 위하여 여우 곧 포도원을 허는 작은 여우를 잡으라 우리의 포도원에 꽃이 피었음이라"(아 2:15)는 경계가 있습니다.

②다음은 이단의 정체와 특성을 언급하는 둘째 부분인 5-19절을 살펴보겠습니다. 유다서를 관찰해보면 당시의 상태가 심각한 상황임을 알 수가 있습니다.

사도 요한은 "누구든지 이 교훈을 가지지 않고 너희에게 나아가거든 그를 집에 들이지도 말고 인사도 하지 말라"(요이 1:10)고 경계했는데, 유다서 1:12절을 보십시오. "그들은 기탄없이 너희와 함께 먹으니 너희의 애찬에 암초"(1:12)라고 말씀하는 것을 대하게 됩니다. 이는 이단이 깊숙이 침투하여 그들과 교제를 나누고 있다는 증거입니다.

1:5절입니다. "너희가 본래 모든 사실을 알고 있으나"합니다. 그러니까 이단이 일어나리라는 경계를 이미 말해주었다는 것입니다. 이점이 "사랑하는 자들아 너희는 우리 주 예수 그리스도의 사도들이 미리 한 말을 기억하라"(17)는 언급에서도 나타납니다. 그래도 안심이 안 되어서, "내가 너희로 다시 생각나게 하고자 하노라"하는 것입니다. 그러면 이단의 특성이 무엇인가?

둘째 부분에는 이단을 가리키는 "이 사람들"이라는 말이 8, 10, 11, 16, 19절 등 5번이나 등장합니다. 이를 통해서 이단의 정체와 특성을 알아보도록 하겠습니다.

㉠ 1:8절입니다. "그러한데 꿈꾸는 이 사람들도 그와 같이 육체를 더럽히며 권위를 업신여기며 영광을 비방하는도다"합니다. 어찌하여

이단을 "꿈꾸는 자"라 할까요? 이단의 공통적인 특징은 신령한 자로 가장을 하면서 특별한 계시를 받았다고 말한다는 점입니다. 그래서 마치 몽유병자(夢遊病者)와 같기 때문에 "꿈꾸는 자"라 했을 것입니다.

ⓛ 10절입니다. "이 사람들은 무엇이든지 그 알지 못하는 것을 비방하는도다 또 그들은 이성(理性) 없는 짐승 같이 본능으로 아는 그것으로 멸망하느니라"합니다.

ⓒ 그런가 하면 19절에서는 "이 사람들은 분열을 일으키는 자며 육에 속한 자며 성령이 없는 자니라"합니다. 이단의 특성을 10절에서는 "이성 없는 짐승"에 비하고 19절에서는 "성령이 없는 자"라 합니다. 왜냐하면 "이성 없는 짐승과, 성령이 없는 이단"은 닮은꼴로 그 종말은 짐승처럼 "멸망"을 당할 것이기 때문입니다.

ⓔ 11절입니다. "화 있을진저 이 사람들이여, 가인의 길에 행하였으며 삯을 위하여 발람의 어그러진 길로 몰려갔으며 고라의 패역을 따라 멸망을 받았도다"합니다.

ⓜ 12-13절에서는 이단을 "바람에 불려가는 물 없는 구름, 죽고 또 죽어 뿌리까지 뽑힌 열매 없는 가을 나무, 자기 수치의 거품을 뿜는 바다의 거친 물결, 영원히 캄캄한 흑암으로 돌아갈 유리하는 별들이라" 하는데 이는 이단에 대한 교과서적인 묘사라 할 것입니다.

ⓗ 16절에서는 "이 사람들은 원망하는 자며 불만을 토하는 자며 그 정욕대로 행하는 자라 그 입으로 자랑하는 말을 하며 이익을 위하여

아첨하느니라"합니다.

이상의 말씀을 3가지로 요약할 수가 있는데 ㈎ 첫째는 "하나님의 은혜를 도리어 방탕한 것으로 바꾸고(4), 육체를 더럽히며"(8), 정욕대로 행하는 자라(16)는 것입니다. 그들은 그리스도 안에서의"자유"를 육체의 자유로 곡해하여 방탕했던 것입니다.

㈏ 둘째는 "삯을 위하여 발람의 어그러진 길로 몰려갔으며(11), 이익을 위하여 아첨하느니라"(16), 즉 돈을 좋아한다는 것입니다. 이단은 교세를 확장하여 반드시 사업을 해서 자본을 축적합니다. 그래서 12절에서는 "자기 몸만 기르는 목자"라고 말하는 것입니다.

㈐ 셋째는, "권위를 업신여기며 영광을 비방하는도다(8), 분열을 일으키는 자"(19), 즉 자기들에게 와야만 구원을 얻는다고 분열을 조장한다는 것입니다.

㈑ 넷째는 결정적인 오류인데 "홀로 하나이신 주재 곧 우리 주 예수 그리스도를 부인하는 자니라"(1:4하)합니다. 이는 요한일서 4:2-3절에서 언급한 "예수 그리스도께서 육체로 오신 것"을 부인하는 것을 가리키는 말입니다. 그들은 육체는 악한 것이라 하면서 그리스도가 육신을 입고 오신 것이 아니라 그렇게 보였다는 가현설을 주장했던 것입니다. 이것이 "우리 주 예수 그리스도를 부인하는 자니라"는 뜻입니다. 이것이 이단의 특성입니다.

③ 그러면 그들의 종말은 어떻게 될 것인가? 1:4절입니다. "그들은 옛적부터 이 판결을 받기로 미리 기록된 자라"고 "옛적"이라 말합니다. 백성들을 멸망의 길로 이끈 "이단"은 구약시대에도 있었습니다. 그리고 "판결을 받을 자"라 하는데 구약성경에는 이런 자들을 심판한 기록들이 많이 있습니다. 유다는 이단의 종말을 성경을 들어 논증합니다.

㉠ 5절에서 "주께서 백성을 애굽에서 구원하여 내시고 후에 믿지 아니하는 자들을 멸하셨으며"하는데 이는 특히 11절에서 언급한 "고라" 일당이 권위를 업신여기며 비방하다가 "땅이 그 입을 열어 그들과 그들의 집과 고라에게 속한 모든 사람과 그들의 재물을 삼킨"(민 16:32) 사실을 염두에 두고 하는 말일 것입니다.

㉡ 6절에서는 "또 자기 지위를 지키지 아니하고 자기 처소를 떠난 천사들을 큰 날의 심판까지 영원한 결박으로 흑암에 가두셨으며"합니다. 이는 사도 베드로도 언급하고 있는데(벧후 2:4), 5절의 예가 지상(地上)에서 일어난 실례라면, 6절은 천상(天上)에서 일어난 사건인 것입니다.

㉢ 7절에서는 "소돔과 고모라"를 상기시키면서 "영원한 불의 형벌을 받음으로 거울이 되었느니라"합니다.

㉣ 그리고 11절에서는 "가인의 길로 행하고, 발람의 어그러진 길로 몰려갔다"고 말씀합니다. 여기 "길"로 행했다 하는데 이단이란 성도들을 "옛길에서 넘어지게 하며 곁길 곧 닦지 아니한 길로 행하게 하는"

(렘 18:15)자들인 것입니다. 이것이 이단의 종말입니다.

④ 마지막으로 셋째 부분인 20-25절을 살펴보겠습니다. 첫 부분에서 기록목적을 말씀하고, 둘째 부분에서 이단에 대해 경계한 후에 결론에 이르러 적용을 시키는 것입니다. 우리가 명심해야 할 권면이 20-21절 두 절에 다 들어 있습니다. 함께 읽겠습니다.

"사랑하는 자들아 너희는 너희의 지극히 거룩한 믿음 위에 자신을 세우며 성령으로 기도하며 하나님의 사랑 안에서 자신을 지키며 영생에 이르도록 우리 주 예수 그리스도의 긍휼을 기다리라"합니다.

㉠ 첫째로 "지극히 거룩한 믿음 위에 자신을 세우라"고 말씀합니다. 유다는 신앙을 "건축"(建築)에다 비해서 말씀합니다. 그래서 개역 본에서는 "건축하라"로 되어 있는데 참으로 적절한 비유입니다. 우리는 이미 구원을 얻었으나 완공(完工)된 것이 아니라 지금도 건축해 나가는 중입니다. 이것이 성화의 삶입니다. 그리고 주님께서 재림하시는 날 완공이 될 터인데 이것이 영화입니다. 건축은 기초가 튼튼해야 합니다. 그래서 "거룩한 믿음 위에" 세우라 하는 것입니다.

㉡ 둘째로 "성령으로 기도하라"고 권면합니다. 이는 "성령은 없는 자"라 한 이단을 염두에 두고 한 말씀인데, 하나님과 교제와 교통이 끊

어지지 않게 하라는 뜻입니다.

ⓒ 셋째로 "하나님의 사랑 안에서 자기를 지키며"합니다. 그런데 그냥 "지키라" 하는 것이 아니라 "사랑 안에서"라고 말씀합니다. 그리스도인들은 자기 아들까지 아끼지 아니하고 내어주신 하나님의 선수적인 사랑을 받은 자들입니다. "자신을 지키는" 비결은 어떤 경우, 어떤 상황에서도 그 사랑을 맨 앞에 내세우는 것입니다.

이단이란 하나님의 사랑을 의심하게 하고 그 사랑 안에서 우리를 밖으로 끌어내려는 자들입니다. 아담 하와가 이런 유혹에 넘어간 것입니다. 하나님의 사랑을 잊어버리고 의심하는 것보다 하나님을 슬프시게 하는 일이란 달리는 없습니다. 그 사랑을 상기하면서 "사랑 안에" 거하는 것이 "자기를 지키는" 것입니다.

1:22-23절 안에는 "어떤 자"라는 말이 3번이나 등장합니다. "어떤 의심하는 자들을 긍휼히 여기라, 또 어떤 자를 불에서 끌어내어 구원하라, 또 어떤 자를 그 육체로 더럽힌 옷까지도 미워하되 두려움으로 긍휼히 여기라"고 부탁을 합니다. 이로 보건대 "하나님의 사랑 안에서 자기를 지키지" 못하고 이미 이단에 미혹이 된 자들이 있었던 것으로 여겨집니다.

⑤ 유다서는 "능히 너희를 보호하사 거침이 없게 하시고 너희로 그 영광 앞에 흠이 없이 기쁨으로 서게 하실 이 곧 우리 구주 홀로 하나이신 하나님께 우리 주 예수 그리스도로 말미암아 영광과 위엄과 권력과 권세가 영원 전부터 이제와 영원토록 있을지어다 아멘"(24-25)하는 장엄한 축도로 마치고 있습니다. 이는 성경에 나타난 가장 장엄한 송영입니다. 우리도 힘 있게 "아멘"하십시다.

그리스도인들의 최종목적지는 그 날에 "영광 앞에 서는" 것입니다. 이는 우리의 자력만으로는 불가능합니다. 그래서 "능히 너희를 보호하사 거침이 없게 하시고, 너희로 그 영광 앞에 흠이 없이 기쁨으로 서게 하실 이"라 말씀하는 것입니다. 유다서를 통해서 새롭게 결단해야 할 점은 세 가지로 요약이 됩니다.

㉠ 단 번에 주신 믿음의 도를 위하여 힘써 싸우는 일입니다.
㉡ 지극히 거룩한 믿음 위에 자기를 건축하는 일입니다.
㉢ 하나님의 사랑 안에서 자기를 지키는 일입니다. 이것이 "하나님의 사랑 안에서 자신을 지키라"는 유다서입니다.

주님 약속하신 말씀 위에서 영원하신 주의 사랑 힘입고

성령으로 힘써 싸워 이기며 약속 믿고 굳게 서리라

굳게 서리 영원하신 말씀 위에 굳게 서리

굳게 서리 그 말씀 위에 굳게 서리라 (546장)

계 21:3-7절

이루었도다 나는 알파와 오메가라

설교 본문

3 내가 들으니 보좌에서 큰 음성이 나서 이르되 보라 하나님의 장막이 사람들과 함께 있으매 하나님이 그들과 함께 계시리니 그들은 하나님의 백성이 되고 하나님은 친히 그들과 함께 계셔서

4 모든 눈물을 그 눈에서 닦아 주시니 다시는 사망이 없고 애통하는 것이나 곡하는 것이나 아픈 것이 다시 있지 아니하리니 처음 것들이 다 지나갔음이러라

5 보좌에 앉으신 이가 이르시되 보라 내가 만물을 새롭게 하노라 하시고 또 이르시되 이 말은 신실하고 참되니 기록하라 하시고

6 또 내게 말씀하시되 이루었도다 나는 알파와 오메가요 처음과 마지막이라 내가 생명수 샘물을 목마른 자에게 값없이 주리니

7 이기는 자는 이것들을 상속으로 받으리라 나는 그의 하나님이 되고 그는 내 아들이 되리라

강론

① 성경 각권을 "한 번에 설교하기" 마지막 책인 계시록을 증언하게 되었습니다. 우선적으로 성경 전체의 구조(構造)가 3번의 "이루심"으로 되어 있다는 점을 파악하는 일입니다.

㉠ 성경의 첫 책인 창세기 2:1절에서 "천지와 만물이 다 이루니라"하심은 첫 창조의 이루심입니다.

㉡ 그런데 성경의 마지막 책 마지막 부분인 계시록 21:6절에서 또 다시, "이루었도다 나는 알파와 오메가요 처음과 마지막이라"고 선언하심을 듣게 됩니다. 이는 창세기 3장에서 죄가 들어오자 하나님께서 "내가--하리라"(창 3:15)고 시작하신 재창조의 이루심입니다.

㉢ 그런데 첫 창조는 무(無)에서 유를 창조하시는 것임으로 "이르시되"(가라사대)한 말씀만으로 가능하였으나 재창조는, "한 사람으로 말미암아 세상에 죄가 들어오고"한 죄가 청산이 되어야만 가능한 것입니다. 그래서 주님께서 십자가상에서, "다 이루었다"(요 19:30)고 선언하신 것입니다. 이는 우리의 죄를 다 청산하셨다는 구속(救贖)의 이루심입니다. 이처럼 성경 전체는 3번의 이루심으로 되어 있는 구조(構造)라는 점을 파악하시기 바랍니다.

② 그러면 계시록의 구조는 어떻게 되어 있는가 하는 점입니다.

㉠ 1장에서 주님은 "그의 발은 풀무에 단련한 빛난 주석 같고(15상), 그 입에서 좌우에 날선 검이 나오는"(16) 야전군(野戰軍) 사령관과 같은 모습으로 등장하십니다.

㉡ 그리고 2-3장에서 일곱 교회를 향해서 "이기는 자는, 이기는 자는"(2-3장)하고 일곱 번이나 이기라고 훈령(訓令)을 하달하십니다.

㉢ 그리고 마지막 부분인 21:7절에서 "이기는 자는 이것들을 상속으로 받으리라"하십니다. 그러면 그 사이에 있는 4장-20장의 내용은 무엇이겠습니까? 누구와 싸워서 어떻게 하는 것이 이기는 것인가 하는 내용인 것입니다. 이것이 계시록의 구조(構造)입니다.

③ 계시록하면 난해하다고 말하는데 이는 관점의 문제입니다. 계시록을 주신 목적이 무엇인지 아십니까? 계시록에는 "내가 보니"하는 "본다"는 말이 54번이나 등장합니다. 열어서 보여주심으로 보게 되는 것입니다.

㉠ 21:10절을 보겠습니다. "성령으로 나를 데리고 크고 높은 산으로 올라가 하나님께로부터 하늘에서 내려오는 거룩한 성 예루살렘을 보이니"합니다. 이 광경을 보여주시는 의도가 무엇이겠습니까? 지금 사도 요한은 "하나님의 말씀과 예수를 증언"하다가 밧모라 하는 섬"(1:9)에 유배를 당한 몸입니다. 이처럼 환난 중에 있는 성도들에게 "현재의

고난은 장차 우리에게 나타날 영광과 비교할 수 없다"(롬 8:18)는 격려를 하기 위해서 높은 산으로 데리고 올라가서서 장래의 영광을 보여주시는 것입니다.

ⓛ 에스겔 40장에서도 바벨론에 사로잡힌 지 25년째 되던 해에 선지자 에스겔을 이상 중에 "매우 높은 산 위"로 데리고 가십니다. 그리고 말씀하시기를 "내가 네게 보이는 그것을 눈으로 보고 귀로 들으며 네 마음으로 생각할지어다 내가 이것을 네게 보이려고 이리로 데리고 왔나니 너는 본 것을 다 이스라엘 족속에게 전할지어다"(겔 40:4)하십니다.

ⓒ 1:11절입니다. 요한에게도 "네가 보는 것을 두루마리에 써서" 일곱 교회에 보내라하십니다. 그러니까 환난 중에 있는 구약교회와 신약교회에게 "현재는 고난이지만 장래는 영광"이라는 동일한 격려를 하시는 것을 깨닫게 됩니다. 이처럼 위로와 격려를 위해서주신 계시록이 암호문서와 같은 것이겠습니까? 그리고 네가 옳으니 내가 옳으니 하고 논쟁을 해서야 되겠습니까?

④ 모든 성경이 그러합니다만 특히 계시록에서는 중심주제를 붙잡아야만 길을 잃고 헤매지 않게 됩니다. 계시록에는 기둥과 같은 4가지 중심주제가 있는데 "보좌"가 44번, "어린 양"이 30번, "성령"이 13번, "교회"가 20번이나 강조되어 있습니다. 이것이 계시록을 받쳐주고 있

는 네 기둥인 것입니다.

골로새서 2:19절에 보면 "머리를 붙들지 아니하는지라"합니다. 누구들이 그렇다는 것입니까? 골로새교회에 침투한 이단들이 그렇다는 것입니다. 오늘의 이단들도 계시록에서 4기둥과 같은 "머리"를 붙들지 않고 지엽적인 것을 붙들고 과장하며 곡해하고 있는 것입니다.

㉠ 그러면 "보좌와, 어린 양"을 통해서 무엇을 이루어주셨습니까? 7:10절입니다. "큰 소리로 외쳐 이르되 구원하심이 보좌에 앉으신 우리 하나님과 어린 양에게 있도다"합니다. 계시록에 많은 말씀이 있다 하여도 우리를 "구원하심이 보좌에 앉으신 우리 하나님과 어린 양에게 있도다"한 이보다 더 중요한 말씀이 있단 말입니까?

㉡ 다음으로 "성령과, 교회"를 통해서 무엇을 이루어나가고 계십니까? 22:17절입니다. "성령과 신부(교회)가 말씀하시기를 오라 하시는도다 듣는 자도 오라 할 것이요 목마른 자도 올 것이요 또 원하는 자는 값없이 생명수를 받으라 하시더라"합니다. 보좌에 앉으신 하나님께서 자기 아들을 통해서 이루어주신 "복음"을 성령이 오순절에 교회에 임하셔서 "오라, 오라, 목마른 자도 올 것이요"하고 복음초청을 하는 것입니다. 이것이 계시록의 4기둥과 같은 중심주제인 것입니다.

⑤ 그러므로 계시록에서 30번이나 언급하는 "어린 양"의 의미는 높고도 깊은 것입니다. 왜냐하면 창세기 4장부터 계시록 22장까지 뻗쳐

있기 때문입니다.

우리에게 주어진 성경은 죄가 들어오자 "어린 양으로 시작하여 어린 양으로 마치고" 있는 것입니다. 창세기 3장에서 아담 하와가 죄로 말미암아 하나님 앞에서 추방을 당합니다. 그런데 4장에서 아벨이 "양의 첫 새끼", 그러니까 어린 양을 제물로 드리자 하나님께서 "아벨과 그의 제물은 받으셨다"(창 4:4)고 말씀합니다. 받으심이 어떻게 해서 가능해진 것입니까? "죄"가 해결이 되었기 때문입니다.

㉠ 복음서에서 예수 그리스도를 "어린 양"이라고 부른 것은 "보라 세상 죄를 지고 가는 하나님의 어린 양이로다"(1:29)한 요한이 유일합니다. 그 요한이 계시록에서도 예수 그리스도를 "어린 양"이라고 30번이나 부르고 있는 것입니다. 이것은 무엇을 의미하느냐 하면 요한이 계시록을 기록할 때에 복음을 붙잡고 놓치지 않았다는 증거인 것입니다.

예수 그리스도께서 우리의 대속 제물로 죽임을 당하신 것을 잊지 않게 하려는 의도가 아니었다면 계시록에서 "만주의 주시요 만왕의 왕"(17:14)이신 그리스도를 30번이나 "어린 양"이라고 부를 이유가 없는 것입니다.

㉡ 요한이 계시록에서 그리스도를 "어린 양"이라고 부르기를 언제까지 하고 있는가를 주목해보시기를 바랍니다. 22:3절에서 "다시 저주가 없으며 하나님과 그 어린 양의 보좌가 그 가운데 있으리니"하고,

마지막 장(22장)까지 "어린 양"으로 부르고 있는 것입니다. 그러니까 요한은 계시록을 기록하는 내내 "어린 양"을 놓치지 않고 있었던 것입니다.

그러므로 요한복음이 전편(前篇)이라면, 계시록은 후편(後篇)인 것입니다. 1:18절에서 "전에 죽었었노라"하시는데 이것이 요한복음이요, "이제 세세토록 살아 있어 사망과 음부의 열쇠를 가졌노니"하시는데 이것이 그리스도의 현재적인 계시록의 사역인 것입니다.

이런 맥락에서 계시록은 동떨어진 말씀이 아닙니다. "여자의 후손은 네 머리를 상하게 할 것이요"(창 3:15)라고 선언하신 원복음을 성취하신다는 점을 보여주고 있는 것이 계시록인 것입니다. 그러므로 계시록을 구속사라는 통일성과 점진성이라는 맥락에서 해석해야만 계시록을 주신 하나님의 의도를 올바로 깨달을 수가 있는 것입니다.

ⓒ 이점에서 유념할 점은 2장-3장에서 7교회를 향해서 7번이나 "이기는 자는 이기는 자"는 하시면서 "칭찬과 책망과 권면과 약속"을 하신다는 점입니다. 칭찬은 "이긴 부분"에 대한 것이고 책망은 "진 부분"에 대한 것이 됩니다. 그리고 2:24절입니다. 주님은 "너희에게 말하노니 다른 짐으로 너희에게 지울 것은 없노라"하십니다. 그렇다면 주님의 재림의 날까지 교회가 2장-3장의 말씀만 명심한다면 더 바랄 것이 없다는 뜻이 되는 것입니다.

④ 그러면 누구와 싸워서 어떻게 하는 것이 이기는 것인가 하는 4장-20장까지의 내용을 살펴보도록 하겠습니다. 먼저 말씀드릴 점은 계시록에는 해석상 갈리게 되는 몇 번의 분기점이 있다는 점입니다. 그 첫 분기점이 4:1절입니다.

㉠ "이 일 후에 내가 보니 하늘에 열린 문이 있는데"합니다. 그리고 "이리로 올라오라 이 후에 마땅히 일어날 일들을 내가 네게 보이리라" 하십니다. 이 장면을 교회의 휴거로 보는 견해가 있는데 아닙니다. 보여주신 장면이 무엇입니까? 크게 두 가지인데 "하늘에 보좌를 베풀었고"(2)한 "보좌"와, "이십사 장로들이 흰 옷을 입고 머리에 금관을 쓰고"(4) 보좌에 앉아 있는 장면입니다. 요한은 "내가 장로인데 저 장로들은 누군가" 했을 것입니다. 이는 앞에서 언급한 장래의 영광을 보여주신 것입니다.

㉡ 해석상 두 번째 분기점은 5:1절의 "일곱 인으로 봉한 책"입니다. 5:4절에 보면 "펴거나 보거나 하기에 합당한 자가 보이지 아니하기로 내가 크게 울었더니"합니다. "크게 울었다"는 것은 절망을 나타냅니다. 그러므로 "봉한 책"을 하나님의 구원계획이 아닌 다른 책으로 여긴다면 성경이 유일한 표준이라는 권위가 무너지게 됩니다.

㉢ 계시록에는 "일곱 인, 일곱 나팔, 일곱 대접"이 등장합니다. 그런데 이것이 동떨어진 것이 아니라 일곱째 인에서 일곱 나팔이 나오고, 일곱째 나팔 속에서 일곱 대접이 나온다는 점입니다. 이처럼 "인, 나

팔, 대접"이라는 이미지를 통해서 무엇을 깨닫기를 원하시는 것일까요? 이를 구속사라는 맥락으로 보면 ㉮ 어린 양이 인을 떼십니다. 그리하여 "감추어졌던 복음이 성도들에게 나타납니다"(골 1:26). ㉯ 그러면 여러분이 복음나팔을 부는 것입니다. 그래서 "지금은 은혜 받을 때요 구원의 날"인 것입니다. ㉰ 그러나 "일곱 대접"을 쏟을 날, 곧 심판의 날이 다가온다는 점을 깨닫기를 원하시는 것입니다. 이것으로 족하다 하겠습니다.

⑤ 그러면 "이기는 자", 즉 "이십 세 이상으로 싸움에 나갈 만한"(민 1:3) 용사가 누군가 하는 점입니다. 17:14절입니다. "그들이 어린 양과 더불어 싸우려니와 어린 양은 만주의 주시요 만왕의 왕이시므로 그들을 이기실 터이요 또 그와 함께 있는 자들 곧 부르심을 받고 택하심을 받은 진실한 자들도 이기리로다"합니다.

㉠ 이처럼 "부르심을 받고 택하심을 받은 진실한 자들"이 7:4절에서 말씀하는 "인침을 받은 144000"(7:4)인 것입니다. 구약성경에서는 "계수하라"한 것을 신약성경에서는 "인침을 받은 자"라 한 것입니다. 출애굽 당시는 실제적인 수인 "육십만 삼천오백오십 명"이라 했는데 계시록에서는 144000이라는 상징적인 수로 말씀합니다. 여러분도 그 수 가운데 들어 있는 것입니다.

㉡ 이단들은 자기들에게 와야 144000의 수에 들어 구원을 얻을 수

있다고 말하나 7:9-10절을 보십시오. "이 일 후에 내가 보니 각 나라와 족속과 백성과 방언에서 아무도 능히 셀 수 없는 큰 무리가 나와 흰 옷을 입고 손에 종려 가지를 들고 보좌 앞과 어린 양 앞에 서" 있습니다. "셀 수 없는 큰 무리"라 한 이들이 누구들입니까? "구원하심이 보좌에 앉으신 우리 하나님과 어린 양에게 있도다"한 예수 그리스도를 믿고 구원 얻은 자들입니다.

⑥ 그러면 다음으로 우리의 대적은 누군가 하는 점입니다. 16:13절입니다. "또 내가 보매 개구리 같은 세 더러운 영(靈)이 용의 입과 짐승의 입과 거짓 선지자의 입에서 나오니"합니다.

㉠ "용"의 실체는 "용을 잡으니 곧 옛 뱀이요 마귀요 사탄이라"(20:2)한 대적자 사탄이요,

㉡ "짐승"의 실체는 "바다에서 한 짐승이 나오는데"(13:1)한 짐승같이 그리스도인들을 물어뜯는 적그리스도를 가리킵니다.

㉢ 그리고 "거짓 선지자"를 13:11절에서는 "어린 양 같이 두 뿔이 있고 용처럼 말을 하더라"합니다. 양의 탈을 썼으나 그가 하는 말은 "용처럼 말을 하더라"한 비 진리인 것입니다. 이들이 우리가 싸워야 할 대적인 것입니다. 이 외에도 계시록에는 대적을 가리키는 "일곱 머리 열뿔"등 많은 상징이 있습니다.

이들이 누구를 가리키는 것일까요? 분명한 것은 이들이 사탄의 지

체들인 "불의의 무기"(武器)라는 점입니다. "뿔"은 권세나 능력을 상징하는데 사탄 진영에만 뿔이 있는 것이 아닙니다. 5:6절에서는 "어린 양이 서 있는데 일찍이 죽임을 당한 것 같더라 그에게 일곱 뿔과 일곱 눈이 있으니"합니다. 그리스도의 지체인 여러분도 의의 병기인 "뿔"이라는 점을 믿으시기 바랍니다.

    ㄹ 그리고 13:18절에 "666"이 등장합니다. 한 때는 바코드가 666이라 하더니 얼마 전에는 베리칩(verification chip)이 666이라고 소동을 벌인 일이 있습니다. 사탄은 모방의 명수입니다. 하나님의 진영은 "일곱 별, 일곱 등대, 일곱 눈, 일곱 뿔" 등 777입니다. 그러나 사탄은 아무리 모방을 해도 666인 것입니다. 묵시문헌은 이것으로 족한 것입니다.

    ㅁ 16:16절에 "아마겟돈"이 등장합니다. 사람들은 "아마겟돈" 전쟁이 언제 일어나느냐고 묻습니다. 제가 묻고 싶습니다. 구속사에 있어서 최대의 격전이 무엇이며, 최대의 승리가 무엇이라고 믿으십니까? 최대의 격전(激戰)은 "천사가 하늘로부터 예수께 나타나 힘을 더하더라 예수께서 힘쓰고 애써 더욱 간절히 기도하시니 땀이 땅에 떨어지는 핏방울 같이 되더라"(눅 22:43-44)한 겟세마네의 기도로 싸우신 장면입니다. 그리고 최대의 승리(勝利)는 "죽음을 통하여 죽음의 세력을 잡은 자 곧 마귀를 멸하시며"(히 2:14)한 부활사건인 것입니다. 이것이 그리스도의 증인들의 고백인 것입니다. 이것으로 족한 것입니다.

⑦ 그러면 어떻게 하는 것이 이기는 것인가?

㉠ 16:13절을 다시 보겠습니다. 주목할 점은 "용의 입과 짐승의 입과 거짓 선지자의 입"이라고 "입"이 강조되어 있다는 점입니다. 이는 영적 전쟁은 입에서 나오는 "진리와 비 진리"의 싸움이라는 점을 나타냅니다. 1:16절을 보십시오. 주님의 "입에서 좌우에 날선 검이 나온다"고 말씀합니다.

이 성령의 검 곧 하나님의 말씀을 여러분의 "입"에 두신 것입니다. 그러므로 여러분의 "입"은 복음 폭탄을 발사하는 포문(砲門)과 같은 것입니다. 그래서 사도 바울은 "나로 입을 열어 복음의 비밀을 담대히 알리게 하옵소서"(엡 6:19)라고 말씀한 것입니다.

㉡ 또한 "입에서 더러운 영"이 나온다고 말씀합니다. 이는 영적 전쟁은 진리와 비 진리와 함께 역사하는 "성령과 악령"의 싸움임을 나타냅니다. 그래서 사도 바울은 "우리 복음이 너희에게 말로만 이른 것이 아니라 또한 능력과 성령과 큰 확신으로 된 것임이라"(살전 1:5)고 말씀한 것입니다.

㉢ 그러므로 영적 전쟁은 "증언"(證言)하는 싸움인 것입니다. 계시록에는 "증언"이라는 말이 10번 등장합니다. 요한은 "하나님의 말씀과 예수를 증언"(1:9)하다가 밧모라 하는 섬에 유배를 당했습니다. 6:9절에는 "하나님의 말씀과 그들이 가진 증거로 말미암아 죽임을 당한" 순교자들이 있습니다.

11장에는 두 증인의 증언이 있습니다. 그런가 하면 20:4절에는 "예수를 증언함과 하나님의 말씀 때문에 목 베임을 당한 자들"이 살아서 왕 노릇하는 장면이 있습니다.

⑧ 그러면 "증언"하는 내용이 무엇인가? 이점이 사활적으로 중요합니다. 12:11절을 보겠습니다. "우리 형제들이 어린 양의 피와 자기들이 증언하는 말씀으로써 그를 이겼다"고 말씀합니다. "어린 양의 피"를 증언하므로 "이겼다"는 점을 모든 전도자들이 명심하기를 간곡히 부탁을 드립니다.

㉠ 우리 대장 예수 그리스도께서는 어떻게 이기셨는가를 보십시오. 골로새서 2:14-15절은 말씀합니다. "우리를 거스르고 불리하게 하는 법조문으로 쓴 증서를 지우시고 제하여 버리사 십자가에 못 박으시고 통치자들과 권세들을 무력화하여 드러내어 구경거리로 삼으시고 십자가로 그들을 이기셨느니라"고 선언합니다. 주님의 승리를 가장 통쾌하게 증언하는 대목입니다.

㉡ 그러므로 계시록에는 여러 번의 증언과 찬양이 울려 퍼지는데 모두 다 그리스도의 "죽으심과, 피"에 대한 증언과 찬양입니다. 1:5절에서는 "우리를 사랑하사 그의 피로 우리 죄에서 우리를 해방하셨다"고 증언하고, 5:9절에서는 새 노래로 "일찍이 죽임을 당하사 각 족속과 방언과 백성과 나라 가운데에서 사람들을 피로 사서 하나님께 드리셨

다"고 찬양합니다. 7:14절에서는 아무도 셀 수 없는 무리들이 "어린 양의 피에 그 옷을 씻어 희게 하였느니라"고 증언하고 있습니다. 이를 알았기에 루이스 에드가 존스는,

구주의 복음을 전할 제목 보혈의 능력 주의 보혈

날마다 나에게 찬송주니 참 놀라운 능력이로다

주의 보혈 능력 있도다 주의 피 믿으오

주의 보혈 그 어린 양의 매우 귀중한 피로다(268장)

고 찬양했던 것입니다. 그러므로 사탄은 "어린 양의 피"를 증언하는 설교를 가장 두려워하는 것입니다.

⑨ 20장에서는 계시록의 피크(peak)라 할 수 있는 역전(逆轉)이 일어나는 장면을 보여주십니다. 그동안 2:13절에는 "충성된 증인 안디바"가 사탄에 의해 죽임을 당하고, 11:7절에서는 두 증인이 죽임을 당합니다. 그리고 6:9절에는 "하나님의 말씀과 그들이 가진 증거로 말미암아 죽임을 당한" 순교자들의 호소가 있습니다. 증인들이 계속 죽임을 당하고 하나님의 진영이 패하는 것 같습니다.

㉠ 그런데 20:2절에서는 "용을 잡으니 곧 옛 뱀이요 마귀요 사탄이라"합니다. 20:10절에서는 "그들을 미혹하는 마귀가 불과 유황 못에

던져지니 거기는 그 짐승과 거짓 선지자도 있어 세세토록 밤낮 괴로움을 받으리라"합니다.

ⓛ 그런가 하면 20:4절에는 사탄에 의해서 "목 베임을 당한 자들의 영혼들과 또 짐승과 그의 우상에게 경배하지 아니한 자들이 살아서 그리스도와 더불어 천 년 동안 왕 노릇"하는 장면이 있습니다. 이것이 주님께서 "누구든지 나와 복음을 위하여 자기 목숨을 잃으면 구원하리라"(막 8:35)하신 역전(逆轉)인 것입니다.

⑩ 드디어 21장에서는 "이루었도다 나는 알파와 오메가요 처음과 마지막이라"(21:6)고 선언하십니다. 재창조의 역사가 완성(完成)이 되었다는 말씀입니다. 무엇을 이루셨다는 것입니까?

㉠ "하나님의 장막이 사람들과 함께 있으매 하나님이 그들과 함께 거하시리니 그들은 하나님의 백성이 되고 하나님은 친히 그들과 함께 계셔서"(3)한, 백성들과 함께 거하시고 함께 사시는 것을 이루신다는 말씀입니다. 이것이 "하나님의 나라"인 것입니다.

왜냐하면 창세기 3장에서 "잃어버린 자기 백성"을 찾으셔서 "함께" 살게 될 때에 "나는 나를 위하며 나를 위하여 이를 이룰 것이라 어찌 내 이름을 욕되게 하리요 내 영광을 다른 자에게 주지 아니하리라"(사 48:11)하신 하나님의 이름과 명예가 온전히 회복이 되기 때문입니다. 이처럼 구원계획에는 하나님의 이름과 명예가 걸려 있기 때문에 반드시 완성이 되는 것입니다.

ⓛ 그런 후에 "이기는 자는 이것들을 상속으로 받으리라"하십니다. 2-3장에서 이기는 자들에게 하신 약속들이 있습니다. 예를 들면 2:7절에서는 "이기는 그에게는 내가 하나님의 낙원에 있는 생명나무의 열매를 주어 먹게 하리라"하시고, 2:11절에서는 "이기는 자는 둘째 사망의 해를 받지 아니하리라"고 약속하셨는데 21-22장에서는 약속하신 대로 주어지고 있는 것을 보게 됩니다.

이런 계시록에는 주님의 재림 장면이나 "내가 본 천국"같은 것은 없다 하겠습니다. 학자들은 "보라 백마와 그것을 탄 자가 있으니 그 이름은 충신과 진실이라 그가 공의로 심판하며 싸우더라"한 19:11절을 재림의 장면으로 보고 있으나 주님은 "싸움"을 하기 위해 "피 뿌린 옷"(19:13)을 입고 재림하시는 것이 아닙니다. 그리고 22:15절에서는 "개들과 점술가들과 음행하는 자들과 살인자들과 우상 숭배자들과 및 거짓말을 좋아하며 지어내는 자는 다 성 밖에 있으리라"하는데 이것이 주님께서 재림하신 후의 천국 장면입니까?

왜냐하면 계시록의 기록목적은 이런 것을 보여주시려는 것이 아니라 "이기는 자는, 이기는 자는", 이겨야한다, 이길 수 있다, "이기는 자는 이것들을 상속으로 받으리라"는 격려를 하기 위해서 기록이 되었기 때문입니다.

어떤 분들은 계시록의 내용이 주님 재림 직전에 이루어질 말씀이라고 주장합니다. 아닙니다. 계시록은 전투하는 모든 교회에게 주어진 병법(兵法)과 같은 것입니다. 그러므로 계시록의 시간은 언제나 "이제", 즉 오늘입니다.

㉠ 1:4절입니다. 우리 주님을 "이제도 계시고 전에도 계셨고 장차 오실"분이라 합니다. 시간 순으로 하면 "전에도 있었고 이제도 있고 장차 올자"라고 해야 할 것입니다. 그런데 "이제도 계신다"고 "이제"를 강조하고 있습니다. 1:8절에서도 우리 하나님을 "이제도 있고 전에도 있었고 장차 올 자"라고" 말씀하십니다.

㉡ 그런데 이점에서 경각심을 가져야 할 점은 아담 하와를 넘어뜨린 사탄도 "이제도 있고 전에도 있었고 장차"도 있다가 멸망을 당할 자라는 점입니다. 그러므로 "용, 짐승, 거짓선지자"는 이제도 있고, "일곱 머리 열 뿔, 아마겟돈"도 이제도 있다는 점입니다. 그러므로 계시록은 모든 시대 모든 성도들에게 적실성이 있는 것입니다. 만일 계시록의 대부분의 내용들이 재림 직전의 3년 반에 되어 질 일이라면 초대교회로부터 오늘까지의 그리스도인들에게 무슨 도움이 되겠습니까?

우리 하나님, 우리 주님은 "이제, 지금" 여러분과 함께 하신다는 점을 확신하기를 원하시는 것입니다. 그렇습니다. "예수 그리스도는 어제나 오늘이나 영원토록 동일"(히 13:8)하십니다. 바울과 함께 하셨던 주님은 지금 여러분과 함께 계십니다.

마지막 22:12절입니다. "보라 내가 속히 오리니 내가 줄 상이 내게 있어 각 사람에게 그가 행한 대로 갚아 주리라"하십니다. 그리고 "나는 알파와 오메가요 처음과 마지막이요 시작과 마침이라"(13)고 선언하십니다.

주님께서 임마누엘하시고 죽으시고 부활 승천하셨다 해도 만일 재림하시지 않는다면 "시작"은 되시나 "마침"은 되지 못하는 것입니다. 이런 일은 절대로 없습니다. 왜냐하면 주님의 재림으로 하나님의 구원계획이 완성이 되기 때문이요, 구원계획에는 하나님의 이름과 영광이 걸려 있기 때문입니다.

명심하십시다. 주님은 지금도 "오른손에 있는 일곱 별을 붙잡고 일곱 금 촛대 사이를 거니시면서, 그들이 어린 양과 더불어 싸우려니와"(17:14)한 우리를 위해서 싸워주시는 주님이십니다. 그리고 "이기는 자는, 이기는 자는, 이길 수 있다, 이겨야한다"고 격려하십니다. "내가 진실로 속히 오리라"(22:20), 이것이 계시록에 있어서 주님의 마지막 말씀입니다.

"아멘 주 예수여 오시옵소서". 이것이 "이루었도다 나는 알파와 오메가라" 하시는 계시록입니다.

그 큰일을 행하신 주께 영광 이 세상을 사랑해 주 오셨네

우리 죄를 위하여 죽으시사 저 영원한 생명 문 여시었네

우리 주 높이세 귀한 말씀 듣고 우리 주 높이세 모두 기뻐하며

주 예수님 힘입어 하나님께 그 행하신 큰 역사 찬양하세 아멘 (615장)